新常态下
我国低碳物流预测理论
及运作方法研究

周 程◎著

吉林出版集团股份有限公司
全国百佳图书出版单位

图书在版编目(CIP)数据

新常态下我国低碳物流预测理论及运作方法研究 /
周程著. --长春：吉林出版集团股份有限公司，
2019.11

ISBN 978-7-5581-7891-7

Ⅰ. ①新… Ⅱ. ①周… Ⅲ. ①物流－节能－研究
Ⅳ. ①F252

中国版本图书馆 CIP 数据核字(2019)第 248647 号

新常态下我国低碳物流预测理论及运作方法研究

XINCHANGTAI XIA WOGUO DITAN WULIU YUCE LILUN JI YUNZUO FANGFA YANJIU

著　　者	周　程	
责任编辑	冯　雪	
封面设计	马静静	
出　　版	吉林出版集团股份有限公司	
发　　行	吉林出版集团社科图书有限公司	
电　　话	0431－81629712	
印　　刷	北京亚吉飞数码科技有限公司	
开　　本	710mm×1000mm　1/16	
字　　数	260 千	
印　　张	14.5	
版　　次	2020 年 3 月第 1 版	
印　　次	2020 年 3 月第 1 次印刷	
书　　号	ISBN 978-7-5581-7891-7	
定　　价	58.00 元	

如发现印装质量问题,影响阅读,请与印刷厂联系调换。

前　言

2014 年 5 月以来,习近平总书记在公开报道中多次指出我国经济已经步入新常态阶段,这一阶段是我国经济增长速度换挡期、结构调整阵痛期和改革开放攻坚期"三期叠加"的特殊阶段。经济的增长速度将从过去的高速增长,转变为中高速增长,过去以牺牲环境为代价换来的经济高速增长,已经难以为继。新常态阶段要求我们必须转变经济发展方式,摒弃过去以高能耗、高污染、高排放为典型特征的粗放型经济发展模式,大力推进以低耗能、低污染、低排放为特征的可持续发展模式,以"绿色发展"适应经济新常态。在实现经济增长的同时,更加注重经济发展的质量和效率,形成人与自然和谐共生的新格局。在全球气候变暖、能源短缺等环境问题日益严峻的背景下,我国作为世界第二大经济体,推进低碳发展不仅是中国承担大国责任的战略选择,更是现阶段我国经济转型升级的必由之路。

物流业作为国民经济的基础性和战略性产业,在低碳经济发展中具有举足轻重的作用。回顾过去几十年的经济高速发展历程,物流业做出了巨大贡献,是推动经济发展不可或缺的重要力量。但与此同时,物流业每年的资源消耗量和二氧化碳排放量均居于各行业前列,对环境造成的负面影响不容忽视。一方面,作为具有能源高度依赖性的行业,物流业对能源的需求呈持续上升态势,而我国现有的能源储备难以长期支撑物流业的能源需求;另一方面,随着气候变暖、生态退化等环境问题日益严峻,环境的承载能力也逐渐逼近上限。这些无法回避的问题,要求我们在实现经济发展的同时协调好与环境之间的关系。物流业作为我国能源消耗大户和碳排大户,在经济发展新阶段,有责任、有义务肩负起节能减排的重任,走低碳化发展的道路,以"提质增效"适应经济发展新常态。

从政府层面看,社会物流需求及其趋势的科学预测,是政府制定合理的能源供给、二氧化碳排放等低碳物流政策的重要依据,对发展低碳物流具有重要战略意义。从企业层面看,理清低碳物流运作过程中的诸多关键问题,是企业坚定不移走低碳化发展道路的有力保障。本书围绕低碳物流需求预测与低碳物流关键问题展开研究,主要包含三个篇章。第一篇为新常态下我国物流发展现状、问题与对策。本篇包含两章,第 1 章为新常态下我国物流发展现状;第2章为物流业低碳化发展困境与对策。第二篇为物流业需求、能耗及碳排放分析与趋势预测,本篇包含了第3章至第8章。第3章为我国仓储运输业碳排放、能耗与物流需求关联分析,探讨了物流业碳排放与物流需求之间的关系;第4章至第6章,分别就预测理论、单一预测理论、组合预测理论等展开了探讨;第7章和第8章是针对以上预测理论的实证研究,第7章应用改进PSO-BP方法对物流货运量进行了预测,第8章采用趋势与小波多重"分解-集成"策略对物流货运量预测进行了研究。第三篇为物流低碳化的关键技术。本篇包含第9章至第14章,分别就低碳背景下的供应商选择、物流配送中心选址、不同低碳政策影响的物流配送路径优化决策、面向低碳的最优库存控制策略、低碳约束的运输模式选择以及大数据在我国农产品低碳物流发展中的应用等问题展开探讨。

　　本书是在吸收诸多相关专家学者的研究理论基础上形成的,在完成的过程中得到湖北经济学院工商管理学院各位领导、同事的大力支持,也承蒙湖北物流发展研究中心诸位专家学者的帮助指点,在此对他们致以最诚挚的谢意! 由于本人水平有限,书中难免存在不足之处,也请各位专家、学者及同行批评指正。

作　者

2019 年 5 月

目 录

第三篇　物流低碳化关键技术

第一篇 我国物流发展现状、问题与对策

第1章 新常态下我国物流业发展现状

1.1 物流业的内涵及其重要地位

1.1.1 物流业的内涵

物流的概念最早起源于美国，1905 年美军少校琼西·贝克，首次提出了军事后勤学的概念，后来通过长期发展和演变成为现在的物流概念。1979 年 6 月中国代表前往日本参加在日本举行的第三届国际物流会议，物流的概念随即引入到了中国。我国国家《物流标准术语》将物流（Logistics）界定为"物品从供应地向接收地的实体流动过程，根据实际需要，将运输、储存、装卸、搬运、包装、流通加工、信息处理等基本功能实施有机结合"。物流强调的是物资物质实体的转移，在社会生产活动以及人们的日常生活中，涉及物资的物质实体的转移都可以归纳为物流活动。物资在转移的过程中，会根据需要进行运输、仓储、包装、装卸、流通加工和物流信息等活动，这些具体的物流环节被称为物流的功能要素。在物资转移的全过程中，通常会对其施加多个功能要素的处理活动，通过这些活动，最终使物品实现空间、时间、形状性质的变化，从而产生空间效用、时间效用、形质效用，达到物资价值增值的目的。

物流业是社会经济发展到一定阶段的产物。早期，企业组织实施"大而全、小而全"的经营方式也可以获得良好的经营效果，随着社会竞争日趋激烈，企业不得不把有限的人力、物力、财力投入到自己的核心业务中，而非核心的业务逐渐剥离。与此同时，社会专业化分工进一步加强，社会

上出现了专门提供运输、仓储等物流业务的经济组织,这些企业组织的服务效率相对更高,专业化程度也更强。因此,物流业的出现是竞争加剧和专业化分工进一步加强的必然结果。现代物流业是指以物流活动或者各种物流支撑活动为经营内容的赢利性质的事业,是原材料、产成品从供应地向接收地转移过程中,运输、仓储、装卸、流动加工、物流信息等活动的有机结合形成的多功能、一体化的综合性服务事业。因此,物流产业属于广义的服务业范畴。根据三次产业分类法,可以将物流产业归为第三产业范围。物流业把各种分散的资源产业化而形成的一种复合型的产业,这些物流资源包括运输资源、仓储资源、装卸搬运资源等。这些资源产业化后形成了运输业、仓储业等,而这些细分的物流功能要素进一步整合后,形成了一种新的产业即现代物流业。现代物流业是一个新型的跨行业、跨部门、跨区域、渗透性强的复合型产业,虽然涵盖了运输业、仓储业、流通加工业等多种细分产业,但它并不是各种细分产业的简单叠加,而是通过整合各个细分产业的物流资源,体现出高度的优化协调效应,达到优势放大的结果。

物流业的复合型特征主要体现为[1]:

1)服务要素的融合

物流服务的功能要素包括运输、仓储、流通加工、物流信息等。物流服务通常包括以上多个服务功能要素的相互配合,是一个多要素、多环节、多产业的综合管理运作服务。

2)与服务对象的融合

物流业在发展过程中与制造业、流通业建立了密切的融合互动关系。高效的供应链管理需要供应链节点企业与物流服务深度融合,也就是要求物流业的供应链服务与其服务对象融合。

1.1.2　物流业在国民经济中的重要地位

物流业作为能够促进生产、引导消费以及支持各产业发展的先导性、基础性产业,在国民经济的发展中具有重要的地位和作用。中国经济学家魏杰提出:"国际上,物流产业被认为是国民经济发展的动脉和基础产业,其发展程度成为衡量国家现代化程度和综合国力的重要标志之一,被喻为经济发展的加速器。"

物流业对于国民经济的巨大推进作用可以从微观、中观、宏观三个层面加以分析和说明。

物流业是生产型企业、流通型企业正常运作的基础和保障。生产型企业、流通型企业均需要物流活动保证原材料、半成品、生产工具、设备等重要物资的供应,企业产出的成品也必须通过物流活动运送到消费者手中。否则,企业会因为生产资料缺乏而无法开工,或者因为产品不能实现销售,资金回笼困难,导致企业陷入经营困境。物流业不仅帮助企业获得维持正常经营所必须的物质资料,还能帮助企业扩大经营范围,提高竞争力。除此之外,通过物流业和制造业的联动,使制造企业能够专注于自己的核心业务,享受到专业化的物流服务,在一定程度上促进了制造企业的发展和转型升级。

物流业的发展能够促进区域经济的转型升级,优化生产布局。物流业的发展可以催生一些新的产业形态,并通过提供专业化的生产型配套服务,促进传统产业的结构调整、转型升级。区域范围内物流业的发展有利于进一步整合物流资源,提高资源利用效率、带动一方经济的快速发展,从而形成强大的辐射作用。与此同时,物流业的发展还能够优化生产力布局,在过去,传统的生产布局多凭借资源禀赋和自然条件,物流业的发展形成的优越运输条件、强大的服务能力,扩大了市场范围,破除了地理边界,促进生产力布局进一步合理化。

物流业是第三产业的重要组成部分。推动物流业的发展不仅有利于带动现代服务业的发展,还能实现物流活动相关产业的整体优化升级。大力发展服务业,既是我国当前稳增长、保就业的重要举措,也是调整优化结构、打造中国经济升级版的战略选择。物流业作为第三产业的典型代表,能够增加服务业有效供给,提高服务业水平,释放巨大的内需潜力,形成稳定经济增长的有力支撑。同时,服务业吸纳就业的能力显著强于第一、第二产业,能够保障城乡居民就地择业与安居乐业。

1.2　新常态经济的内涵

作为眼下颇为流行的经济术语,"新常态"一词最早进入外界的视野是在 2009 年初。当时,全球最大的债券基金——美国太平洋投资管理公司(PIMCO)首席投资官格罗斯和埃尔埃利安用"新常态"一词,来归纳 2008 年全球金融危机爆发后缓慢而痛苦的经济恢复过程。

习近平总书记第一次提及"新常态"是在 2014 年 5 月考察河南的行程中。当时,他说:"中国发展仍处于重要战略机遇期,我们要增强信心,从当前我国经济发展的阶段性特征出发,适应新常态,保持战略上的平常心态。"

随后,习近平总书记在公开报道中,多次提到了"新常态"一词,2014 年 11 月 9 日在 APEC 工商领导人峰会上,习总书记发表了演讲,系统阐述了"新常态"并提出中国经济已经步入新常态,他表示新常态将给中国带来新的发展机遇,能不能适应新常态的关键在于全面深化改革的力度。

1.2.1 新常态经济的内涵、特征

在 2014 年 11 月 29 日搜狐财经变革力峰会"寻路中国,告别狂飙突进的时代"上,北京大学光华管理学院名誉院长、著名经济学家厉以宁对"新常态"进行解读,认为其最基本的含义,就是要保持一个常态的经济增长。

中国经济呈现出新常态。其主要特点为:一是从高速增长转为中高速增长;二是经济结构不断优化升级;三是第三产业消费需求逐步成为主体,城乡区域差距逐步缩小,居民收入占比上升,发展成果惠及更广大民众。四是从要素驱动、投资驱动转向创新驱动。

第一,从经济增长速度来看,经济增速虽然放缓(如表 1-1 所示),但是实际增量却依然可观,即便是 7% 左右的增长,无论是速度还是体量,在全球也是名列前茅的。2014 年国内生产总值(GDP)为 636463 亿元,首次突破 60 万亿元,以美元计,亦首次突破 10 万亿美元大关,中国成为继美国之后又一个"10 万亿美元俱乐部"成员,同时,GDP 总量稳居世界第二。2017 年 GDP(国内生产总值)增速为 6.8% 左右,经济总量再创新高,突破 82 万亿元。

表 1-1 2006—2017 年我国 GDP 增长速度

年份	2006	2007	2008	2009	2010	2011	2012	2013	2014	2015	2016	2017
增长率/%	12.68	14.16	9.63	9.21	10.45	9.3	7.65	7.7	7.4	6.9	6.7	6.8

(数据来源:国家统计局)

第二,从经济增长方式来看,我国的经济增长趋于平缓,增长的动力更为多元化。过去我国的经济增长主要依靠投资拉动。而现在,中国经济更多依赖国内消费需求拉动,这样避免了投资拉动容易造成经济局部过热、出口容易受外部风险影响的局面。2017 年,全国固定资产投资(不含农户)631684 亿元(如图 1-1 所示),比上年增长 7.2%,增速与 1～11 月份持平。

分产业看,第一产业投资 20892 亿元,比上年增长 11.8%,增速比 1～11 月份提高 0.4 个百分点;第二产业投资 235751 亿元,增长 3.2%,增速提高 0.6 个百分点;第三产业投资 375040 亿元,增长 9.5%,增速回落 0.6 个百分点。

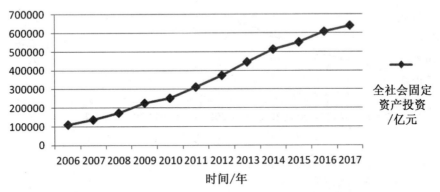

图 1-1　2006—2017 年社会固定资产投资额示意图

(数据来源:国家统计局)

第三,从经济结构来看,当前结构调整已经出现了一定成效:消费对经济的拉动作用超过了投资,第三产业占比于 2014 年首次超过第二产业,中国的经济结构正向着"质量更好,结构更优"转型。2014 年我国社会消费品零售总额 262394 亿元,比上年名义增长 12.0%,扣除价格因素,实际增长 10.9%。全年全国网上零售额为 27898 亿元,比上年增长 49.7%。

消费结构正在升级,需求结构继续改善。2017 年社会消费品零售总额为 366262 亿元(如图 1-2 所示),比上年增长 10.2%。按经营单位所在地分,2017 年全年城镇消费品零售额为 314290 亿元,比上年增长 10.0%;乡村消费品零售额为 51972 亿元,增长 11.8%。按消费类型分,餐饮收入 39644 亿元,比上年增长 10.7%;商品零售 326618 亿元,增长 10.2%。2017 年全年,全国网上零售额为 71751 亿元(如图 1-3 所示),比上年增长 32.3%。其中,实物商品网上零售额为 54860 亿元,增长 28.0%,占社会消费品零售总额的比重为 15.0%;在实物商品网上零售额中,吃、穿和用类商品分别增长 28.6%、20.3% 和 30.8%。2017 年,全年最终消费支出对国内生产总值增长的贡献率为 58.8%,大大高于投资和出口的贡献率。

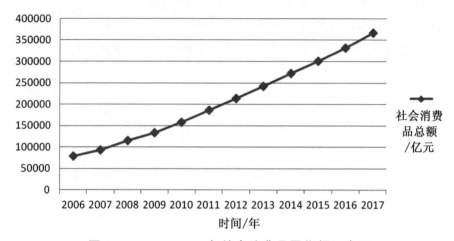

图 1-2　2006—2017 年社会消费品零售额示意图

（数据来源：国家统计局）

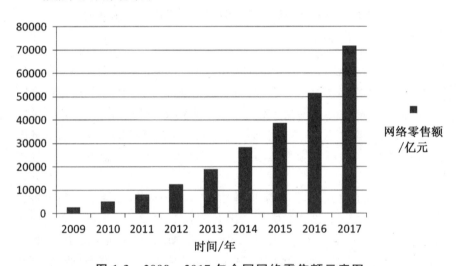

图 1-3　2009—2017 年全国网络零售额示意图

（数据来源：中国电子商务研究中心）

　　由以上数据可知，其中消费者网络购物交易额呈现大幅增长趋势，据中国电子商务研究中心的数据显示，2017 年网络零售总额为 71751 亿元，而 2009 年仅为 2600 亿元，自 2009 年以来全国网络购物交易额占社会消费品零售总额的比例不断上升（如图 1-4 所示），从 2009 年的 1.96％上升到 2017 年的 19.59％。

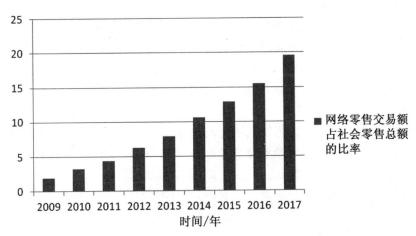

图 1-4　2009—2017 年网络零售额占社会零售总额的比率

（数据来源：中国电子商务研究中心）

第四，从驱动要素来看。要从过去的要素驱动、投资驱动转向创新驱动。创新是人类所特有的创造性劳动的体现，是人类社会进步的核心动力和源泉。过去我国的发展主要依靠各种生产要素的投入，比如土地、资源、劳动力等，来促进经济增长。这是一种原始的和初级的驱动方式，适合于改革开放初期我国科技创新匮乏的时期。这种要素驱动、投资驱动是缺乏可持续性的，随着经济结构的调整愈加深入，要素驱动、投资驱动带来的诸多问题日益显现。经济发展的客观规律要求我们必须逐步从要素驱动、投资驱动转向创新驱动，这是我国经济领域改革的趋势。实施创新驱动发展战略，就是要推动以科技创新为核心的全面创新，坚持需求导向和产业化方向，坚持企业在创新中的主体地位，发挥市场在资源配置中的决定性作用和社会主义制度优势，增强科技进步对经济增长的贡献度，形成新的增长动力源泉，推动经济持续健康发展。

1.2.2　物流业新的经济环境下的特征

随着我国经济进入新的发展阶段，新的经济环境使物流业面对更加复杂的市场形势，同时，在新的经济环境下，物流业发展也呈现出新的特征，例如，物流业增速放缓、资源要素成本持续走高、内需拉动的物流需求迅速释放、物流业创新层出不穷。

1)增长速度放缓,运行质量逐步提升

我国物流业经过 10 多年的快速发展已经颇具规模,受经济进入新的发展阶段影响,我国物流业也将结束过去的高速增长期,进入温和增长阶段。我国社会物流总额从 2007 年的 75.2283 万亿元增长至 2017 年的 252.8 万亿元(如表 1-2 所示),早期增速一直保持在两位数,2007—2011 年增速分别为 26.2%、19.5%、7.4%、15%、12.3%,其中,除 2009 年受国际经济危机影响跌落至 7.4%,其他年份增速均超过 10%,2010 年随着国际经济环境的好转,社会物流总额增长率迅速回升至 15%,进入 2012 年以后社会物流总额增长速度逐渐降低至 10% 以下,2017 年增速回落至 6.7%(如图 1-5 所示)。受我国经济发展新阶段的影响,预计在今后相当长的时期内,我国物流业的增速将维持在 9% 左右,物流业进入温和增长期。

表 1-2　2007—2016 年我国社会物流总额增长率表

单位:万亿元

年度	2007	2008	2009	2010	2011	2012	2013	2014	2015	2016	2017
社会物流总额	75.2283	89.9	96.65	125.4	158.4	177.3	197.8	213.5	219.2	229.7	252.8
同比增长	26.20%	19.50%	7.40%	15%	12.3%	9.8%	9.5%	7.9%	5.8%	6.1%	6.7%

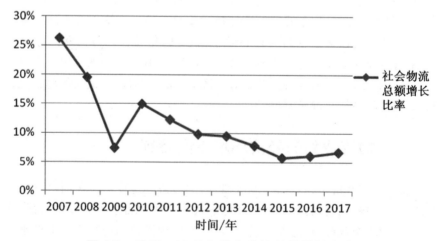

图 1-5　2007—2017 年社会物流总额增长比率

　　尽管物流业的增长速度减缓,但是其运行质量逐渐提升,其中,最为典型的是社会物流总费用占 GDP 的百分比有所下降。社会物流总费用指报告期内国民经济各方面用于社会物流活动的各项费用支出的总和。包括支付给运输、储存、配送、流通加工、包装、装卸搬运、信息处理等各个物流环节的费用,包含物品在物流期间发生的损耗费用、物流活动中因资金占用而支出的银行利息、物流活动中发生的相关管理费用等。整体上看,社会物流总费用划分为运输费用、保管费用、管理费用。

　　社会物流总费用占 GDP 的百分比是衡量物流在国家经济中价值量化的主要标志,当前已经成为衡量一个国家物流业发展水平的主要标志。社会物流总费用占 GDP 的百分比说明物流业运行效率的高低,根据其他国家的发展经验,在工业化后期比值为 13% 是比较合适的。发达国家的社会物流总费用占 GDP 的百分比通常在 8%～10%。我国历年的社会物流总费用占 GDP 的百分比数据基本维持在 18% 左右略有波动(如图 1-6 所示),2014 年该数据降至 16.6%,2017 年进一步降低至 14.6%。这在一定程度上说明,随着我国经济结构调整的进一步深入,我国物流业的运行质量和效益较之以往有所提升,但相比发达国家还有较大差距。

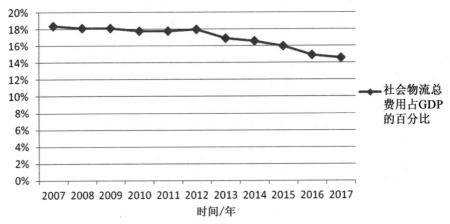

图 1-6　2007—2017 年社会物流总费用占 GDP 的比重

(数据来源:网络公开数据资料整理)

　　2)资源要素成本持续增加

　　物流业的资源要素主要包括人力资源、土地资源、能源等,随着我国工业化进入中后期、人口红利减少,物流业必须的资源要素成本持续增加。据国民经济和社会发展统计公报公布的数据显示:2013 年,全国居民人均可支配收入 18311 元,比上年增长 10.9%;2014 年全国居民人均可支配收入

20167元,比上年增长 10.1%,城乡居民收入呈继续增加态势。居民收入的增加从一定程度上反映了劳动力成本的不断上升,究其原因是 2005 年以来,我国农村剩余劳动力数量持续下降,导致以农民工为主体的普通劳动力工资持续上涨。有数据显示,农村剩余劳动力每减少 1%,次年的农民工实际工资就会上涨 1.68%。劳动者工资收入的增加给企业带来的直接影响就是用工成本增加,自 2010 年以来,企业劳动力成本年均上涨幅度在 20%左右,物流业作为服务业的重要组成部分,其人力资源要素成本占企业经营成本的比重较大,人力成本的持续增加将长时间存在。除了人力资源成本不断上涨外,物流业土地资源成本也居高不下,物流业用地依然紧缺。随着我国城镇化进程的加快,城市不断扩容改造,导致原有物流用地急剧减少,而新增物流用地难以保证。2012 年 1 月 20 日,财政部与国税总局曾共同出台《关于物流企业大宗商品仓储设施用地城镇土地使用税政策的通知》,要求对物流企业自有的(包括自用和出租)大宗商品仓储设施用地,按所属土地等级适用税额标准的 50%计征城镇土地使用税,但效果并不明显。《关于减轻物流企业负担的调查报告》显示,物流企业用地的平均价格为每亩 30.7 万元,其中,30%的企业用地价格在每亩 30 万元以上,有 12.8%的被调查企业表示本企业的用地价格已经超过每亩 50 万元[2]。中国物流与采购联合会的抽样调查结果也说明了同样的问题,数据显示,北京、上海、广州等一线城市物流地价普遍超过 80 万/亩,其他地区的土地价格也比过去提高了 3~5 倍不等。按照现行政策规定,大型城市的土地使用税年税为每平方米 1.5~30 元,中等城市为每平方米 1.2~24 元,小城市为每平方米 0.9~18 元,县城、建制镇、工矿区为每平方米 0.6~12 元。对于需要大规模占地的物流企业而言,用地成本之高可见一斑,多数物流企业难以负担。物流业需要投入大量能源,而我国能源价格也比过去有所增加,同时,国家对环保污染问题的日益重视,将使企业的节能减排成本逐渐上升。可见,物流业必须的资源要素均呈现持续增长的态势,依靠资源投入的粗放经营模式亟待转型。

　　3)内需拉动的物流需求迅速释放

　　我国经济步入新常态,经济增长方式也逐渐由投资拉动转变为内需拉动,与内需相关的物流需求迅速释放。如图 1-5 所示,我国社会物流总额增速减缓,与此同时物流市场的分化日趋明显。由于受到经济增长速度变缓以及部分工业产业产能过剩影响,钢铁、煤炭等大宗商品物流市场持续低迷,行业陷入深度调整,全年铁路货物周转量有所下降,港口的货物吞吐量增速同比回落。另一方面,城乡居民收入的持续增长,使得国内消费需求日渐旺盛,与内需相关的物流市场保持了较高的增长幅度,消费对经济增长的贡献持续走高。例如,快速消费品、食品、医药、家电、电子等与居民消费相关的物流市场增长较快。与消费者日常生活息息相关的生鲜食品冷链物流需求增长显著,2015 年冷链需求规模预计 1.05 亿吨左右,增速在 18% 上下[3]。与此同时,由于网络经济的空前繁荣,电子商务成为拉动内需的重要手段,自 2005 年以来,我国电子商务交易规模一直保持快速增长态势。艾瑞咨询统计资料显示,2017 年中国电子商务市场交易规模为 28.66 万亿元,同比增长 24.77%,其中,网络购物自 2014 年在社会消费品零售总额渗透率首次突破 10% 后,一直保持较高的增长态势,成为推动电子商务市场发展的重要力量。不仅如此,麦肯锡的研究报告显示,电子商务新增消费比例在三四线城市高达 57%,农村消费者网购购买力高于经济发达的一二线城市,新常态下农村消费者的购买力亟待释放,农村需求成为经济新的增长点[4]。同时,2017 年移动网购在整体网络购物交易规模中占比达到 80.7%,同比增长 45.3%(数据来源:智研咨询整理),移动端已超过 PC 端成为网购市场更主要的消费场景。

以服务电商为主的快递业保持快速增长(如图 1-7 所示),2008 年以来年均增长率达到 43%,2017 年全年快递业业务量达 400.6 亿件,同比增长 28%(如图 1-8 所示),业务收入累计完成 4957.1 亿元,同比增长 24.7%。自 2014 年我国首次超过美国成为世界快递业第一大国以来,中国快递业务量规模继续攀升,当前稳居世界首位,在全球占比超过四成,对世界快递业务量增长的贡献率达 60%,已成为全球快递市场发展的新引擎。受电子商务和网络购物快速增长带动,2014 年单位与居民物品物流总额保持快速增长态势,同比增长 30.4%,增幅比上年加快 6.9%。根据中国物流与采购联合会的数据分析可知,从 2007 年开始,单位与居民物品物流总额出现爆发式增长,物流总额从 2001 年的 126 亿元增长到 2336 亿元,十年增长 18.5 倍,是增长最快的领域。

4)物流业创新层出不穷

当前,我国物流业正处于从过去的"高投入、高污染、低产出、低效益"的粗放型经营方式向提质增效的集约型经营方式转换的重要时期。这一时期要素驱动的弊病已经显现,物流业增长的驱动方式逐渐向创新驱动转变。物流创新是指在物流活动中,采用新的经营管理理念和新的经营管理方法,利用新的技术、设施等手段,对物流运营全过程进行管理、改造和革新,从而全面提高物流活动的效率,使企业取得最大化的经济效益,同时,兼顾社会效益的创新活动实践。物流业的创新不仅是物流企业提高竞争力的客观要求,也是物流经济发展国际化的必然选择。我国物流企业通过模式创新、

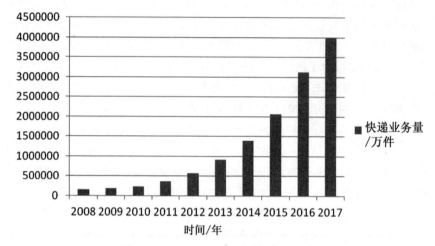

图 1-7　2008—2017 年快递业务量

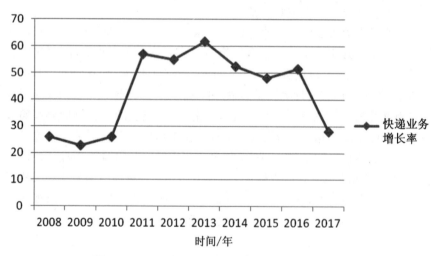

图 1-8　2008—2017 年快递业务量增长比例

管理创新、技术创新等方式,助推了整个物流业的整合与转型升级,已经成为经济新常态下,物流业发展的重要特征。在公路货运方面,过去由于信息沟通不畅,车货匹配是一大难题。货主得不到满意的公路运输服务,同时,很多司机也找不到货源,导致车辆的满载率低、空驶情况突出,整个公路货运行业经营效率低下。近年来,不少公路货运企业积极探索经营模式创新,开始向平台整合进军,出现了一大批代表企业,如浙江传化公路港、林安物流、卡行天下等,通过整合货源和运力信息进行供需匹配,很大程度地提高了运输服务的效率,提升了市场集约化水平。不仅如此,随着电子商务的日趋繁荣,快递行业也充满活力,创新动能不断涌现。例如,快递企业利用服务优势进军电商行业,典型代表为顺丰速运开启了生鲜电商业务,并利用"嘿客"便利店开展 O2O 业务,加速与电商的融合,最大程度地利用了线上线下资源。海尔日日顺物流在家电领域首先推出"送装一体化"服务模式,通过互联网、物流网、服务网、营销网四网的高度融合和深度耕耘,使得用户服务最后一公里的问题得以解决,消费者获得完美体验。随着互联网、云计算、物联网、大数据等技术的迅速发展,移动商务在物流领域的应用越来越广泛,快的打车成立"快货运"公司把业务从客运领域做到了货运领域,这一转变表面上看是移动商务从客运到货运的业务延伸,事实上,它带来的是互联网思维在物流领域的强势落地,未来互联网、大数据技术必将给物流领域带来更加深刻的变革。除此之外,物流业与其他产业融合发展也进入新阶段。例如,申通、中通、圆通、韵达联合组建峰网投资平台,中国物流金融服务平台上线运行,都说明物流业与金融业等其他产业的融合发展进入了新的历史时期。

1.3 物流业发展现状

经过 30 多年的发展,我国物流业已经取得了巨大的成就,在国民经济中基础性和先导性作用日益突出,已经成为国民经济的支柱产业和重要的现代服务业。当前,我国物流业基础设施日趋完善、物流产业规模快速成长、服务能力相较以前有大幅提高,物流市场开放程度进一步提升,技术水平及装备条件有了很大改善,但物流业发展总体看仍然滞后于经济发展要求,具体情况如下。

1.3.1 物流业发展概况

1)基础设施建设日趋完善

我国综合交通运输体系逐渐完善,根据交通部网站发布的《2016 年交通运输行业发展统计公报》显示,截至 2016 年末,全国公路总里程 469.63 万公里,比上年增加 11.90 万公里。公路密度 48.92 公里/百平方公里,增加 1.24 公里/百平方公里。全国铁路营业里程达到 12.4 万公里,比上年增长 2.5%,其中高铁营业里程超过 2.2 万公里。全国铁路路网密度 129.2 公里/万平方公里,增加 3.2 公里/万平方公里。全国内河航道通航里程 12.71 万公里,比上年增加 0.01 万公里。等级航道 6.64 万公里,占总里程

52.3%,提高 0.1%。其中,三级及以上航道 1.21 万公里,占总里程 9.5%,提高 0.4%。在航空运输领域,2016 年末共有颁证民用航空机场 218 个,比上年增加 8 个,其中,定期航班通航机场 216 个,定期航班通航城市 214 个。

物流园区建设方面也取得了较大成果。物流园区是为满足货物转运、产业发展和居民消费等规模化物流需求,依托区位交通条件,与城市综合功能和产业体系相配套的公共性物流基础设施群,是由统一运营主体管理、众多物流业者经营的物流运作集结地,是布局集中、用地节约、企业集聚、经营集约的物流功能集聚区。中国物流与采购联合会和中国物流学会在 2006 年、2008 年和 2012 年三次调查的基础上,于 2015 年组织开展了第四次全国物流园区(基地)调查(表 1-3)。报告显示,我国物流园区当前的总体情况如下:我国物流园区数量稳步增长,全国包括运营、在建和规划的各类物流园区共计 1210 家,与 2012 年的 754 家相比,增长 60%。园区的分布结构与 2012 年的调查情况吻合,物流园区数量最多的属于北部沿海经济区;长江中游经济区、黄河中游经济区。在所有登记的物流园区中,2012 年已经运营的物流园区共 857 个,相比 2012 年 348 个投入运营,数量接近翻了 2 倍多。处于在建状态的物流园区的数量与 2012 年基本持平。2012 年第三次物流园区调查报告显示:物流园区转型升级态势明显。不少地方政府对物流园区进行了重新整合、设计,从过去单纯地追求数量转变为看重园区的发展质量,由粗放式发展逐渐向提质增效过渡。尽管仍有不少物流园区仍然依靠土地增值、税收优惠、国家扶持资金等维持运营,但各种以服务创新为手段的增值服务已经逐步开展,增值服务的收入已经开始成为物流园区重要的收入来源。2015 年第四次物流园区调查报告发现,"一带一路"国家战略的出台,使得国际物流需求迅速增长,业务辐射范围扩大到国际范围的物流园区,数量占比从 2012 年的 10%增长至 33%。我国经济发展方式的转变使得物流需求出现了"黑冷白热""网涨店缩"等新特点,这些变化将进一步引领物流园区的转型升级。

表 1-3　物流园区经营状态表

区域	规划	在建	运营	合计
北部沿海经济区	5	30	181	216
长江中游经济区	35	50	126	211
黄河中游经济区	21	40	114	175

续表

区域	规划	在建	运营	合计
东部沿海经济区	9	14	133	156
南部沿海经济区	10	18	107	135
西南经济区	16	38	78	132
东北经济区	11	32	68	111
西北经济区	6	18	50	74
合计	113	240	857	1210

（数据来源：第四次全国物流园区调查报告）

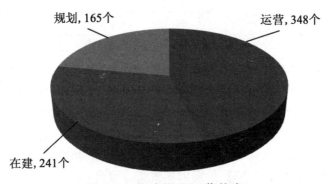

图1-9　物流园区运营状态

2)物流产业规模快速增长,市场集中度逐渐提升

近年来,我国物流产业规模不断扩大,社会物流总额2017年达到252.8万亿元,相比2007年的75.23万亿增加了3.36倍。2014年我国物流业增加值达到3.4万亿,由表1-4可知,2007年以来一直保持较高的增长幅度,2011年以前年增长率均超过10%,分别为20.3%、15.4%、7.3%、13.1%、13.9%,其中,除了2009年受美国引发的全球经济危机影响,当年物流业增加值增长率仅为7.3%。进入2012年后,由于我国经济结构转型升级逐渐深入,物流业增加值的增长速度也随之放缓,2012—2014年物流业增加值的增长率分别为9.1%、8.5%、9%。虽然增速放缓,但规模仍在不断扩大。2016年交通运输、仓储和邮政业实现增加值33058.8亿元,同比增长8.4%。

表 1-4 2007—2017 年物流业增加值及增长率表

年度	物流业增加值/亿元	同比增减/%
2007	16981.00	20.3
2008	19965.00	15.4
2009	23100.00	7.3
2010	27000.00	13.1
2011	32000.00	13.9
2012	35000.00	9.1
2013	39000.00	8.50
2014	34000.00	9
2015	—	—
2016	—	—

物流市场的集中度稳步提升。2018 年 1 月 25 日召开的中国物流与采购联合会物流企业综合评估委员会第二十五次会议,审定通过第二十五批 A 级物流企业 358 家。其中,5A 级企业 11 家,包括上海中谷物流股份有限公司、上海环世物流(集团)有限公司、上海安能聚创供应链管理有限公司、中国外运辽宁有限公司、如皋港务集团有限公司、百世物流科技(中国)有限公司、浙江义乌港有限公司、华润山东医药有限公司、山东京博物流股份有限公司、盐田国际集装箱码头有限公司、云南宝象物流集团有限公司,4A 级企业 105 家,3A 级企业 177 家,2A 级企业 64 家,1A 级企业 1 家。审定通过复核企业 471 家,因各种原因放弃复核企业 66 家。经过本次评估,中国物流与采购联合会已向社会陆续通告了二十五批共 4938 家 A 级物流企业。

2017 年度 50 强物流企业(如表 1-5 所示),运输、仓储企业 43 家,占比超过 80%。在运输企业中,道路运输、铁路运输企业各 6 家,占 12%;水上运输企业 17 家,占 34%。其中,排名第一位的是中国远洋海运集团有限公司,物流业务收入为 1408.40 亿元;第 50 位是九州通医药集团股份有限公司,物流业务收入为 28.54 亿元,入围门槛比上年提高 6 亿元。排名前 50 强企业的业务总收入为 8299 亿元,比去年增长 6.9%。据数据显示,物流 50 强企业自 2007 年以来十年物流收入年均增长 11%,近年来增速较 2010 年、2011 年有所放缓,但仍保持平衡增长态势。2016 年,20 家企业营业收入突破 100 亿元大关,比上年增加 2 家。同时,50 强物流企业 2016 年实现利润同比增长 6.4%,收入利润率为 6.1%,同比提高 0.1%。

表 1-5　2017 年度中国物流企业 50 强名单

排名	企业名称	物流业务收入/亿元
1	中国远洋海运集团有限公司	1408.40
2	中国外运长航集团有限公司	764.33
3	冀中能源国际物流集团有限公司	729.00
4	厦门象屿股份有限公司	714.40
5	顺丰控股股份有限公司	574.83
6	河北省物流产业集团有限公司	286.01
7	天津港(集团)有限公司	280.20
8	山东物流集团有限公司	274.59
9	中铁物资集团有限公司	237.49
10	安吉汽车物流股份有限公司	185.71
11	德邦物流股份有限公司	170.00
12	中国物资储运总公司	163.32
13	高港港口综合物流园区	154.61
14	招商局物流集团有限公司	131.91
15	锦程国际物流集团股份有限公司	120.10
16	开滦集团国际物流有限责任公司	114.14
17	连云港港口集团有限公司	103.05
18	福建省交通运输集团有限责任公司	103.00
19	国药控股湖北有限公司	102.79
20	河北港口集团有限公司	101.76
21	厦门港务发展股份有限公司	89.92
22	广州铁路(集团)公司	89.10
23	中国石油化工股份有限公司管道储运分公司	84.69
24	石家庄内陆港有限公司	81.31
25	嘉里物流(中国)投资有限公司	81.16
26	全球国际货运代理(中国)有限公司	76.88
27	一汽物流有限公司	73.68

排名	企业名称	物流业务收入/亿元
28	江苏省如皋港现代物流基地	71.10
29	重庆长安民生物流股份有限公司	68.38
30	武汉商贸国有控股集团有限公司	67.83
31	重庆港务物流集团有限公司	67.55
32	中铁铁龙集装箱物流股份有限公司	61.09
33	日照港(集团)有限公司	51.92
34	云南能投物流有限公司	50.61
35	日通国际物流(中国)有限公司	44.89
36	北京长久物流股份有限公司	42.96
37	广东省航运集团有限公司	39.93
38	中都物流有限公司	39.30
39	泉州安通物流有限公司	37.92
40	江苏宝通物流发展有限公司	36.74
41	上药控股江苏股份有限公司	36.62
42	湖南星沙物流投资有限公司	36.37
43	青岛日日顺物流有限公司	33.35
44	云商智慧物流有限公司	33.26
45	江苏苏宁物流有限公司	32.10
46	南京长江油运公司	31.07
47	南京港(集团)有限公司	30.92
48	唐山港集团股份有限公司	30.31
49	广州发展能源物流集团有限公司	30.12
50	九州通医药集团股份有限公司	28.54

3)物流企业专业化服务能力大幅提高

经过改革开放30多年的发展,我国物流产业已经成为支撑国民经济发展的十大振兴产业之一。随着物流企业资产重组和资源整合步伐加快,形成了一批服务网络化、管理规范化、所有制多元化的现代化物流企业。这些企业有部分是过去从传统的储运服务转型而来,通过扩展服务领域、提供深层次的物流服务,逐步转型成为现代物流企业。还有不少过去专注于商贸流通、制造业物流、国际物流、快递物流的企业,继续在专业物流领域内深耕,物流服务专业化水平不断提升、服务能力显著增强。伴随我国产业联动融合的纵深发展,产业合作层次从运输、仓储等浅层次合作走向了订单处理、集中采购、生产支持、仓配一体化等高附加值的、个性化的创新型服务。整体看,企业更加重视客户的需求,为顾客多样化的需求开发个性化、一体化服务,在冷链物流、汽车物流、城市配送、物流地产等专业细分领域涌现了一批综合服务能力强的专业物流企业,例如,荣庆物流供应链有限公司、漯河双汇物流投资有限公司,这两家冷链物流企业实力强,规模大,年收入均超过 10 亿;另外,安吉天地汽车物流有限公司、嘉里建设有限公司等均是专业物流领域内的佼佼者。当前,物流企业加强精细化、集约化管理,更加注重通过技术改造、管理提升和人员培训,应对成本上升压力。除此之外,越来越多的企业向产业链延伸服务,精益物流、共同配送、供应链集成等新的物流运作模式表现出强大生命力,逐步从传统物流企业向综合物流服务商转型。

4)物流市场开放程度不断提高

我国物流市场一直以开放的姿态容纳各国的物流企业,最早可以追溯到 20 世纪 80—90 年代,就有联邦快递、天地物流、UPS、马士基等跨国物流企业进入中国,在中国建立合资企业。随着 2005 年底中国物流业全面开放,越来越多的跨国物流企业、战略投资者开始关注和进入中国物流市场。不少企业都将中国视为其全球供应链中极为重要的战略节点,纷纷将自己的物流中心迁到中国来。这些企业的投资方式,也从开始的合资经营逐渐转为独资经营,业务也从单一转向综合性,服务网络从个别中心城市逐渐向全国铺开。外资物流企业的到来,给我国物流业注入了新活力,尤其在第三方物流领域,外资物流企业一直引领物流服务功能的创新。国外物流企业的进入,对中国的物流企业来说,既是机遇也是挑战,中外物流企业在竞争中合作,共同促进了中国现代物流业的发展。早在 2001 年,我国航运市场的开放程度已达到世界发达国家的开放水平,国际船舶运输可完全享受国民待遇。20 世纪 90 年代,我国航空物流业打开了对外开放的大门。以海南省航空公司与美国航空投资有限公司于 1995 年 11 月合资共建中国民航第一家中外合资航空运输企业为标志,中国航空物流业的对外开放进入崭新的阶段。公路货运领域,内外资的深度合作,早已耳熟能详,TNT 收购天地华宇、普洛斯收购浙江传化物流 60% 的股份等。目前,外资已经渗透到物流业的多个领域,以相对发展较晚的电商市场为例,尽管我国电商市场发展时间不长,但国内电子商务市场已经聚集了亚马逊、eBay 等国外电商巨头,未来我国将进一步放宽电商领域的外资控股权,相信会吸引更多的外资电商企业到中国来经营。另一方面,我国的物流企业也开始走向国际市场,越来越多地采用国际标准,与国际水准的服务和管理接轨,行业获利进一步增强。

5)装备条件改善与互联网技术的普及

物流技术装备业的发展水平直接决定了物流企业的生产运营效率和发展速度,现代化的装备大大提升了物流行业的运营效率,降低了物流行业生产成本。尤其是近几年,物流业资源要素的不断增多,加上物流企业经营规模的扩大和经营方式的转变,信息技术和网络技术的快速发展,迫使企业不得不利用机械化、自动化、信息化物流装备来提高企业的运行效率。在运输领域,专用的车辆设备越来越多,尤其是在专业物流、场内物流、企业内部物流等。在仓储领域,专业化设备越来越多,由于仓库的服务内容不一、货品不同以及千差万别的客户需求,使得拣选设备、分拣技术越来越专业。整体而言,目前,物流企业对新型叉车、货架、分拣输送设备、自动化立体仓库等现代化物流装备需求快速上升,针对自动化立体库、无人搬运车、分拣系统、机器人系统等进行整体规划,以实现最佳的产品综合利用的用户需求增长较快,以"机器代替人"的趋势逐渐显现。

伴随互联网、大数据、物联网、云计算等技术的快速发展,物流业的技术水平快速提升。移动互联网是时下最具潜力、也最具影响力的网络技术。移动互联网在物流领域得到了广泛应用,利用庞大的社交和信息传输网络实现了互联时代的推广营销,新的商业模式改变了物流企业传统的运营模式。当前,物流信息平台、物流APP的应用实现了物流信息的快速传递和实时分享,据不完全统计,诸如好多车、好运宝等车货匹配类信息平台,受到风险投资基金的追捧,其中,超过50家企业获得风投资金。在电商物流领域,阿里巴巴、银泰、复星、富春、顺丰和"三通一达"等共同组建"菜鸟网络",同时启动"中国智能骨干网"项目建设,计划用5~8年的时间建立一个支撑日均300亿元网络零售额的物流网络。这是智能大数据、物联网、云计算、自动化技术等在国内物流领域实现大规模应用的典型代表。菜鸟网的建设不仅使物流基地建设进入到里程碑式的阶段,也推进了物流仓储装备水平的提升。更为重要的是,建成后,菜鸟网络收集到的大数据,将开启我国物流业大数据服务的新篇章。

综上所述,通过近30年的快速发展,物流业取得了举世瞩目的成就,然而,与我国经济发展水平相比,物流业当前的发展仍然较为滞后。交通运输业总体水平有了很大提升,但存在结构性短缺,例如,陆上运输中,公路运输承担了较大比例的货运量,增加了运输成本,运输效率不高。物流业与制造业、农业等联动不足问题仍旧突出。

1.3.2　物流业各业态发展现状分析

物流业作为一个跨行业、综合性、复杂性的产业,包含制造业物流、冷链物流、快递物流、大宗商品物流等众多不同的物流业态,下面就制造业物流、冷链物流、快递物流这三类典型的物流业态现状进行阐述。

1)制造业物流

制造业是衡量一个国家或地区综合经济实力的重要标志之一,发达的制造业和先进的制造技术成为推动人类工业文明不断向前发展的巨大动力。制造业在世界各国的国民经济中均占有十分重要的地位,中国作为全球制造基地,制造业是我国经济增长的主要部门,也为我国城乡居民就业提供了主要渠道。

制造业物流是指制造业完成从原料采购到产品销售这一过程中所涉及的所有物流活动的总和。具体包括:原料采购、加工制造、市场营销及售后服务等一系列企业经营活动及其扩展活动。制造业物流主要服务于制造业,其目的是为了保障制造业的生产活动能够正常有序地进行,同时保证企业以尽可能低的成本投入,获得丰厚的利润回报。目前,我国制造企业的经营过程中,80%~90%的时间用于物流活动,80%~90%的成本属于采购和物流成本,因此,制造业物流服务水平对我国制造业的发展起到举足轻重的作用。

经过多年的发展,我国制造业物流形成了较为典型的几种模式,例如,自营物流、合资合营物流、物流联盟及第三方物流模式。自营物流是制造企业自己投资进行物流设施建设并只为本企业服务的物流模式。早期,我国的制造企业几乎全部采用自营物流的模式,该模式使企业对物流业务有着很强的控制力,使物流活动充分服务于企业的生产制造。自营物流使物流与企业的资金流、信息流、商流紧密结合,有利于提升企业的竞争优势,海尔物流是自营物流模式的代表。合资合营物流服务模式通常由几家单位共同合资组建专业的第三方物流公司,这些合作单位既有制造企业,也有物流企业,投资方共同经营合资物流企业,以契约方式分享利润并承担风险。该模式的物流服务需求较为稳定,且合资物流企业可以承接投资方以外的其他制造企业的物流业务,经营模式灵活,其典型代表为广州安泰达物流。物流联盟是介于独立的物流企业与市场交易关系之间的一种组织形态,是物流企业基于发展的需要而形成的相对稳定、长期的契约关系,通常由两个或者两个以上的物流企业结盟形成。该模式的典型成功应用是在汽车制造业,汽车物流企业通过形成物流联盟,充分整合物流资源,极大地降低了物流企业的返程空驶比例,提高了联盟物流企业的资源运作效率,降低了物流成本。第三方物流模式是制造企业将物流业务委托给专业的物流企业进行运营和管理。该模式可以使制造企业最大程度地剥离企业内部物流业务,有利于制造型企业专注于核心竞争力的提升。第三方物流模式也是当前我国政府大力倡导的制造业物流发展的新模式,为充分推进制造业与物流业的联动和融合发展提供了有力的手段。

现阶段,我国制造业物流发展规模虽然不断扩大,但制造业物流需求释放仍不充分,信息化水平也不足以满足当前先进制造业发展的要求,具体情况如下:

制造业物流规模逐渐扩大。伴随着我国制造业转型升级,制造企业物流需求得到空前释放,制造业物流市场的规模和需求都随之发生了显著的变化。首先从规模看,在社会物流总额中,制造业物流所占的分额逐年攀升。据国家统计局公布的最新数据,2017 年全国社会物流总额为 252.8 万亿元,同比增长 6.7%,增速比上年同期提高 0.6%。分季度看,一季度为56.7 万亿元,增长 7.1%,提高 1.1%;上半年为 118.9 万亿元,增长 7.1%,提高 0.9%;前三季度为 184.8 万亿元,增长 6.9%,提高 0.8%。全年社会物流总需求呈现稳中有升的发展态势,从构成看,工业品物流总额为 234.5万亿元(表 1-6),按可比价格计算,同比增长 6.6%,增速比上年同期提高 0.6%。

自 2008 年以来,我国的工业品物流总额一直呈上升趋势(如图 1-10 所示),可见,由于我国近年来一直大力推进制造业与物流业的联动发展,制造业物流规模不断扩大,是拉动社会物流总额增长的主要因素,在国民经济发展中仍然占据主导地位[6]。

表 1-6 2008—2017 年我国工业品物流总额表

(单位:万亿元)

年份	2008	2009	2010	2011	2012	2013	2014	2015	2016	2017
工业品物流总额	79.86	87.41	113.1	143.6	162	181.5	196.9	204.0	214	234.5

制造业物流需求释放不足。随着市场竞争的加剧,制造业企业发现过去自营物流的方式,导致制造成本居高不下。竞争压力迫使制造企业重新审视自己的管理方式,供应链管理思想作为一种提高企业竞争优势的重要管理理念,逐渐为更多的企业接受和推广。为了专注于自己的核心业务,提高企业竞争力,制造业企业开始将非核心的业务外包,从物流、信息流、商流

多角度紧密衔接,构建一体化供应链管理优势,进而成为制造企业的新竞争力。根据国家发改委和南开大学现代物流研究中心于 2011 年 1～4 月对我国工商企业物流外包的总体情况的调查,2010 年,我国已经实施物流外包业务的工商企业占企业总数的 63.3%,相比 2009 年增长了 2.1%,相比 2006 年增长了 20.7%[7]。尽管企业制造业物流外包持续增加,但是,从整体上看,制造业物流需求释放仍不充分,自营物流模式较为普遍。因此,我国制造业物流需求并没有得到最大程度的释放,物流的社会化需求仍显不足。

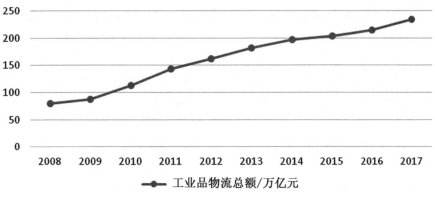

图 1-10　2008—2017 年我国工业品物流总额示意图

制造业物流信息化水平不高。伴随计算机技术的快速发展,我国制造业物流信息化要求将信息技术、自动化技术、现代管理技术与制造技术相结合,从而提升制造企业的经营管理水平,改善研发和生产工艺,提高企业的生产效率、产品质量和创新能力。通过应用现代信息技术,能够实现产品设计制造的现代化、生产过程控制的智能化、制造装备的数控化、企业管理的信息化以及咨询服务的网络化,全面提升我国制造业的竞争力。制造业物流信息化应与物流系统技术、物联网技术紧密结合,制造企业物流系统设计与系统集成能力发展将大大促进物流信息化水平。然而,就目前的情况看,我国制造企业的信息化水平普遍较低,多数生产型企业只关注生产和销售的信息化,仓储、生产、财务等环节信息技术使用较多,缺乏对企业供应链的一体化信息管理。在物流技术的应用方面,条码技术、GPS 和 GIS、电子数据交换系统(EDI)、电子自动订货系统(EOS)、自动分拣系统(ASS)、射频识别系统(RFID)等技术的应用仍然没有得到广泛普及。我国大型制造企业现场物流采用看板管理的占 25%,采用 JIT 配送的占 11%,采用原材料直送工位的占 44%,采用精益化物流管理的占 6%,采用条码信息系统的占

13%，采用企业集成化物流系统的占 13%。大部分中小企业物流信息化还处于空白状态。可见，我国制造业物流信息化水平滞后于我国制造业的发展，不能满足现代先进制造业发展的需求。

2)冷链物流

冷链物流(Cold Chain Logistics)泛指冷藏冷冻类食品在生产、贮藏运输、销售，到消费前的各个环节中始终处于规定的低温环境下，以保证食品质量，减少食品损耗的一项系统工程。它是随着科学技术的进步、制冷技术的发展而建立起来的，是以冷冻工艺学为基础、以制冷技术为手段的低温物流过程。

伴随我国城乡居民消费结构升级，人们对生鲜食品的需求快速增加，冷链物流作为生鲜食品保鲜的重要手段，也迎来了快速发展。总体来看，我国冷链物流起步晚，发展慢，具体情况如下所述。

我国冷链物流需求规模不断扩大。2013 年全国冷链需求规模达 9200 万吨左右，2014 年冷链需求市场规模进一步增加，达到 11200 万吨左右，较2013 年增长了近 22%。2014 年冷链产业中的突出亮点当属冷链物流园区的建设，全年全国运作(包含建成、开建、签约不包括建设中的)的重点冷链项目超过 40 个，投资额超过 550 亿元。2014 年全国冷库总量达到 3320 万吨，折合 8300 万立方米，与 2013 年 2411 万吨相比增长 36.9%。另外，由于"21 世纪海上丝绸之路"等政策效应的推动，西南地区冷链投资大幅增长，其中，成都、云南等地的冷链设备需求市场明显增加，仅在 2014 年吸引了近 60 亿元的投入[8]。2016 年全国冷链物流市场需求达到 2200 亿元，同比增长 22.3%，冷库总量达到 4015 万吨(约为 10037 万立方米)，国内冷藏车年度销量为 2.61 万辆，冷藏车保有量超过 11 万辆。预计到 2020 年，我国冷链物流行业的市场规模将达到 4700 亿元，年复合增速将超过 20%，冷链物流行业的整体平均毛利率在 15%~20%。除此之外，我国冷链物流设施建设也正在实现跨越式发展。2017 年冷链物流行业迎来全新的变化，冷库方面，产地冷库建设增多，冷藏库、保鲜库、气调库体量将有所增加；冷藏车方面，新国标 GB1589 的出台对规范和推动冷藏车市场发展提供新动力；冷链物流体系也将逐步走向第三方服务。

区域冷链物流发展不平衡，市场集中度低。我国冷链物流发展呈现显著的区域不平衡特征，冷链物流服务水平较高的区域集中在中东部经济发达地区，如北京、广东、天津、大连、山东等。2014 年重点的冷链项目也凸显出地区分布的不均衡性。重点项目多数分布在华北地区(北京、天津、山东等)，投资额超过 200 亿，占比超过全国的 1/3；东北地区约 50 亿，华南与华东地区(广东、上海、浙江等)约 60 亿；西南地区(重庆、四川等)约 50 亿，中部地区(安徽、湖北等)约50亿。除了区域冷链发展不平衡的特征突出外，冷链物流市场集中度低。

中国物流与采购联合会发布了2017年中国冷链物流百强企业名单(如表1-7所示)。数据显示,2017年中国冷链物流百强企业总收入为259.83亿元,占全国冷链物流的27.52%。此次冷链百强企业新晋企业有4家,前20强企业有9家变动,排名变动超10的有22家,比去年减少6家,其中,7家企业上调,15家企业下降;收入增长超过50%的有13家,超过30%的有23家,百强收入占比中,前20名市场占有率为66.64%;前50强的占比为84.72%。整体来看,百强企业中综合性企业有21家,占比为63%,供应链型企业有14家,占比为23.11%,运输型企业有26家,占比为6.91%。其中,华东地区最多为42家,收入占比为45.8%;华南12家,收入占比为18.47%;华中地区11家,收入占比19.2%;华北17家,东北9家,收入占比为9.22%;西北3家,西南5家。可见我国冷链物流市场集中度还有待进一步提升。

表1-7　2017年中国冷链物流企业百强名单

1	希杰荣庆物流供应链有限公司
2	顺丰速运有限公司
3	河南鲜易供应链有限公司
4	上海郑明现代物流有限公司
5	上海领鲜物流有限公司
6	漯河双汇物流投资有限公司
7	上海安鲜达物流科技有限公司
8	夏晖物流
9	海航冷链控股股份有限公司
10	江苏辉源供应链管理有限公司
11	大昌行物流(中国)有限公司
12	深圳市泛亚物流有限公司
13	深圳招商美冷供应链物流有限公司
14	济南维尔康实业集团有限公司
15	南京天环食品(集团)有限公司

16	中铁特货运输有限责任公司
17	福建恒冰物流有限公司
18	上海广德物流有限公司
19	宇培供应链管理集团有限公司
20	镇江恒伟供应链管理股份有限公司
21	中外运普菲斯冷链物流有限公司
22	恒浦（大连）国际物流有限公司
23	河南大用运通物流有限公司
24	深圳小田冷链物流股份有限公司
25	上海源洪仓储物流有限公司
26	北京中冷物流股份有限公司
27	上海泛亚航运有限公司
28	北京澳德物流有限责任公司
29	浙江统冠物流发展有限公司
30	增益冷链（武汉）有限公司
31	重庆雪峰冷藏物流有限公司
32	上海世权物流有限公司
33	漳州大正冷冻食品有限公司
34	上海中外运冷链运输有限公司
35	北京快行线冷链物流有限公司
36	上海鲜波隆供应链管理有限公司
37	广州鑫赟冷冻运输有限公司
38	沈阳市天顺路发冷藏物流有限公司
39	威海中外运物流发展有限公司
40	黑龙江沃野风华运输有限公司
41	上海交荣冷链物流有限公司
42	河南大象物流有限公司
43	大连港毅都冷链有限公司
44	上海众萃物流有限公司

45	辽渔集团有限公司
46	内蒙古昕海铭悦运输有限公司
47	黑龙江昊锐物流有限公司
48	泉州安通物流有限公司
49	重庆友生活冷链物流有限公司
50	新余市东华龙货运有限公司
51	淇县永达物流配送有限公司
52	福建省羊程冷链物流有限公司
53	宁夏领鲜易达冷链物流有限公司
54	武汉市梦园冷链物流有限公司
55	北京亚冷国际供应链管理有限公司
56	东莞市华雪食品有限公司
57	山东中超物流供应链管理有限公司
58	唯捷城配
59	河北盛宇物流有限公司
60	成都银犁冷藏物流股份有限公司
61	上海鲜冷储运有限公司
62	北京三新冷藏储运有限公司
63	上海交运沪北物流发展有限公司
64	广州拓领物流有限公司
65	上海锐拓冷链物流有限公司
66	上海东启物流有限公司
67	吴忠市茂鑫通冷藏运输有限公司
68	上海欣捷供应链管理有限公司
69	广州保事达物流有限公司
70	佛山市粤泰冷库物业投资有限公司
71	南京大生冷链物流股份有限公司
72	四川汇翔供应链管理有限公司
73	天津东疆港大冷链商品交易市场有限公司

74	山东大鹏物流有限公司
75	河北宝信物流有限公司
76	天津港首农食品进出口贸易有限公司
77	德州飞马冷链物流有限公司
78	大连鲜悦达冷链物流有限公司
79	华冷物流有限公司
80	天津品优物流有限公司
81	山绿农产品集团股份有限公司
82	华夏易通物流有限公司
83	北京家家送冷链物流有限公司
84	漯河金顺物流有限公司
85	北京博华物流有限公司
86	獐子岛冷链物流
87	黄山斯普蓝帝物流有限公司
88	吉林省中冷物流有限公司
89	北京住总科贸控股集团有限公司
90	山东先锋物流有限公司
91	上海志甄物流有限公司
92	福建浩嘉冷链物流股份有限公司
93	成都鲜生活冷链物流有限公司
94	上海敬诚物流有限公司
95	太原万鑫冷链物流有限公司
96	武汉凯瑞物流有限公司
97	深圳市中柱物流有限公司
98	天津金琦低温物流有限公司
99	成都一鑫物流有限公司
100	陕西速必达冷链物流有限责任公司

（数据来源：中国物流与采购联合会冷链物流专业委员会）

冷链设施设备应用不足。目前,我国冷链物流运作所必须的冷链设施和冷链装备严重不足,我国的生鲜农产品使用冷藏车运输比例低,"金杯加棉被"是较为常见的保温手段。我国冷藏保温车辆目前只有5万多辆,而且这其中只有一小部分是配备了制冷设备、能够达到一定规模和吨位的专业冷藏车辆。在美国,平均每500人就有一辆冷藏车。我国冷藏保温汽车占货运汽车的比例仅为0.3%左右。因此,每年生产的农产品中,果蔬、肉类、水产品流通损失率分别达到20%~30%、12%、15%,损耗量居世界首位,腐烂损耗的果蔬可满足将近两亿人的基本营养需求,而冷链发达国家果蔬损失率则能够控制在5%以下。可见,由于我国冷链设施设备的应用还十分不足,给生鲜农产品流通带来了巨大的损失。

3)快递物流

随着信息技术快速发展与互联网一代向二代不断纵深,电商深刻地改变了我国居民的消费行为,引领了传统经济领域内的巨大变革。近年来,我国电子商务交易规模一直保持快速增长态势。据艾瑞咨询统计数据显示,自2010年以来,我国电子商务市场交易规模呈现迅速攀升的态势(如表1-8所示)。2017年中国电子商务市场交易规模为29.16万亿元,比2016年增长11.7%。其中,网络购物增长48.7%,在社会消费品零售总额渗透率年度首次突破10%,成为推动电子商务市场发展的重要力量。电子商务通过数字化模式、高度集成的商务平台,使商品交易活动突破地域限制,延伸到全球范围内,极大地便利了交易双方,是未来最具潜力的商业模式之一。伴随电商模式不断创新,快递物流迅速崛起。

表1-8　2010—2017年中国电子商务交易规模统计表

(单位:万亿元)

年份	2010	2011	2012	2013	2014	2015	2016	2017
交易规模	4.8	7.0	8.1	9.9	12.3	18.3	26.1	29.16

按照《中华人民共和国邮政法》规定,快递是指在承诺时限内快速完成的既定活动。快递是集物流、资金流、信息流为一体的新型服务业,2005年,国务院批准邮政体制改革方案,实行政企分开,将快递划为邮政业统筹管理。2009年,修订后的《中华人民共和国邮政法》颁布实施,明确了快递业务和快递企业的法律地位,确立了鼓励竞争、促进发展的原则,确立了快递业务经营许可制度,为快递市场的健康发展提供了制度保障,从此,快递业的发展驶入了快车道。根据国家邮政局公布的相关数据,2010年我国快递业务量为15.1亿件,截至2017年增长至400.6亿件(如表1-9所示),近

7年来,快递业务量一直保持两位数的增长(如图1-11所示)。与此同时,快递业务收入也保持良好的增长态势,从2010年的574.6亿元,增长为2017年的4950亿元。快递业务收入占行业总收入的比重为74.9%,行业收入占比继续提升。

表1-9   2010—2017年中国快递业务量及业务收入统计表

(单位:亿件)

年份	2010	2011	2012	2013	2014	2015	2016	2017
交易规模	23.4	36.7	56.9	91.9	139.6	206	313.5	400.6
增长率/%	25.9	57.0	54.8	61.6	52.4	48	51.7	28

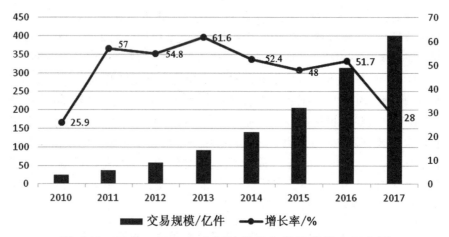

图1-11   2010—2017年全国快递业务量及增长率示意图

表1-10   2010—2017年中国快递业务收入及增长率统计表

年份	2010	2011	2012	2013	2014	2015	2016	2017
业务收入/亿元	574.6	758	1055.3	1441.7	2045.4	2769.5	3974.4	4950
增长率/%	20	31.9	39.2	36.6	41.9	35.4	43.5	24.5

当前,电子商务的空前繁荣,使快递业务量呈现井喷的态势,但与之不相适应的是我国当前快递业发展滞后于电子商务的发展水平,具体情况如下:

(1)快递服务能力不足。电子商务的快速发展催生了网购快递服务的迅速崛起,但现有快递服务业服务能力不足是制约网购快递发展的主要矛盾。近年来,在快递旺季期间,快件日处理量屡创新高,但我国目前的快递

业发展水平难以支撑如此庞大的需求,快递业服务能力明显缺乏。2017 年
双十一当天,主要电商企业全天共产生快递物流订单 8.5 亿件,同比增长
29.4％;全天各邮政、快递企业共处理 3.31 亿件,同比增长 31.5％。2017
年双十一期间(11 月 11 日至 16 日),全国邮政业处理的邮件、快件业务量
超过 15 亿件,比去年同期增长 35％;最高日处理量达到 3.4 亿件,是日常
处理量的 3 倍,日均处理量达 2.5 亿件,是日常处理量的 2.2 倍。随着网络
购物的迅猛发展,未来的快递业务量还有巨大的增长空间,但快递业的发展
难以支撑电子商务蓬勃发展引发的快递服务需求,快递行业能力与需求不
匹配的矛盾将进一步激化。

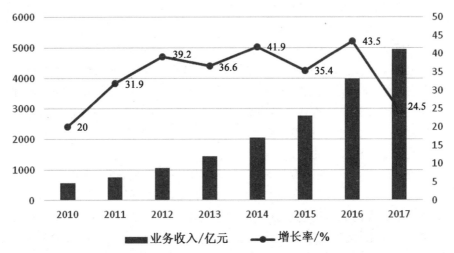

图 1-12　2008—2017 年全国快递业务量及增长率示意图

　　根据国家邮政局的相关资料显示,2017 年全国邮政业消费者申诉中心
共受理消费者申诉为 197.4 万件(日均 5408 件)。其中,邮政服务问题申诉
8.8 万件(占 4.5％),快递服务问题申诉 188.6 万件(占 95.5％)。在受理
的申诉中有效申诉(确定企业责任)为 25.1 万件,同比下降 9.1％。其中,
邮政企业的有效申诉为 1.9 万件,占比为 7.7％;快递企业的有效申诉为
23.2 万件,占比为 92.3％。

　　其中,突出的问题主要集中于包裹丢失、破损、配送延误、快递员服务态
度不佳等方面[11]。除此之外,快递业服务方式单一、服务手段落后、服务态
度不佳等问题普遍存在于快递行业。这些因素造成快递业整体服务水平较
低,无法满足消费者日益严苛的需求,造成消费者不良的客户体验。

　　(2)快递行业监管不完善。当前,我国的快递业主要由邮政部门管理,
但是,从国际快递业的发展经验看,管理快递的多为交通部门,或者设立单

独的监管机构,几乎没有国家与我国一样由邮政部门负责管理。因为快递业和邮政业在服务内容、服务性质、服务标准等方面有显著的差别。快递业的服务对象较为广泛,包括文件、信件、包裹等,提供服务的过程中涉及的行业包括公路、民航、邮政等多个部门。快递业务的服务对象及参与方的复杂性,使快递业务的属性难以准确定性,造成多头监管的局面,容易产生监管盲区。

(3)快递业区域发展不平衡。近年来,我国快递业发展迅速,但区域发展不平衡的现象长期存在。就我国快递业总体发展的情况而言,东部地区发展水平明显高于中部、西部地区。根据国家邮政局统计,2017年,东、中、西部地区快递业务收入的比重分别为81.1%、11.6%和7.3%,业务量比重分别为80.9%、10.8%和8.3%。与2016年相比,东部地区快递业务收入比重下降了0.2%,快递业务量比重增加了0.2%;中部地区快递业务收入比重上升了0.1%,快递业务量比重下降了0.3%;西部地区快递业务收入比重上升了0.1%,快递业务量比重下降了0.3%。可见,东部地区的快递业务收入和业务量比重远高于中部和西部地区。这种不平衡现象与当地的经济发展水平、经济结构等重要因素密切相关,将在较长的时间内成为制约我国快递业均衡发展的瓶颈所在。

综上所述,我国物流业经过了10多年的高速发展,正步入中高速发展的新阶段。物流业"新常态"在为物流和供应链发展提出艰巨挑战的同时,也提供了重大的战略机遇。面对我国物流业处于转型升级的关键时期,将更多依靠转型升级、效率提升和创新发展推动物流业"提质增效",培育竞争新优势,全面打造中国物流"升级版",以转型升级应对物流"新常态"。

参考文献

[1]汪鸣.物流业的产业特征与发展问题[J].中国流通经济,2009,23(7):17-19.

[2]贺登才.我国物流业政策环境回顾与建议[J].中国流通经济,2013,27(3):33-38.

[3]何黎明.2014年我国物流业发展回顾与2015年展望[J].中国流通经济,2015(2):50-54.

[4]贺登才.物流业发展的"新常态"[J].中国远洋航务,2015(1):34-35.

[5]关于中国物流企业50强排名的通告[EB/OL].http://www.chinawuliu.com.cn/lhhkx/201710/16/325400.shtml,2017-10-16.

[6]南开大学现代物流研究中心.中国现代物流发展报告(2011)[R].

北京:中国物资出版社,2011.

[7]刘伟华.2011年制造业物流发展回顾与2012年展望[J].大陆桥视野,2012(7):22-26.

[8]秦玉鸣.2014年中国冷链物流发展回顾[EB/OL].http://www.lenglian.org.cn/rwzf/20907.shtml,2015-3-24.

[9]2017中国冷链物流百强企业名单公布[EB/OL].http://www.chinawuliu.com.cn/office/37/312/13613.shtml,2018-6-16.

[10]国家邮政局:2017年快递服务有效申诉率不断下降[EB/OL].http://dy.163.com/v2/article/detail/DD1RPRI00511GQV9.html,2018-03-16.

[11]柯晶琳,姜维军.电商环境下我国快递业发展对策分析[J].物流科技,2014,37(3):124-126.

第 2 章　物流业低碳化发展困境与对策

近年来,全球极端气候现象频繁发生,巴西出现了近 85 年来最严重的干旱;印度、巴基斯坦和欧洲多国遭遇了少有的持续高温热浪;我国南方地区出现洪涝灾害等。这些极端天气的频繁出现,使环境污染、气候变暖、资源枯竭、生态退化等问题成为全球共同关注的话题。世界各国逐渐意识到传统高能耗、高污染的经济发展方式已经难以为继,纷纷开始探索可持续发展的低碳经济模式。从 1979 年第一次世界气候大会提出全球变暖的问题,到《京都议定书》的生效,再到《哥本哈根协议》,越来越多的国家和地区加入到发展低碳经济、走实现可持续发展的道路中来。我国作为发展中国家的先进代表,也在哥本哈根气候大会上承诺,到 2020 年中国单位国内生产总值二氧化碳排放量比 2005 年下降 $40\%\sim45\%$。

过去,我国的经济发展是以高能耗、高污染为典型特征的粗放型经济发展模式,对能源的消耗巨大,碳排放量惊人。2002 年以来,我国二氧化碳排放量一直呈现快速增长的态势,年均增长率达到 9%。2007 年我国二氧化碳排放量超过美国,位居全球首位。据英国丁铎尔气候变化研究中心(Tyndall Center)和埃克赛特大学(University of Exeter)数理科学学院联合发表的一篇报告称,2013 年中国人均二氧化碳排放量高达 7.2 吨,首次超过欧盟人均排放量 6.8 吨。这种以牺牲环境为代价换来的经济发展只是暂时的,不具备可持续性。当前,我国经济低碳化发展迫在眉睫。2014 年我国著名经济学家厉以宁对经济低碳化的内涵进行了解读,认为经济低碳化的内涵包括了不可或缺的两个方面:一个方面是低排放,包括二氧化碳在内;另一个方面,经济要能可持续发展。这两方面的目标(低排放和可持续发展)是不可分的,只片面地强调其中一面,都不符合经济低碳的要求。

目前,我国经济正处于重要的转型期,新常态将促使全社会更加注重经济发展的质量和效率,而不是盲目追求 GDP 增长的速度和数量。社会各界更注重产业结构的调整、升级,注重经济发展方式的转变。人们更关注经济发展、社会进步和环境保护这三者的协调。应该说,绿色发展、低碳发展、循环发展是经济发展新常态的客观要求。物流业作为国民经济的基础性和支撑性产业,其产值主要来自于运输、仓储、邮政快递等高能耗产业,在物流业快速发展的同时,也给环境造成了严重的负面影响。据相关研究显示,在我国农、工、商、建筑业与物流业 5 大行业中,唯有物流业的碳排强度一直呈现持续上升的态势[1]。随着我国经济进入新的发展阶段,物流业也必须改变过去高排放、高能耗的发展模式,走低碳化发展的道路,以"提质增效"适应经济发展新常态。

2.1 我国实施低碳物流的必要性分析

2.1.1 能源危机

2014 年北京大学国家发展研究院发布的《中国能源体制改革研究报告》指出,中国未来的经济发展面临的挑战和约束中尤为突出的是,我国化石能源储量有限,能源供应长期紧张,但能源利用却相当粗放浪费,且高度依赖于煤炭,导致大气污染问题日趋恶化,不断逼近环境容量和民众忍耐的极限。虽然我国煤炭资源丰富,但富煤地区大多生态较为脆弱、水资源匮乏,大规模开采受到约束。当前的煤炭产量几乎已经达到开采上限,只有新疆还有继续增加产量的潜力。

2012 年底,瑞士银行发布了全球石油领域现状的最新报告,该报告指出,目前世界已证实石油储量有 1.8 万亿桶,这意味着按全球现有石油消费水平,世界石油还可开采 46 年。尽管中国以 60 亿吨的石油储备位居全球前 10 位,但中国石油对外依存度高达 60%,以目前中国每天的石油消耗量大约为 1000 万桶计算,石油能源缺口巨大,能源安全问题日益突出。

物流业作为具有能源高度依赖性的行业,根据中国统计年鉴最新数据显示,交通运输仓储和邮政业 2012 年能源消耗总量为 31524.71 万吨标准煤,占当年所有行业能源消耗量的 8.7%。未来,随着我国货运量的持续增加,快递业务的不断繁荣,对能源的需求呈持续上升态势。而我国现有的能源储备难以长期支撑物流业的能源需求,物流业低碳化发展势在必行。

2.1.2 气候变暖

国际能源署相关统计数据测算,如果全球二氧化碳的排放不加以限制,按照当前的模式持续排放到 2100 年,全球平均温度将上升 4.8℃[2]。气候变暖导致的直接后果就是海平面上升、厄尔尼诺现象加剧等,不仅危害自然生态系统的平衡,也对人类的可持续发展带来严重的负面影响。因此,减少温室气体排放、保护人与自然的和谐,已经成为世界各国的共识。

中国作为全球第二大经济体,在为全球经济发展做出巨大贡献的同时,也产生了大量的碳排。未来随着我国能源消费量,特别是非化石能源消费的不断增加,温室气体的排放量还会继续增加。因此,节能减排,发展低碳经济已经成为我国当前经济工作的重点和热点。

物流业作为我国各行业的碳排大户,在经济发展新阶段,有责任、有义务肩负起节能减排的重任,通过积极发展低碳物流,谋求物流业的转型升级。

2.2 环境问题与物流业发展的相互影响分析

2.2.1 环境问题对物流业发展的制约

环境容量与环境承载力是制约物流业发展的重要影响因素之一。因为环境容量的限制,可能导致物流业发展所需的基础要素,如土地或者石油价格的上涨,从而导致社会物流总费用升高,影响物流活动的效率。道路等物流通路设施的承载力有限,导致交通拥挤,使车辆的运行时间和速度受到限制,影响物流企业的效率。国际贸易中绿色壁垒的兴起也会成为企业进入国际市场的障碍。由此可见,环境对物流业的制约体现在经济、法规等诸多方面。

2.2.2 物流业的快速发展对环境的负面影响

过去10多年我国经济高速发展,经济繁荣带来了物流需求的快速增长。2014年,全社会完成货运量431.30亿吨、货物周转量181509.19亿吨,比上年分别增长6.9%和10.3%。2014年快递业累计完成业务量为140亿件,业务收入为2045.4亿元。物流业的快速发展在创造了巨大经济效益之外,也给环境造成了严重的负面影响。交通运输业作为物流业最主要的组成部分,碳排量位居全球第二位,仅次于工业行业。与此同时,交通运输业的能源消耗在我国全年的能源消耗中占比达到8.7%,属于典型的高能耗、高污染行业。可以预见,我国物流业能耗高、使用效率低、碳排量大、污染严重的问题将长期存在。

2.3 我国低碳物流发展的制约因素

伴随经济增长,我国物流业规模不断扩大,与此同时,物流业的发展也进一步促进了经济的繁荣。从物流业与经济发展的关系可知,低碳物流对于低碳经济的发展起着重要作用。换言之,只有发展低碳物流,才能真正做到节能减排和经济的可持续发展。然而,现阶段,我国低碳化物流发展还存在众多亟待解决的问题。

2.3.1 低碳物流发展主观认识不足

物流管理的相关理念和思想于 20 世纪 70 年代末传入我国,至今已经近 40 年,物流业在此期间也获得了长足的发展。然而,在过去的发展过程中,物流业受传统的经济发展思路影响颇深,粗放式的增长方式导致物流业"高能耗、高污染、低产出"的现状十分突出。

与物流管理理念在我国发展已近 40 年相比,低碳思想在我国发展还处于一个初始阶段,社会各界的低碳意识都显著不足。尽管国家已经将发展生态经济上升为基本国策,关于低碳的宣传随处可见,但相关行业领域和政府部门,仍未脱离传统经济发展模式的束缚。对传统产业和经济发展模式过于倚重,在思想认识和政策引导方面仍有待提高。

从物流企业看,过去单纯、片面地追求经济效益的现象无法在短期内迅速改变。低碳物流的实施,需要企业加大资金投入,引进新技术、采用新能源来降低碳排放量。然而,节能减排无法在短期内为企业带来经济效益,只能增加企业成本支出和经济负担。成本和资金压力使众多物流企业宁愿选择那些短、平、快的高能耗、高污染项目,放弃低碳物流项目。可见,物流企业作为物流产业最基础和最重要的组成部分,树立低碳物流思想并在企业的实际运营中坚决地贯彻执行,还有相当长的道路要走[3~4]。

消费者在选择物流产品和服务时,也更加侧重对价格和实效性等服务品质的要求,而对低碳类产品和服务并未表现出明显的偏好。因此,企业也没有动力实施低碳化改革。

从政府、企业和消费者三个维度看,我国发展低碳物流的主观认识不足,思想意识还有待进一步提高。

2.3.2　低碳物流相关政策法规尚未完善

纵观低碳物流发展领先的国家,为了规范低碳物流的实施,都先后出台了若干相关政策法规,并形成了相对完善的法规体系。同时,美国、日本、欧洲各国均针对物流业建立了明确的排放标准和机制。例如,美国于 2005 年颁布了《能源政策法案》,通过税收优惠政策促进新能源动力车辆的使用;2007 年颁布了《低碳经济法案》确立二氧化碳排放限额,承诺到 2020 年把温室气体的排放降低到 1990 年水平的 80％[5]。美国还制定了《国家运输科技发展战略》,提出要把发展环境友善的运输系统作为交通产业结构和交通科技进步的总目标。日本早在 1966 年就颁布实施了《流通业务城市街道整备法》,随后又制定了《汽车二氧化氮限制法》《新综合物流实施大纲》等政策法规,从提高大城市流通机能、规定企业适用的货车车型,到建立新型物流体系等全方位鼓励低碳物流的发展[6]。

与发达国家相比,我国低碳物流起步较晚,但值得庆幸的是现在已经被提上日程。其中,较高规格的等级规范文件为 2009 年 8 月 27 日,全国人大常委会审议通过《关于积极应对气候变化的决议》,明确了发展绿色经济和低碳经济,并要求把积极应对气候变化作为实现可持续发展的长期任务纳入国民经济和社会发展规划。2011 年 2 月,交通部下达了《关于印发〈建设低碳交通运输体系指导意见〉和〈建设低碳交通运输体系试点工作方案〉的通知》,北京、西安等 16 个城市成为首批低碳交通运输体系建设试点城市。2012 年 10 月,国务院印发了《节能减排"十二五"规划》和《"十二五"循环经济发展规划》,提出实施绿色交通行动、树立节能减排和绿色低碳发展理念[7]。2013 年,交通运输部印发《加快推进绿色循环低碳交通运输发展指导意见》,其中,明确地规定了交通运输绿色低碳化发展和相关配套设施的建立。

尽管当前政府部门已经出台了一些发展低碳物流的政策法规,但多是一些指导性的意见和建议,侧重于交通运输业,可操作性不强,具体实施还需要进一步细化和完善。同时,我国还缺少针对物流领域的碳排放机制建设,政府的帮扶政策和碳排放标准等都还尚待进一步明确。

2.3.3　物流业组织方式落后,能源利用效率低

整体看,我国物流业组织方式落后,运行效率不高,造成能源利用效率低下,污染严重。我国物流业长期以来一直是粗放经营,社会化、专业化程度低,物流业的能源需求量居各行业前列,但能源利用效率不高。我国物流

业长期以来一直是粗放经营,社会化、专业化程度低,物流业的能源需求量居各行业前列,但能源利用效率不高。企业物流活动未能从企业内部充分剥离,社会物流需求释放不够;另一方面,由于第三方物流专业化服务水平不足,不能为企业提供高水平的物流服务。运输、仓储等基本物流服务的社会化程度相比发达国家差距较大,资源浪费、低水平重复投资等现象尤为突出。以运输业为例,运输服务几乎涉及社会上的所有企业,运输服务社会化是指企业可以通过把运输服务从企业内部物流中剥离出来,释放给第三方物流企业来负责运营,使企业既能够专注于自己的核心业务,又能享受到专业化的物流服务。运输服务社会化的本质是社会运输服务资源和运输需求的有效整合和对接。通过运输服务社会化能够充分利用现有的运能运力,提高运输资源的使用效率,降低单位货物运输的能耗成本。通过整合运输需求,大量减少在途车辆,从而降低因车辆运行而产生的交通拥挤、噪声、尾气污染等对环境的负面影响。运输的社会化程度是物流业是否发达的重要标志之一。我国物流业经过长期发展,运输社会化程度与过去相比有了很大程度的提高,但从整体上看,我国运输社会化程度还远远不足。许多企业仍然采取自提自运的方式,导致车辆调运不科学、空驶率高、使用效率低、不合理运输现象频频出现,过度运输现象严重,从而引发过度的能源使用和大量的碳排。

发达国家普遍推广的先进的运输组织方式——多式联运,在我国的普及还远远不足。多式联运是一种高效的运输组织方式,在方便货主的同时,能最大限度地提高运输效率,发挥多种运输方式的优点,节约能源消耗,降低碳排放,是一种应该大力推广的运输组织方式。我国多式联运发展的历程不短,但是发展速度一直较为缓慢。公铁联运、铁水联运等国外常见的多式联运方式在我国货物运输中所占的比例一直较低。总而言之,物流业落后的组织方式是制约我国低碳物流发展的重要因素之一。

2.3.4　物流业技术水平和装备条件落后

我国物流业准入门槛较低,市场上充斥着大量个体货运车辆和小规模的私营物流企业,管理极不规范、技术水平落后。经过多年的发展,我国物流企业仍未能摆脱"小、散、乱、弱、差"的局面。由于多数物流企业规模小、实力弱,对于节能减排的技术及资金投入都远远不够。以物流业最基本的货运车辆为例,有些物流企业为了节省成本,采用排放超标的淘汰车辆、改装车辆,这些现象并不少见。而对于现在国家大力推行的清洁能源车辆,多数企业觉得可望而不可及。现在清洁能源车辆,主要使用天然气、电能,目前城市内的天然气加气点和充电桩等必要设施普及不足,司机可能为了加一次气或者充一次电,排队等待很长时间,影响物流企业的运行效率。不仅如此,使用清洁能源的车辆一次加气或者充电后的有效行驶里程较短,在长途货运中明显不具备竞争力。这些问题共同导致了新能源车辆在物流行业的应用比例较低。

除此之外,绿色包装、提高冷冻冷藏设备节能减排技术、仓储节能技术等,在我国物流业中应用的比例均较为低下。物流业技术水平和装备条件落后,是导致物流业高度能源依赖和高排放的重要因素之一。

2.3.5 城乡物流体系割裂,阻碍低碳电商物流的发展

中国经济已迈入新常态,经济增长方式从投资拉动转向消费拉动成为必然趋势,电子商务作为拉动内需的重要途径,获得各方的高度关注。2014年11月,国务院办公厅印发《关于促进内贸流通健康发展的若干意见》,强调要规范促进电子商务发展,电子商务作为绿色经济的代表,其经济新引擎的地位日益突出。然而,由于历史原因我国城乡差距依旧存在,城市物流与农村物流发展水平差距过大,严重阻碍了电子商务这种绿色经济模式的发展。与城市相比,农村物流服务无论从数量还是质量上都远不能满足新常态下的经济发展需求,还存在基础设施、市场主体、服务平台、规范程度等方面的诸多问题。我国社会物流总费用占 GDP 比重数据表明,社会物流成本总体偏高,就城镇和乡村的具体情况而言,农村物流成本明显高于城市。多数具有一定规模的物流市场主体,侧重服务于经济相对发达的城市,而广大农村地区则十分缺乏一定规模的物流市场主体。从物流基础设施看,城市物流资源配置过剩与农村物流资源配置不足的矛盾依然存在,在一定程度上加剧了物流业的高能耗和高排放格局。在不少城市区域,物流基础设施投资过多、过密,重复建设现象严重。而在经济相对落后的农村地区,物流基础设施配置显著不足,无法为农村市场提供一般水平的物流服务。随着绿色经济的深入发展,电子商务正为解决城乡割裂难题、沟通城乡市场、建设生态经济提供了新思路。然而,当前我国农村物流服务体系不足以支撑电子商务模式的线下物流配送,城乡二元化的物流体系给"从城市到农村"和"从农村到城市"的双向流通都造成了较大的阻碍,严重制约了我国电子商务物流的发展。

2.3.6 低碳物流人才欠缺,智力储备不足

目前我国的物流管理人才主要来自两个渠道,第一个渠道来自每年大

中专院校向社会输送的物流类专业人才,这类人才具有较好的理论素养。第二个渠道是由企业自己培养,一般从仓库管理、调度中心等岗位经过多年的锻炼,最终成为企业的物流管理人才,这类物流管理人才具有较高的实践水平,并且十分熟悉本企业运营情况。然而,无论是哪种模式培养出的物流人才,都十分欠缺低碳物流管理的理念和方法。不少高校都开办了物流管理和物流工程等专业,但在人才培养方案制定时,更多依循传统物流人才的培养模式,很少设置低碳物流或者低碳经济等课程。

因此,我国多数物流类大中专毕业生并不具备低碳物流管理的基本技能和知识。目前从事低碳物流管理工作的物流专业人士,多半是从其他专业转型而来,或者是在工作中不断有针对性地进行自主学习、积累。物流企业对在职员工进行培训时,也很少将低碳物流管理纳入课程体系内。可见,既具备环境保护知识,又懂物流管理的复合型低碳物流管理人才的欠缺是我国物流业低碳化发展的重要障碍之一。

2.4　新常态下我国物流业低碳化发展途径

2.4.1　积极树立低碳发展观

党的十八大报告把生态文明建设纳入了中国特色社会主义事业"五位一体"的总布局,明确指出要着力推进绿色发展、循环发展、低碳发展。在此思想的指导下,从各级政府到各类型企业,均应树立低碳发展观。政府部门应该将低碳发展的观念落实到出台的各项相关政策中,将低碳发展与经济发展、城市发展等融为一体。各类型企业也应将低碳发展纳入企业的发展规划,绿色、低碳的概念应贯穿于企业经营的始终,努力将企业的经营目标与社会生态文明建设统一起来,在实现企业发展的同时,起到实践绿色、低碳发展的重要作用。

2.4.2　实施"互联网＋"物流战略,提升物流业运行效率

随着互联网更加深度地融入到我国国民经济各行各业和人民群众日常生活中,物联网(Internet of Things)、大数据(Big Data)、云计算(Cloud Computing)等新一代信息技术推动了互联网创新形态的深度演变。实际上,"互联网＋"是一种以信息经济为主流模式的新经济形态,是传统行业与互联网融合后转型升级的新业态,正成为知识创新 2.0 模式的载体,是我国

迈入新常态后,经济从要素驱动转向创新驱动的最佳战略选择。

我国物流业正面临转型升级的重大战略机遇,加快推进"互联网＋"物流,不仅是物流业低碳化发展的重要支撑,更是实现传统物流业向现代低碳物流业跨越发展的战略选择。当前,随着互联网、大数据、物联网、云计算等技术在传统物流领域的广泛应用,给物流业带来了新的活力。这些技术的实现不仅通过信息化的时效性,拉近了物流服务供应方与需求方之间的距离,更改变了物流业的经营方式。在物流业管理监控、运营作业、订单处理、金融支付、市场营销等方面实现了信息的实时共享,用信息化推进了物流业的整体运行效率,降低了能源消耗和碳排放。因此,我国物流业在新常态经济下必须通过综合运用互联网思维,利用互联网、大数据、物联网、云计算等技术推动产业改造升级,提高产业链整体竞争能力,打造低碳物流竞争新优势。

2.4.3　重构城乡物流网络,打造低碳物流集约化新优势

在物流业低碳化不断推进的进程中,必须科学规划物流网络布局,加强对农村物流基础设施中的交通、仓储、信息化等基础设施的投入,建成城乡融通的物流体系,减少城乡物流体系割裂产生的不必要的高能耗和高碳排。具体说来,首先要科学规划设计物流通道,畅通县域物流配送道路,加快构建县域快线、干线、支线三个层次的县域物流通道系统,为全社会物资的高效流通提供重要支撑和有力保障。其次,要投资建设城乡一体的物资集散通道、各种运输方式衔接场所以及物流功能设施的综合配套设施等。尤其要重视物流中心点的建设,强化物流中心点在现代农村物流基础设施、组织管理、经营运作、信息服务等物流活动中明显的跨行政区域性中心地位,成为区域物流活动或物流组织管理的枢纽。同时,以县城为中心加快建设必要的物流中心、分拨中心等重要枢纽,补充建设一批与工业园区、商贸旺区、居民社区和重要乡镇等相配套的物流节点和物流服务站,按照粮食、棉花、畜禽、水产品、果蔬等五类农产品物流的发展需要规划建设农业生产资料及商品消费物流园区。接着,要注意完善县域城市物流设施,规划布局县域城区物流车辆专用停车点和停车场,加强对县域配送物流车辆车型、标志和调度的管理。对于偏远地区的县、乡、村应注重物流节点建设,利用物流节点主要担负农业生产资料与特色农产品的转运、储存功能。最后,要合理安排城乡结合部的物流设施配置,使其能在工业品下乡和农产品进城的双向流通中起到物资中转、集散的重要作用。

如上文所述,通过优化城乡物流网络结构、合理配置城乡物流资源,使

末端物流设施和区域设施形成科学的网络层次结构并协同配合,能够为物流业低碳化发展夯实重要的网络基础。因此,建设融合对接的城乡物流网络,是降低社会物流成本,转变物流业粗放发展方式,打造低碳物流集约化竞争新优势的重要途径之一。

2.4.4　发展专业化物流,提高能源利用效率

我国物流业低碳化发展必须摒弃过去传统的经营模式,通过优化组织方式、提高物流业专业化、社会化水平,提升物流业整体运行效率,达到节能减排的目的。现阶段必须大力推动第三方物流的发展,寻求社会化分工协作带来的效率与效益的最大化。第三方物流(Third Party Logistics,3PL)是生产经营企业使用外部资源为企业内部生产经营服务,以合同模式将原本属于生产经营企业自身的物流活动委托给专业的物流服务企业,并通过信息技术与物流企业保持紧密联系,实现对物流全程管理和控制的一种物流运作与管理方式。大力发展第三方物流是提高运输质量和实现低碳交通运输的有力手段。通过第三方物流整合社会物流服务需求,化零为整,减少一家一户自提自运的情况,实现多客户物流需求的整合,提高交通运输车辆的满载率,提升运输服务的效率,减少社会在途车辆数量,降低运输线路的重复设置,有效降低交通运输环节的能源消耗总量和碳排放量。由于第三方物流企业拥有专业化的物流软、硬件资源以及具备专业物流知识的人才,由第三方物流企业负责完成企业物流活动,能够整合社会物流资源、最大限度地提高物流系统的效率。此外,特别要注重积极推进物流行业的整合、兼并,推动平台整合、产业融合,从过去的制造业与物流业的联动发展,逐步走向物流业、金融业、商贸业的融合发展,转变落后的物流组织形式和发展方式。

相对于过去分散式、粗放式的传统物流组织方式,社会化的第三方物流组织方式无论对能源的消耗还是二氧化碳等污染物的排放,都有显著的降低。通过发展专业化物流,提升物流行业整体专业化、社会化水平,能够最大限度地提高碳基能源的利用率,以最小的能源投入和最低的碳排,获得最大的效用回报。

2.4.5　优化交通运输结构与方式,抑制物流业运输碳排

在我国经济水平迅速发展和碳减排约束进一步增强的背景下,进行结构调整已成为我国物流运输业未来重要的发展方向。所谓优化运输结构是指按照运输经济和运输科学技术规律的客观要求,平衡和协调运输业内部

之间的各种运输方式,也就是综合协调公路、铁路、水路、航空的特点,发挥各种运输方式的特长,提升综合交通运输体系的整体效率,发挥运输结构的整体优势。因此,我国物流业低碳化发展必须大力优化运输结构,合理化配置运输方式的构成比例,积极调整运力结构,淘汰落后的运力,提高车辆的技术等级和新度系数,加速淘汰能耗高、排放超标的老旧车型,大力发展专业化运输和使用清洁、节能的运输工具。除此之外,还应优先选择能够实现绿色低碳运输的重要方式,例如甩挂运输、滚装运输、集装箱运输、多式联运等。

1)积极推广甩挂运输

甩挂运输是交通部大力推行的先进运输组织方式,通过甩挂的方式,能够将汽车运输列车化,减少了装卸货的等待时间,显著提高了运输效率。另一方面,甩挂运输模式可以最大限度地降低单位运输成本,避免了交通工具的空驶,提高车辆的运行效率,在实现经济效益的同时,也能够带来较大的节能减排的环境效益。此外,甩挂运输可以方便、灵活地与多种运输方式衔接,对于发展水路滚装运输、铁路驮背运输等多式联运有着其他运输形式无法比拟的优势。

2)大力发展滚装运输

滚装船运输是通过将货物和运载货物的车辆一起装运的一种水路运输方式,该运输方式的突出优点包括装卸效率高、对码头要求低和费用低等。众所周知,相对于公路运输和航空运输而言,水路运输单位周转量的碳排要低得多,是世界公认的最环保、节能、经济的运输方式。随着汽车制造全球化步伐加快,全球汽车贸易量不断增加,无论是江河滚装船需求还是沿海滚装船的需求都会持续增加,在绿色低碳经济背景下,应把握住发展的大好时机,加大投资建设滚装船码头,大力发展滚装运输。

3)推进集装箱多式联运

与传统的杂货散运方式相比,集装箱运输具有运输效率高,经济效益好和服务质量优的特点。作为传统的先进运输组织形式,集装箱运输的普及与发展,是衡量一个国家或地区物流业现代化程度高低的重要标志之一。单一的集装箱运输模式,已经不能满足当今社会物流供应链管理发展的时代需求,因此,货物的集装箱联运模式得以在全球范围内被认可与推广应用。然而,当前我国集装箱多式联运中,海铁联运在我国港口集装箱运输业中所占比例较低,比例不足 2%,与欧美 20%~30%以上的海铁联运比例比较起来,还有较大差距,具备较大提升空间。相比海公联运,海铁联运可节约 30%左右的成本,有效达到物流业节能减排的效果。

2.4.6　推动低碳物流设备和节能减排技术的应用

物流业低碳化发展必须以先进的节能减排技术和低碳物流设备作为技术保障。我国应在物流业广泛推广低碳物流设备及节能减排技术的应用,以低碳物流技术应用为突破口,利用清洁高效能源,以生物燃料替代高能耗燃料,对能源消耗进行测量控制管理。还应加大推进以天然气、生物质能、风能、太阳能、电能等清洁能源为燃料的交通运输装备和相关设备的应用。推广应用低碳交通工具,增加使用电动汽车、柴油电力混合动力卡车等混合动力交通运输装备。结合交通运输基础设施和能源供需的地方特色,各地针对性探索和完善天然气车(船)、纯电动车、气(油)电混合动力车等绿色交通装备的发展策略。严格执行垃圾回收、污水处理、废气净化、噪声消减等装置在车(船)等交通装备的安装规定、遵守交通运输装备的排放标准、淘汰老旧高能耗高排放的交通装备、提高物流运输装备的燃料品质等,有效控制物流运输装备的排放和污染。

其中,纯电动汽车的推广还要进一步深入,2015 年 10 月 9 日,国务院办公厅发布《关于加快电动汽车充电基础设施建设的指导意见》,坚持以纯电驱动为新能源汽车发展的主要战略取向,将充电基础设施建设放在更加重要的位置。到 2020 年,基本建成适度超前、车桩相随、智能高效的充电基础设施体系,满足超过 500 万辆电动汽车的充电需求,电动汽车的推广应用,有效降低物流运输环节的碳排放。

2.4.7　培养移动互联时代的低碳物流人才

优秀的人才梯队建设是现代物流业健康发展的重要基础之一,也是我国物流业低碳化发展的有力保障。在移动互联时代,低碳物流的快速发展,离不开高素质的专业人才。为了推进我国物流业低碳化的健康发展,必须培养掌握供应链管理、低碳物流、环境保护、互联网技术的复合型人才。政府部门、大型物流企业、专业院校、社团组织应加大对低碳物流人才培养基础设施建设的投入,特别是要设立专业技术职业学院从事低碳物流人才的定向培养,建立和形成一支多层次的专业队伍,为低碳物流产业的发展奠定人才基础。大专院校应开设相关的专业或培养方向,在制定培养方案以及进行课程设置时,要充分考虑到社会对互联网时代低碳物流人才的需求。支持行业协会举办从业培训,建立低碳物流行业的职业终身教育系统,借鉴国际先进经验,实行现代物流产业从业人员执业资格制度。举办多种形式的培训班对现有从业人员进行专业知识培训。物流企业也应该积极开展员工的在职培训,完善企业职工的培训体系。通过聘请物流、环境、互联网方面的专家对企业员工进行讲座,建立员工的低碳意识和互联网思维。

2.4.8   制定和完善低碳物流相关政策法规

环顾全球低碳物流发展较为领先的国家,政府都非常重视低碳物流相关政策和法规的建立与完善。我国政府在推动低碳物流健康发展的过程中,也应该加强物流低碳化发展相关政策和法规的建立。诸如,物流领域的碳排放机制建设,政府的帮扶政策和碳排放标准等。

低碳物流政策法规有待进一步细化,完善针对物流领域的碳排放机制建设,同时,政府的帮扶政策和碳排放标准应做到有章可循、有法可依。

参考文献

[1]张晶,蔡建峰.我国物流业碳排放区域差异测度与分解[J].中国流通经济,2014(8):25-30.

[2]修巧梅.低碳物流驱动因素的研究[D].大连:大连海事大学,2014.

[3]罗凌妍.低碳物流发展现状及对策研究[J].环境科学与管理,2014,39(5):163-166.

[4]殷睦梨,孙英隽.低碳趋势下我国物流业面临的问题及对策[J].农村经济与科技,2014,25(9):74-76.

[5]罗凌妍.低碳物流发展研究——基于国外低碳物流发展经验的借鉴[J].环境科学与管理,2015,40(7):1-5.

[6]赵松岭.国内外低碳物流发展的比较与借鉴[J].对外经贸实务,2014(1):90-92.

[7]贺登才.我国物流业政策环境回顾与建议[J].中国流通经济,2013,27:33-38.

第二篇 物流业需求、能耗及碳排放分析与趋势预测

第3章 我国仓储运输业碳排放、能耗与物流需求关联分析

3.1 引言

随着世界经济快速发展和工业化水平不断提高,伴随着碳基能源消耗量的显著增长和温室气体(含氟利昂、水汽、氧化亚氮、二氧化碳、甲烷、臭氧、全氟碳化物、六氟化硫、氢氟碳化物)排放的急剧攀升,社会经济发展与资源、环境之间的矛盾日益突出。当前,全球共同面临的气候危机与能源危机日益严重,如何实现节能和减排,平衡经济效益与生态环境效益,已经成为一项重要且迫切的任务。

近几年,中国饱受环境污染问题影响,全国 500 个城市中,只有不到 1% 的城市达到世界卫生组织推荐的空气质量标准。2014 年全球 APEC 会议定于饱受雾霾侵扰的北京举行。为了迎接这次会议,政府集中力量,全力以赴进行环境治理,在北京及周边 5 省市采取了一系列的减排措施。北京的空气质量明显好转,2014 年 11 月 3 日上午 8 时,北京市城区空气质量接近一级优水平,天空也逐渐变蓝,被市民称为"APEC 蓝"。习近平总书记也在会上指出"希望并相信通过不懈的努力,APEC 蓝能够保持下去",并强调"让孩子们都生活在良好的生态环境之中,这是实现中国梦的一个美好愿景"。事实上,中国政府很早就致力于环境保护、节能减排工作的开展。不可否认,煤炭等能源的大量使用,在过去十多年里支撑了我国经济的高速发展,但能源的过度消耗也不可避免地带来严重的环境污染,作为全球发展最快的发展中国家,我国不得不面对经济发展过程中提质增效的问题,以应对节能减排的紧迫局面。

2014 年 9 月,国务院批准了发改委提出的《国家应对气候变化规划(2014—2020 年)》,规划明确提出了到 2020 年中国应对气候变化工作的主

要目标"确保到 2020 年实现单位国内生产总值二氧化碳排放比 2005 年下降 40％～45％、非化石能源占一次能源消费的比重达到 15％左右、森林面积和蓄积量分别比 2005 年增加 4000 万公顷和 13 亿立方米,低碳试点示范取得显著进展,适应气候变化能力大幅提升,能力建设取得重要成果,国际交流合作广泛开展"。

2014 年 12 月 1 日联合国气候变化大会在利马开幕,全球的目光再次高度一致地聚焦到环境问题上。作为负责任的世界大国,中国政府高度重视气候变化问题,已取得了重要的减排效果。2014 年批准了《京都议定书》的修订案,2013 年已实现单位国内生产总值的二氧化碳排放比 2005 年累计下降 28.56％,为实现到 2020 年碳强度比 2005 年下降 40％～45％打下坚实基础。实际上,早在 2014 年 11 月 12 日,中美两国领导人共同发表了气候变化问题的联合声明,"中国计划 2030 年左右二氧化碳排放达到峰值且将努力早日达峰,并计划到 2030 年非化石能源占一次能源消费比重提高到 20％左右",这再次彰显了中国负责任大国的国际形象,中国正积极应对着全球气候变化危机。

随着温室效应造成人类生存环境日趋恶化,降低污染和能耗及减少二氧化碳等温室气体排放的低碳经济模式,已成为全球可持续发展的战略选择。我国作为全球最大的新兴经济体,在碳排放约束进一步加强的背景下,低碳理念已逐步融入社会经济发展,我国正加大投入人力、物力、财力等,研究发展低碳经济的途径,探讨节能减排的有效措施。现代物流业已被国家"十二五"发展规划明确为经济十大支柱产业之一,面临着发展与振兴的良好机遇,然而从近年来的碳排放数据显示,我国 5 大行业中农业、工业、建筑业和商业的碳强度均有不同程度的下降,只有物流业的碳排放比例呈持续上升趋势。当然,一个方面说明了物流业在国民经济中的地位越来越重要,另一方面也表明了随着国内外碳排政策的陆续出台,作为能耗、碳排和污染大户的物流企业面临着十分严峻的节能减排形势。随着经济发展、工业化和人口增长,物流货运量持续攀升,物流业的能源消耗和碳排也不可避免地继续随之增加,与此同时,物流业 85％的产值来源于仓储交通运输和邮政业(这里简称仓储运输业),在这样的背景与现状下,选择研究仓储运输业中碳排放、能源消耗、物流需求三者之间的复杂关系,对于有效探明物流业中能耗与碳排特征,以便于制定有效的节能减排策略,具有重要的理论和现实意义。

3.2　国内研究进展

近年来,国内外已对碳排放测度、碳足迹(Carbon Footprint,特指个人或企业碳耗用量）、碳排与经济增长之间的关系等方面做了大量研究。文献[1]利用湖北省碳排总量和地区生产总值的时间序列数据,通过相关性分析、回归分析、协整检验、格兰杰因果检验和碳排放强度的研究,探讨该省碳排总量和经济增长之间的关系,构建了量化的碳排与 GDP 的计量经济模型,探明碳排与经济增长之间存在稳定的正线性关系,即碳排随经济增长而显著增加。文献[2]运用对数平均迪氏指数法 LMDI(Logarithmic Mean Divisia Index)分解技术,构建了中国物流人均碳排的因素分解模型,定量分析了 1991—2010 年 6 种主要因素(人口、经济增长、物流发展、运输方式、能源效率和能源结构)对物流业人均碳排放的影响,研究结果表明经济增长是碳排放加剧的最主要动力,运输方式也表现出明显促进碳排放的效果,而物流发展因素则对于碳排放起抑制作用,其他因素效果不显著。文献[3]基于省级面板数据,建立了物流业碳排放的绩效测度函数,研究了中国物流业碳排绩效的动态变化和地域差异,研究发现物流业碳排呈上升趋势,碳排绩效大致为东部优于西部,西部优于中部。文献[4]采用 LARS-Lasso 方法研究碳足迹的影响因素,探明能源结构是碳足迹形成的主因,能源强度、人口数量和经济规模是影响碳足迹的显著因素,人口结构、产业结构、清洁能源比、碳足迹转移状况、公共交通水平和城市化发展水平是影响碳排的主要因素,而居民消费水平和经济发展速度对碳足迹影响不显著。文献[5]利用 2004—2008 年的我国运输周转量和能源消费量,建立了交通运输业碳足迹的测算模型,对交通运输业能源消耗碳足迹进行测算,研究结果表明交通运输能源消耗直接产生的碳足迹占比接近 90%,不同能源种类中柴油消费碳足迹占比最高,汽油其次,单位换算周转量的碳足迹呈明显下降态势。文献[6]结合 1995—2009 年浙江物流相关能耗面板数据,依据系数法对浙江省物流业碳排进行了测算,采用 EKC 模型对其碳排放进行评估,发现该省物流业碳排呈现出明显的指数型增长,物流服务发展与碳排存在直线关系。文献[7]综合 Arim-GM 组合预测和 Lass 对碳足迹发展趋势展开了情景分析,并给出了能源转型、碳预算和发展智慧经济等抑制碳足迹的政策建议。文献[8]以我国 30 个省市的物流业能源消耗的面板数据为基础,采用 IPCC 的碳排测算方法对 2003—2011 年各省物流业的碳排放进行了估算,并引入 Theil 指数和区域分离系数,对我国物流业碳排地区差异性进行了测度与分解。文献[9]通过碳足迹计算模型,测算了不同时间和不同地域的碳足迹、碳赤字和碳生态承载力,并测度了 1997—2008 年全国碳足迹的重心,分析了碳足迹的时空演变趋势,掌控了地区间能源消耗的碳排差异性,并构建了碳足迹的压力指数模型。文献[10]以物流业碳排放强度为指标,运用基尼系数及组群分解方法,对中国 30 个省 1997—2011 年物流业中碳排放空间非均衡性程度进行了测度,并研究了物流业碳排分布的极化程度。文献[11]根据 IPCC 的碳排测算方法,对 1994—2010 年我国仓储运输业的碳排放量进行了测算,测算结果表明仓储运输业碳排呈现较为明显的上升趋势,不同种类的能源直接碳排放变化趋势不同,并通过脱钩理论,探讨仓储运输业碳排放与经济增长之间的内在关系。文献[12]从近似和脱钩关系两个视角,探讨能源消费、碳排放和经济增长之间的关系,研究结果表明:从近似关系来看,能源消耗与碳排放变化趋势近似,能源与碳排强度的变动相似;从脱钩关系来看,碳排放与经济增长、能源消耗与经济增长在同年份脱钩弹性指数表现一致,且多数年份为弱脱钩状态。文献[13]从能源消耗角度研究广东省物流业碳排放格局,探讨了基于能源效用、物流作业的碳效用、脱钩效应三个角度的广东省物流业碳排放特征,研究结果表明广东省物流业正处于转型升级的关键时期,从高能耗、高碳排和低效益向低能耗、低碳排和高效益转变。文献[14]讨论了物流碳排的估算方法,将物流业的碳排分成两个方面,一方面是物流园区的固定碳排,另一方面是物流运输环节中车辆燃油消耗所产生的碳排放,并给出了上述两种碳排的估算方法:固定碳排计算中考虑了不同区域电网的碳排因子的差异性,运输车辆碳排考虑了汽车牵引功率分成了四部分(克服滚动阻力、空气阻力、坡度阻力和加速阻力)。文献[15]探讨了冷链物流碳足迹计算,以新鲜番茄为对象,通过分析、界定研究范围和收集数据等,计算了番茄全生命周期各阶段的碳排放,研究结果表明生产方式与运输方式是番茄碳排放的主要来源。文献[16]考虑碳足迹气体的扩算特性,结合供应链管理理论和气象学理论,运用高斯模式和拉格朗日 K 模式分别建立了供应链静态碳排放源和动态碳排放源的供应链碳足迹的测算方法,为低碳供应链管理提供了理论依据。

实际上,以美国、日本、德国为首的西方发达国家,非常重视供应链低碳管理,主要实施的减排措施包括:低碳物流技术、清洁能源利用、先进低碳交通工具、提高能源效益等,如美国联邦快递的"智慧之路"项目,荷兰 TNT 公司的"绿色欧洲货运"项目、德国 DHL 公司的"绿色运输"项目、日本日立物流公司的"绿色合作伙伴"项目、丹麦马士基公司的"供应链碳检测"项目等,均取得了不错的节能减排效果,值得我国物流业深入学习与借鉴[17]。

3.3   研究方法

3.3.1   仓储运输业碳排测算

根据上述文献资料可知,碳排放测算方法种类众多,物流行业碳排放计算方法大致可分成两大类,一种是碳排放系数法,另一种是模型法。其中,模型法使用于碳排受多因素影响,各影响因素之间存在复杂作用的情况,而碳排放系数是基于能耗和排放的关系,进行简单的碳排估算。考虑到这里重点研究仓储运输业中能源消耗直接产生的碳排放,因此这里选择第一种碳排测算方法——碳排放系数法。仓储运输业中碳排放量测算如公式(3-1)所示:

$$C = \sum_{i=1}^{n} \beta_i E_i \qquad (3-1)$$

式中,C 为仓储运输业与能源消耗直接相关的碳排放量;E_i 为各类能源在仓储运输中的消耗量;β_i 为各类能源的碳排系数。根据文献资料查阅,这里选用的仓储运输业中 9 大类能源的碳排放系数如表 3-1 所示。

表 3-1　能源碳排放系数

能源	碳排放系数	能源	碳排放系数
煤炭	0.7559	煤油	0.5714
焦炭	0.855	柴油	0.5921
原油	0.5857	天然气	0.4483
燃油	0.6185	电力	0
汽油	0.5538		

其中,电力的碳排放系数说明如下:(1)从宏观统筹规划的角度出发,电力在生产阶段的碳排放已计入国家整体布局的碳排放测算体系之中,因此,在仓储运输业中电力的碳排不重复计算,这里仅考虑仓储运输环节中能源消耗的直接碳排放;(2)电力碳排系数在宏观角度计算时,需严格考虑电力生产模式,结合当地电能来源组成比例计算,如水电与风电等可再生清洁能源,其碳排放系数为 0,而火电的电力碳排放系数则必须针对特定电煤种类给定。

3.3.2　脱钩模型

根据文献[11]可知,脱钩(Decoupling)概念源于经济合作与发展组织,最早用于探讨环境污染与经济增长之间的关联性,之后扩展到测度经济发展与环境压力状况,这里鉴于物流货运量是衡量物流业发展水平的一个量化指标,因此,将脱钩理论应用于分析仓储运输业能源消耗与物流货运量之间的关联性、仓储运输碳排与物流货运量之间的关联性。这里引入文献[11]和文献[18]中的 Tapio 脱钩模型,定义如式(3-2)和式(3-3)所示。

1)仓储运输业能源消耗与货运量之间的脱钩关系

$$D_{E-F} = \frac{\dfrac{(E^{t+1} - E^t)}{E^t}}{\dfrac{(F^{t+1} - F^t)}{F^t}} \qquad (3-2)$$

式中,D_{E-F} 为仓储运输业能源消耗与货运量之间的脱钩指数;E^t 为 t 时刻的仓储运输业能源消耗量;E^{t+1} 为 $t+1$ 时刻的仓储运输业能源消耗量;F^t 为 t 时刻的物流货运量;F^{t+1} 为 $t+1$ 时刻的物流货运量。

2)仓储运输业碳排与货运量之间的脱钩关系

$$EP_{E-F} = \frac{\dfrac{(C^{t+1} - C^t)}{C^t}}{\dfrac{(F^{t+1} - F^t)}{F^t}} \qquad (3-3)$$

式中,EP_{E-F} 为仓储运输业碳排放与货运量之间的脱钩指数;C^t 为 t 时刻的仓储运输业碳排;C^{t+1} 为 $t+1$ 时刻的仓储运输业碳排;F^t 为 t 时刻的物流货运量;F^{t+1} 为 $t+1$ 时刻的物流货运量。

对于上述两种脱钩关系,每个指数包括 6 个脱钩类型:强脱钩、强负脱钩、弱脱钩、扩张性负脱钩、弱负脱钩、衰退性脱钩(如表 3-2 所示),其中,强脱钩为最理想状态,强负脱钩为最不理想状态[12]。

表 3-2　各类脱钩状态的具体含义

脱钩状态	仓储运输业能源消耗与货运量之间的脱钩特征	仓储运输业碳排与货运量之间的脱钩特征
强脱钩	货运量增长,能耗下降	货运量增长,碳排下降
强负脱钩	货运量减少,能耗上升	货运量减少,碳排上升
弱脱钩	货运量增长,能耗上升,能耗上升幅度低于货运量增长幅度	货运量增长,碳排上升,碳排上升幅度低于货运量增长幅度
扩张性负脱钩	货运量增长,能耗上升,能耗上升幅度高于货运量增长幅度	货运量增长,碳排上升,碳排上升幅度高于货运量增长幅度
弱负脱钩	货运量减少,能耗下降,能耗下降幅度低于货运量增长幅度	货运量减少,碳排下降,碳排下降幅度低于货运量增长幅度
衰退型脱钩	货运量减少,能耗下降,能耗下降幅度高于货运量增长幅度	货运量减少,碳排下降,碳排下降幅度高于货运量增长幅度

3.3.3　计量经济模型

计量经济模型是根据研究目的,深入分析研究对象,选择合适的变量(模型中将包含的因素),根据经济行为理论和样本数据之间的变量关系,建立概括描述经济系统的经济内涵特征的变量间关系的数学表达式,揭示该经济体的量化变化规律,计量经济模型包括一个或多个随机方程式。

因此,引入计量经济模型,拟通过建立计量经济模型,量化碳排与货运量、能耗与货运量之间的量化关联度,用以揭示出该经济系统的数量变化规律。其中,对于拟建立的碳排与货运量的计量经济模型、能耗与货运量的计量经济模型这类单方程模型而言,作为研究对象的变量,也就是因果关系中的"果",是计量经济模型中的被解释变量(例如碳排与货运量的计量经济模型中的碳排),而作为"原因"的变量,为计量经济模型中的解释变量(例如碳排与货运量的计量经济模型中的货运量)。

3.4　实证研究

3.4.1　数据来源

根据《中国统计年鉴》获得所需数据,说明如下:

1)2000—2016 年中国能源消耗总量数据(图 3-1)

我国能源消耗具有以下几个特点:(1)能源消费结构以煤炭为主,可再生的清洁能源占比较低;(2)全国能源消费总量不断攀升;(3)能源消耗主要依赖国内供给,对环境造成的污染严重,而优质能源的供给量偏少。

由图 3-2 可知,2000—2015 年我国能源消耗总量急剧增长,从 2000 年的 146964 万吨标准煤上升到 2016 年的 436000 万吨标准煤,2015 年的能源消耗量约为 2000 年能源消耗量的 2.97 倍,年平均增长率为 7.52%。当然,我国工业化与城市化是影响能源消耗总量持续上升的重要因素,随着经济效益与环境资源效益之间矛盾的加剧,我们应走新型城市化与工业化道路,实施经济效益好、环境污染少、资源消耗低的可持续发展模式,才能在保证经济持续较快增长的同时,降低我国能源消耗强度,并减少碳排放,即实施节能减排的可持续发展战略。

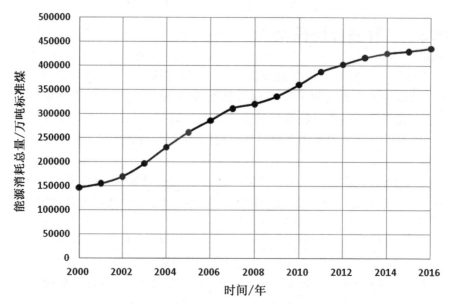

图 3-1　中国能源消耗总量数据(数据来源:中国统计年鉴)

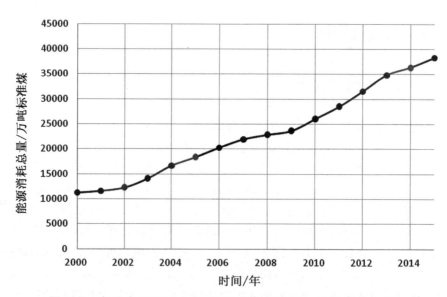

图 3-2　中国仓储运输业能源消耗(数据来源:中国统计年鉴)

根据 2000—2016 年的全国能源消耗总量,构建三次多项式趋势外推模型,如式(3-4)所示:

$$y_1(k) = -62.11k^3 + 1083k^2 + 18135k + 11880 \tag{3-4}$$

式中,$k=1,2,\cdots,n$;$y_1(k)$ 为第 1999$+k$ 年的全国能源消耗总量,$y_1(1)$ 为

2000 年的全国能源消耗总量。

2) 2000—2015 年中国仓储运输业能源消耗构成(如表 3-3)

由于物流业是一个较新产业,我国统计年鉴数据中并没有明确的物流业的分类数据,考虑到物流业 85% 的产值来源于仓储交通运输和邮政业,因此选择仓储运输业的能源消耗用以估算物流业能源消耗发展趋势。根据表 3-4 的能源的标煤折算系数,将仓储运输业中各类能源消耗量换算为标准煤,表 3-5 表示仓储运输业能源消耗占全国总体能源消耗的百分比,表 3-6 表示仓储运输业能源消耗结构百分比。

表 3-3 2000—2015 年中国仓储运输业能源消耗构成表

年份	煤炭/万吨	焦炭/万吨	原油/万吨	汽油/万吨	煤油/万吨	柴油/万吨	燃料油/万吨	天然气/亿立方米	电力/亿千瓦小时
2000	882.24	11.24	175.05	1527.78	535.90	3293.81	850.00	8.81	281.20
2001	841.28	11.68	169.81	1564.37	560.69	3421.00	855.00	10.96	309.32
2002	851.96	11.44	175.94	1603.50	716.75	3664.81	852.10	16.37	303.00
2003	958.34	10.79	148.31	1915.14	741.68	4135.20	940.29	18.82	406.94
2004	827.99	1.79	123.82	2334.46	919.71	4985.24	1150.45	26.16	449.65
2005	811.17	1.07	126.87	2430.05	952.42	5890.41	1261.02	38.01	430.34
2006	769.94	0.85	163.66	2592.36	1010.54	6547.32	1480.61	47.24	467.37
2007	735.89	0.55	163.66	2613.19	1129.98	7184.37	1759.95	46.88	531.91
2008	665.41	0.29	165.66	3090.43	1174.59	7649.31	1142.77	71.55	571.82
2009	640.89	0.14	153.42	2881.59	1314.25	7891.96	1250.64	91.07	617.01
2010	639.23	0.12	158.00	3204.93	1601.08	8518.56	1326.65	106.70	734.53
2011	645.85	0.09	105.40	3373.52	1646.35	9485.20	1345.16	138.35	848.42
2012	614.26	0.09	119.40	3753.03	1787.09	10727.03	1383.94	154.51	915.37
2013	615.41	2.21	148.73	4381.80	1998.18	10920.53	1428.99	175.78	1000.92
2014	557.97	2.70	44.85	4665.01	2216.03	11042.80	1486.37	214.42	1059.24
2015	491.6	3.02	35.85	5306.59	2504.88	11162.80	1439.49	237.62	1125.61

(数据来源:中国统计年鉴)

表 3-4　各种能源的标煤折算系数

能源	折标准系数/(kgce/kg)	能源	折标准系数/(kgce/kg)
煤炭	0.714	煤油	1.457
焦炭	0.971	柴油	1.457
原油	1.429	天然气	1.33
燃油	1.429	电力	3.27
汽油	1.471		

表 3-5　2000—2015 年仓储运输业耗能在全国总能耗的百分比

年份	仓储运输能源消耗总量/万吨标准煤	能源消费总量/万吨标准煤	仓储运输业耗能百分比/%
2000	11241.59	146964	7.65
2001	11613.11	155547	7.47
2002	12313.22	169577	7.26
2003	14116.19	197083	7.16
2004	16642.21	230281	7.23
2005	18391.01	261369	7.04
2006	20284.23	286467	7.08
2007	21959.18	311442	7.05
2008	22917.25	320611	7.15
2009	23691.84	336126	7.05
2010	26068.47	360648	7.23
2011	28535.5	387043	7.37
2012	31524.71	402138	7.84
2013	34819.02	416913	8.35
2014	36336.43	425806	8.53
2015	38317.66	429905	8.91

表 3-6　2000—2015 年中国仓储运输业能源消耗结构百分比

年份	煤炭/%	焦炭/%	原油/%	汽油/%	煤油/%	柴油/%	燃料油/%	天然气/%	电力/%
2000	7.8480	0.1000	1.5572	13.5904	4.7671	29.3002	7.5612	0.0784	2.5014
2001	7.2442	0.1006	1.4622	13.4707	4.8281	29.4581	7.3624	0.0944	2.6635

续表

年份	煤炭（%）	焦炭（%）	原油（%）	汽油（%）	煤油（%）	柴油（%）	燃料油（%）	天然气（%）	电力（%）
2002	6.9191	0.0929	1.4289	13.0226	5.8210	29.7632	6.9202	0.1329	2.4608
2003	6.7889	0.0764	1.0506	13.5670	5.2541	29.2940	6.6611	0.1333	2.8828
2004	4.9752	0.0108	0.7440	14.0273	5.5264	29.9554	6.9128	0.1572	2.7019
2005	4.4107	0.0058	0.6898	13.2132	5.1787	32.0287	6.8567	0.2067	2.3399
2006	3.7958	0.0042	0.8068	12.7802	4.9819	32.2779	7.2993	0.2329	2.3041
2007	3.3512	0.0025	0.7453	11.9002	5.1458	32.7169	8.0146	0.2135	2.4223
2008	2.9035	0.0013	0.7229	13.4852	5.1254	33.3780	4.9865	0.3122	2.4952
2009	2.7051	0.0006	0.6476	12.1628	5.5473	33.3109	5.2788	0.3844	2.6043
2010	2.4521	0.0005	0.6061	12.2943	6.1418	32.6776	5.0891	0.4093	2.8177
2011	2.2633	0.0003	0.3694	11.8222	5.7695	33.2400	4.7140	0.4848	2.9732
2012	1.9485	0.0003	0.3788	11.9050	5.6689	34.0274	4.3900	0.4901	2.9037
2013	1.7675	0.0063	0.4272	12.5845	5.7388	31.3637	4.1041	0.5048	2.8746
2014	1.5356	0.0074	0.1234	12.8384	6.0986	30.3904	4.0906	0.5901	2.9151
2015	1.2830	0.0079	0.0936	13.8489	6.5371	29.1323	3.7567	0.6201	2.9376

　　由图 3-2、表 3-3、表 3-5 和表 3-6 可知:(1)我国仓储运输业能源消耗量处于持续快速增长阶段,由 2000 年的 11241.59 万吨标准煤上升到 2015 年的 38317.66 万吨标准煤,2015 年的能源消耗量约为 2000 年能源消耗量的 3.41 倍,年增长率约为 8.02%;(2)在 2000—2015 年,仓储运输业能源消耗在全国能源消耗占比处于稳步上升阶段,由 2000 年的 7.65% 增长到 2015 年的 8.91%,这也符合物流需求正处于增长态势,物流业在国民经济中的地位日益受到重视;(3)我国仓储运输业能源消耗结构正逐步减少煤炭等固体燃料的比例,当前以油类燃料为主体消费结构,且清洁能源使用比正在提高,能源消费结构正处于优化升级的关键时期;(4)清洁可再生能源在运输业利用上依旧偏少,应加强推广清洁能源的利用,积极应对环境压力。因此,随着物流业在国民经济中支柱地位越来越突出,该行业的能源消耗量处于快速上涨趋势,如何优化物流业能源消耗结构,提高能源利用效率,降低能源消耗强度,是面临的一个非常急迫的任务,应对物流业增质提效转型升级,采取有效节能减排措施,平衡经济效益与环境效益,实施低碳可持续发展战略。

　　根据 2000—2015 年的仓储运输业能源消耗总量,构建三次多项式趋势外推模型,如式(3-5)所示:

$$y_2(k)=1.383k^3+11.74k^2+1307k+9236 \qquad (3\text{-}5)$$

式中,$k=1,2,\cdots,n$;$y_2(k)$ 为第 1999＋k 年的仓储运输业能源消耗总量,$y_2(1)$ 为 2000 年的仓储运输业能源消耗总量。

　　3)2000—2015 年中国物流货运量统计数据(如图 3-3)

　　选择研究货运量发展趋势,能为现代物流基础规划、建设、管理和决策提供科学依据,然而,受产业结构、社会经济、人口数量、服务水平、消费水平等因素影响,货运量趋势问题体现出高度非线性和模糊性。

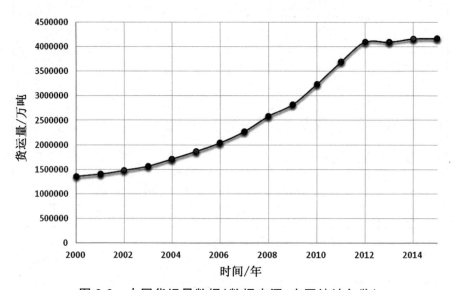

图 3-3　中国货运量数据(数据来源:中国统计年鉴)

　　由图 3-3 可知,2000—2012 年我国物流货运量处于稳步增长阶段,2012 年后,由于中国经济进入新常态,货运量增长放缓。我国物流货运量由 2000 年的 1358682 万吨增长到 2015 年的 4175886 万吨,2015 年货运量约为 2000 年货运量的 3.07 倍,平均年增长率为 7.88%。

　　根据 2000—2015 年的物流货运量数据,构建三次多项式趋势外推模型,如式(3-6)所示:

$$y_3(k)=-2126k^3+60463k^2-26047k+2000000 \qquad (3\text{-}6)$$

式中,$k=1,2,\cdots,n$;$y_3(k)$ 为第 1999＋k 年的物流货运量,$y_3(1)$ 为 2000 年的物流货运量。

3.4.2　仓储运输业碳排测算

　　根据碳排放系数法测算仓储运输业的碳排放量,按照式(3-1)可得

2000—2015 年中国仓储运输业中各种能源的碳排放(如表 3-7),表 3-8 表示了各类能源消耗产生的碳排在仓储运输业总碳排的百分比,图 3-4 表示总碳排趋势图。

表 3-7 2000—2015 年中国仓储运输业中不同能源类别的碳排放量

(单位:万吨)

年份	煤炭	焦炭	原油	汽油	煤油	柴油	燃料油	天然气	电力
2000	666.89	9.61	102.53	846.08	306.21	1950.26	525.73	3.95	0.00
2001	635.92	9.99	99.46	866.35	320.38	2025.57	528.82	4.91	0.00
2002	644.00	9.78	103.05	888.02	409.55	2169.93	527.02	7.34	0.00
2003	724.41	9.23	86.87	1060.60	423.80	2448.45	581.57	8.44	0.00
2004	625.88	1.53	72.52	1292.82	525.52	2951.76	711.55	11.73	0.00
2005	613.16	0.91	74.31	1345.76	544.21	3487.71	779.94	17.04	0.00
2006	582.00	0.73	95.86	1435.65	577.42	3876.67	915.76	21.18	0.00
2007	556.26	0.47	95.86	1447.18	645.67	4253.87	1088.53	21.02	0.00
2008	502.98	0.25	97.03	1711.48	671.16	4529.16	706.80	32.08	0.00
2009	484.45	0.12	89.86	1595.82	750.96	4672.83	773.52	40.83	0.00
2010	483.19	0.10	92.54	1774.89	914.86	5043.84	820.53	47.83	0.00
2011	488.20	0.08	61.73	1868.26	940.72	5616.19	831.98	62.02	0.00
2012	464.32	0.08	69.93	2078.43	1021.14	6351.47	855.97	69.27	0.00
2013	465.19	1.89	87.11	2426.64	1141.76	6466.05	883.83	78.80	0.00
2014	421.77	2.31	26.27	2583.48	1266.24	6538.44	919.32	96.12	0.00
2015	371.60	2.58	21.00	2938.79	1431.29	6609.49	890.32	106.53	0.00

表 3-8 2000—2015 年中国仓储运输业总碳排放量及构成百分比

年份	煤炭 /%	焦炭 /%	原油 /%	汽油 /%	煤油 /%	柴油 /%	燃料油 /%	天然气 /%	电力 /%	总碳排 /万吨
2000	15.12	0.22	2.32	19.18	6.94	44.21	11.92	0.09	0.00	4411.26
2001	14.16	0.22	2.21	19.29	7.13	45.10	11.77	0.11	0.00	4491.40
2002	13.53	0.21	2.17	18.66	8.61	45.60	11.07	0.15	0.00	4758.69
2003	13.56	0.17	1.63	19.85	7.93	45.82	10.88	0.16	0.00	5343.36
2004	10.11	0.02	1.17	20.87	8.49	47.66	11.49	0.19	0.00	6193.32

续表

年份	煤炭/%	焦炭/%	原油/%	汽油/%	煤油/%	柴油/%	燃料油/%	天然气/%	电力/%	总碳排/万吨
2005	8.93	0.01	1.08	19.61	7.93	50.82	11.36	0.25	0.00	6863.05
2006	7.75	0.01	1.28	19.13	7.69	51.65	12.20	0.28	0.00	7505.25
2007	6.86	0.01	1.18	17.85	7.96	52.46	13.42	0.26	0.00	8108.85
2008	6.10	0.00	1.18	20.74	8.13	54.89	8.57	0.39	0.00	8250.93
2009	5.76	0.00	1.07	18.98	8.93	55.57	9.20	0.49	0.00	8408.39
2010	5.26	0.00	1.01	19.34	9.97	54.96	8.94	0.52	0.00	9177.79
2011	4.95	0.00	0.63	18.93	9.53	56.91	8.43	0.63	0.00	9869.18
2012	4.26	0.00	0.64	19.05	9.36	58.21	7.85	0.63	0.00	10910.61
2013	4.03	0.02	0.75	21.01	9.88	55.98	7.65	0.68	0.00	11551.27
2014	3.56	0.02	0.22	21.79	10.68	55.16	7.76	0.81	0.00	11853.95
2015	3.00	0.02	0.17	23.75	11.57	53.42	7.20	0.86	0.00	12371.60

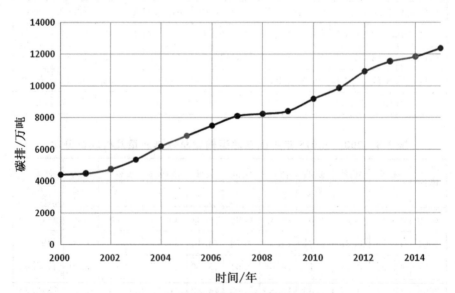

图 3-4   我国仓储运输业的总碳排

根据表 3-7、表 3-8 和图 3-4 可知:(1)2000—2015 年,仓储运输业总碳排呈现出明显上升趋势,碳排放从 2000 年的 4411.26 万吨增长到 2015 年的 12371.6 万吨,2015 年的碳排约为 2000 年碳排的 2.8 倍,平均年增长率约为 7.2%;(2)仓储运输业中能源消耗所直接产生的碳排中,固体能源(煤炭与焦炭)产生的碳排占比逐年递减,油类能源所产生的碳排处于增长态势;(3)汽油、煤油、柴油与燃料油所产生碳排在仓储运输业的总碳排占比,由 2000 年的 82.25% 上升到 2015 年的 95.94%;(4)天然气、电力这类低碳排的清洁能源利用率有待于进一步加强。

根据 2000—2015 年的仓储运输业碳排放数据,构建三次多项式趋势外推模型,如式(3-7)所示:

$$y_4(k) = -0.186k^3 + 10.01k^2 + 436.1k + 3700 \tag{3-7}$$

式中,$k=1,2,\cdots,n$;$y_4(k)$ 为第 $1999+k$ 年的仓储运输业碳排放,$y_4(1)$ 为 2000 年的仓储运输业碳排放。

3.4.3　仓储运输中能源消耗、碳排与物流需求量的关系

根据式(3-2)、式(3-3)和表 3-2,计算仓储运输业能源消耗与物流货运量脱钩状态、仓储运输业碳排与物流货运量脱钩状态,脱钩分析结果如表 3-9 所示。

表 3-9　仓储运输业中能源消耗、碳排与货运量之间脱钩分析结果

年份	货运量增长率(%)	能源消耗增长率(%)	碳排增长率(%)	能耗与货运量脱钩状态	碳排与货运量脱钩状态
2001	3.17	3.30	1.82	扩张性负脱钩	弱脱钩
2002	5.83	6.03	5.95	扩张性负脱钩	扩张性负脱钩
2003	5.46	14.64	12.29	扩张性负脱钩	扩张性负脱钩
2004	9.07	17.89	15.91	扩张性负脱钩	扩张性负脱钩
2005	9.12	10.51	10.81	扩张性负脱钩	扩张性负脱钩
2006	9.40	10.29	9.36	扩张性负脱钩	弱脱钩
2007	11.72	8.26	8.04	弱脱钩	弱脱钩
2008	13.63	4.36	1.75	弱脱钩	弱脱钩
2009	9.25	3.38	1.91	弱脱钩	弱脱钩
2010	14.75	10.03	9.15	弱脱钩	弱脱钩

续表

年份	货运量增长率/%	能源消耗增长率/%	碳排增长率/%	能耗与货运量脱钩状态	碳排与货运量脱钩状态
2011	14.04	9.46	7.53	弱脱钩	弱脱钩
2012	10.91	10.48	10.55	弱脱钩	弱脱钩
2013	−0.04	10.45	5.87	强负脱钩	强负脱钩
2014	1.67	4.36	2.62	扩张性负脱钩	扩张性负脱钩
2015	0.21	5.45	4.37	扩张性负脱钩	扩张性负脱钩

根据表 3-9 可知:(1)在 2001—2006 年,仓储运输业能源消耗与物流货运量之间处于扩张性负脱钩状态,2007—2012 年处于弱脱钩状态,这表明我国越来越重视物流业产业结构升级,优化其能源结构,实施节能增效发展策略,2013 年因处于经济转型期,出现强负脱钩状态,2014—2015 年为扩张性负脱钩状态。(2)2001 年,仓储运输业碳排与物流货运量处于弱脱钩状态,2002—2004 年处于扩张性脱钩状态,2006—2012 年处于弱脱钩状态,2013 年因处于经济转型期,出现强负脱钩状态,2014—2015 年为扩张性负脱钩状态。这表明环境问题日益得到人们重视,碳排已被作为物流规划的约束因素,低碳物流发展的观念越来越得到政府、行业和组织的重视,低碳可持续发展模式正处于推广的关键时期。当前物流业发展进入转型期,货运量增速放缓,而节能减排技术的普遍使用还需要相当长的时间来实现。(3)仓储运输业中能源消耗、碳排与货运量之间脱钩状态发展趋势表明,我国物流行业正努力应对能源与气候危机,节能减排有一定成效,但随着经济发展方式改革的深化,节能减排相关措施的实施也亟待加快使用步伐。

3.5　总结

当前,物流业正处于经济新常态下提质增效升级的关键时期,实现物流业的绿色发展、循环发展和低碳发展,是应对能源危机与气候问题的有效措施。因此,选择定性与定量相结合的方法,研究仓储运输业中碳排放、能源消耗、物流需求三者之间的复杂关系,有利于探明物流业能耗与碳排的特征,为节能减排政策的制定提供科学依据,具有重要的理论和现实意义。

随着物流业从粗放型增长模式向集约型增长模式转变,可考虑如下节能减排建议:(1)优化能源结构,推广清洁可再生能源利用;(2)整合物流资源,提升行业服务水平和运行效率,以便降低能耗与碳排;(3)加强节能减排技术研发与推广;(4)发展多式联运,在条件允许的前提下,优先选择低碳排的运输方式;(5)基于供应链协同管理,减少物流行业整体供应链环节上的碳足迹;(6)制定合适的碳排政策,引导物流行业节能减排。

参考文献

[1]杨树旺,杨书林,魏娜.湖北省碳排放与经济增长关系研究[J].统计与决策,2012(18):104-107.

[2]马越越,王维国.中国物流业碳排放特征及其影响因素分析——基于 LMDI 分解技术[J].数学的实践与认识,2013,43(10):31-42.

[3]张立国,李东,周德群.中国物流业二氧化碳排放绩效的动态变化及区域差异——基于省级面板数据的实证分析[J].系统工程,2013,31(4):95-102.

[4]唐建荣,邓林.基于 LARS-Lasso 方法的碳足迹影响因素分析[J].软科学,2014,28(9):124-128.

[5]罗希,张绍良,卞晓红,等.我国交通运输业碳足迹测算[J].江苏大学学报:自然科学版,2012,33(1):120-124.

[6]段向云.基于 EKC 模型的物流服务碳排放测算与评估:浙江实证[J].经济论坛,2013(11):85-88.

[7]唐建荣,邓林.基于 Lasso-Arima-GM 的碳足迹情景分析[J].管理现代化,2014,34(5):66-68.

[8]张晶,蔡建峰.我国物流业碳排放区域差异测度与分解[J].中国流通经济,2014(8):25-30.

[9]卢俊宇,黄贤金,陈逸,等.基于能源消费的中国省级区域碳足迹时空演变分析[J].地理研究,2013,32(2):326-336.

[10]马越越,王维国.中国物流业碳排放的空间非均衡与极化研究[J].社会科学辑刊,2015(1):103-110.

[11]韩岳峰,张龙,胡慧欣.我国仓储运输业碳排放与经济增长间的脱钩分析[J].江汉论坛,2013(4):29-34.

[12]何剑,董丹丹.新疆能源消费、碳排放与经济增长——基于近似和脱钩关系的实证[J].科技管理研究,2014(17):236-240.

[13]史祎馨.广东省物流业碳排放及低碳物流经济现状分析[J].物流科技,2014,37(3):86-91.

[14]陈婧.物流碳排放的估算[J].经济论坛,2013(8):95-97.

[15]蔡依平,张文娟,张世翔,等.基于生命周期评估的冷链物流碳足迹计算[J].物流技术,2015,34(1):120-123,130.

[16]徐琪,范丹丹.供应链碳足迹的核算方法[J].东华大学学报:自然科学版,2014,40(5):639-645.

[17]秦新生.国外物流企业供应链碳足迹管理创新与启示[J].物流科技,2015,2:15-18.

[18]P. Tapio. Towards a Theory of Decoupling:Degrees of Decoupling in the EU and the case of Road Traffic in Finland Between 1970 and 2001[J]. Transport Policy,2005,12(2):137-151.

第4章 预测理论概述

4.1 引言

"凡事豫(预)则立,不豫(预)则废"出自于《礼记·中庸》,表述的核心意思是"不论做什么事,事先有计划和准备,就能取得成功,否则就会失败",这句古文是我国前人历史经验的总结,生动形象地描绘了预测的重要性。预测,作为一种社会实践活动,已经经历了几千年的发展历程,早期的预测主要用于了解与掌握人类社会活动,对其未来发展态势做出估计和推测。随着人类科学与社会的不断进步,日益增多的各种不确定因素(经济危机、能源危机、气候危机、战争、政治危机、疾病等)激发了人们了解未来的迫切性,预测学突破了社会科学与自然科学的界限,逐步发展成了一门独立的综合性学科,广泛应用于人口、环境、能源、教育、经济、交通、材料科学、科技管理、天气等预测领域。为了让读者能够初步认知预测的基本概念,本章重点介绍了预测的定义、预测作用、预测的原则与步骤、预测的内容与分类、预测精度的评价准则。

4.2 预测的定义

什么是预测?这个问题是进入预测领域必须了解和把握的基本概念。关于预测的定义,理论界有不同的界定,但基本思想大同小异,从不同角度表达了"对未来发展情况做出事先的估计或推测"。这里介绍百度百科上的定义(http://baike.baidu.com/subview/58062/8380412.htm):"预测是指在掌握现有信息的基础上,依照一定的方法和规律对未来的事情进行测算,以预先了解事情发展的过程与结果。"

实际上,按照在线汉语字典的字面解释(http://xh.5156edu.com/):(1)"预"指事先,事前或预先;(2)"测"指用仪器测量或度量,观测或观察,推测或预料;(3)"预测"指预先(或事先)推测或测定。"预测"一词在英语表述中,对应的英语单词"Forecast"指预料、预想、预测、预报、先见、预见、预谋或事先的考虑。随着社会科学和自然科学的不断发展,预测概念被赋予了更多的科学内涵,这里尝试对预测定义给出一种表述方式:预测是人们综合已掌握的现有资料,利用特定的理论和方法,对未来或目前尚不明确的事物进行预先估计和推测,用来揭示事物未来的发展变化规律和结果等。

不难看出,根据本书对预测的定义,预测由五个基本要素构成:预测者(人们)、预测对象(事物)、预测依据(掌握的现有资料)、预测方法(特定的理论和方法)和预测结果(估计和推测事物未来的发展变化规律和结果)。

那么,在了解了预测的基本定义后,人们可能又迫切渴望了解预测有什么用处。人们曾经无比生动地赞誉"预测是决策者的望远镜",当今世界日新月异,各种不确定因素加剧了人们对未来的敬畏感,迫使人们急切盼望能预先估计和推测事物未来或未知状况。预测学正是在这个时代背景下充分发展成熟起来的,已展示出强大的生命力,在经济、人口、能源、材料科学、环境、教育、科技管理、交通、天气等领域得到广泛应用。预测是人们进行决策的前提,使得决策者降低对事物未来发展或未知事物的不确定体验感觉,应用预测的理论和方法,有效地增强决策过程中的确定性,提高决策的正确性,为计划、规划等管理决策提供科学参考依据。正如前面提及的"凡事豫(预)则立,不豫(预)则废",预测通过揭示事物未来发展规律,已成为指导人们实施科学管理决策的先导。

4.3 预测原则与步骤

4.3.1 预测工作的一般原则

根据科学的世界观与方法论,人们依据掌握事物的现有资料,对未来或目前尚不明确的事物进行具体的预测工作过程中,通常应该遵循的主要原则如下[1]:

1)可知性原则

唯物主义认识论第一次科学地将实践观引入认识论,认为实践是认识的基础、来源、动力和目的,客观物质世界是可以认知的,透过物质世界的现象可以认识其本质。因此,在预测过程中,人们不但可以认知事物的过去和当前,而且可以通过总结过去和现在的事物发展规律,利用特定的理论和方法,对事物未来进行预先估计和推测,揭示事物未来的发展变化规律和结果。

2）可控性原则

选用合适的预测方法，虽然能在一定程度上有效地预测出事物未来的发展变化趋势，但人们可以通过适当控制，在一定的范围和程度上控制事物未来发展变化的趋势或结果。如在能源消耗、人口增长和碳排放等预测时，政府部门可以通过制定节能政策、人口政策、碳排政策等，对其发展趋势进行相应调整，在一定程度上控制事物预测结果。

3）可能性原则

客观事物发展受到自身与外界各种因素的相互制约，其发展变化形态多样，未来发展模式并非仅有一种形态的可能，因此，预测工作应该充分考虑这种多样性，按照客观事物动态发展规律，充分考虑内在与外在制约因素导致的事物未来的各种可能性，展开估计和推测。

4）连贯性原则

客观事物的发展变化，在一段时间内，它将按照某种特定规律发展变化，前后具有连续性和统一性，事物未来的发展规律与过去和现在的发展规律没有什么本质的不同，待预测的事物自身在一定时间内的数量变化趋势和内在发展规律保持相对稳定。因此，人们可以通过总结事物过去和现在的内在发展规律，利用特殊的理论与方法，预测事物未来的变化。

5）相似性原则

尽管有待预测的各种事物存在不同程度的差异性，表现形式多种多样，互不相同，然而也存在相似的可能性，换言之，它们可能具备相类似的内部发展规律。因此，利用这种相似性，将待预测事物和相似事物的发展规律类比，人们也能完成预测工作。

6）反馈性原则

预测工作带有明确的目的性，预测是人们完成决策任务的前提，合理的预测能提高决策的正确性，为工作计划和规划等管理决策提供科学参考依据。因此，这个使命感激发人们不断研究预测的理论和方法，提高预测方法的科学性，提升预测结果的准确性和可靠性。

7）行动性原则

鉴于预测工作具有明确的目的性，为了不断完善预测理论和方法，提高预测结果的准确性，人们通常将预测结果应用于实际工作过程中，反馈给现实的管理决策，同时将预测结果与真实结果之间的差异反馈给预测工作，对预测值进行适当修正。

8）概率性原则

事物的发展规律在具有必然性的同时，还具有一定的偶然性，因此，事物发展过程是一个必然性和偶然性的统一体，人们在预测过程中，除了需把握事物的必然性发展规律,还应该尽可能地挖掘和掌握事物发展的偶然性规律,以便于提高预测结果的准确性与可靠性。

4.3.2　预测的步骤

这里所讨论的预测步骤是指预测工作包含哪几个基本环节,各个环节的先后顺序是如何确定的,先做什么,后做什么。一般而言,预测工作包括6个环节:确定预测的目的;收集整理预测的相关资料;选择预测模型;模型校验;预测运算;调整预测方法和修正预测值。

1)确定预测的目的

如上文所述,预测工作具备了行动性原则,因此,预测工作中目的的明确和目标的确定,对于任何预测工作来说,都是必不可少的前提条件。因为,这个环节关系到预测过程中有待观察样本的时间窗口范围、待收集整理的资料和预测任务等根本性问题。

2)收集整理预测的相关资料

预测相关资料的收集与整理是服务于预测的目的和目标的,有什么样的预测任务,就应该收集和整理什么样的资料。在预测工作流程中,有待收集与整理的资料主要涉及待预测对象过去和现在发展的直接相关资料和待预测对象发展的背景资料等,以供人们利用特定的理论和方法,寻找出事物未来的发展变化规律,以便于事物未来进行预测。

3)选择预测模型

在收集和整理好预测所需的相关预测资料后,在认真分析待预测对象自身特点和预测任务的目标基础上,通过分析、比较和检验等手段,选择适合当前预测任务的预测模型。

4)模型校验

综合考虑预测对象自身特点,确定预测校验样本集,通过上一步中选择的预测模型对预测校验样本展开预测,比较与分析真实值与预测值之间的差异,抉择上面所选择的预测模型是否适合当前的预测工作,即所选预测模型是否对预测任务有效。若评估预测模型的结果适合当前预测任务,则转入第 5 步,否则返回第 3 步。

5)预测运算

利用所选择的预测模型,在充分考虑收集与整理的待预测事物过去与现在的相关资料前提下,对待预测事物展开预先估计和推测,获得初步的预测结果。

6）调整预测方法和修正预测值

在预测工作的具体实施过程中，经常需将初步预测结果应用到现实世界中，通过比较和分析初步预测结果与现实世界中待预测事物的真实值，动态调整预测方法，修正预测的初步结果，以期预测值更加与真实值相符，预测结果能符合待预测事物的发展规律。

4.4　经典预测问题

伴随着预测学科的发展与现实世界中预测需求问题的不断增多，预测领域正变得日益广泛，触及到客观世界的多个角落，按照预测对象的不同，预测活动通常可以分为经济预测、社会预测、军事预测、科学预测和技术预测这五个领域[1]。事实上，这里的划分原则并不需要将这五个领域隔离开，因为在客观现实中它们之间存在着紧密的联系，如军事领域的问题，既包含社会经济方面的内容，同时也涉及科学技术方面的内容。因此，在预测工作的具体实施过程中，各预测领域需相互配合，提高预测结果的精度与可靠性，以便于更好地为社会发展提供科学可信的决策依据。

1）社会预测

社会预测是以社会发展为研究对象的。社会发展遵循一定的发展规律，这使得人们可根据社会现象的过去与当前的既有状态，结合社会现象之间的内在关系，利用掌握的资料，通过特定的理论与方法，对社会现象未来发展方向、程度与性质等预先估计和推测，用于揭示社会现象未来的发展规律和结果等[2−3]。社会预测目的在于通过对社会发展未来趋势的预先估计，指导人们实施科学管理决策，利用、调整和控制社会发展趋势，制定科学合理的社会发展战略目标。社会制度、发展模式、人口构成、生活方式、社会结构、社会环境、社会资源、社会教育、社会文化、医疗卫生、公共事业、社会福利、婚姻家庭、健康水平、国际关系、国际政治形势、失业问题、城乡问题、贫困人口、人口老年化问题、粮食安全、能源危机、交通运输、碳排放等方面的发展变化规律，都是当今社会预测领域的重点研究对象。

2）经济预测

经济预测是以经济领域的发展变化规律为预测对象的。经济预测特指在一定的经济理论指导下，以经济发展的历史和当前时间为出发点，利用特定的预测理论和方法，以经济发展的研究资料和统计数据为依据，对经济发展过程展开严格的定性与定量分析，实现对未来的经济发展情况作出科学的估计和推测[4−6]。经济预测目的在于借助于经济预测的结果，为相关部门制定合适的经济发展计划和经济政策提供科学依据,指导当前和未来的经济活动。国民经济总形势、国内生产总值、经济增长率、进口总额、出口总额、财政收支、社会消费品零售总额、居民收入、居民消费水平、基础设施投资额、货币总量、劳动力、货币流通量、固定资产投资品价格指数、经济规划、经济计划、产品需求趋势、外汇汇率、产品经济生命周期、产业发展途径、经济体制、经济结构等,都是当今经济预测领域的重点研究对象。

3)科学预测

科学预测是以科学研究的未来发展情况为研究对象的。科学预测是预测学、科学学和管理学等多学科融合的产物,它是伴随着新科学理论与方法诞生与成长起来的。科学预测的目的在于科学有效地指导科技政策或计划的制定,根据历史和现在的科学发展的研究资料和统计资料,选用合理的预测理论与方法,对科学发展的未来做出合理的预先估计和推测,为科学发展过程中的管理决策提供科学依据[7]。科学研究的重点领域、科学发展的目标、科学管理政策、科学研究发展规划、科学研究课题、科学发展对社会发展和经济发展的作用与影响、科学体制、科学总体发展趋势、科学学科演化、科学现象、科学概念、科学理论、科学结构、科学发明、科学发展的资源等,都是当今科学预测领域的重点研究对象。

4)技术预测

技术预测是以技术的未来发展情况为研究对象的。随着科学技术的不断发展与进步,其对社会、经济和人的影响日益加深,技术预测越来越得到各国政府和部门的重视,已成为科技管理与科技规划的基础性工作之一。技术预测的目的在于通过研究与技术发明创造、技术推广与应用等有关问题,为制定科技发展规划提供重要的科学决策依据,为技术创新奠定坚实基础。技术预测的研究领域不仅包括信息、能源、生物、资源、制造等高新技术行业,还包括林、渔、农等传统产业,更包括社会和管理等社会科学方面的技术需求。技术预测的重点研究对象包括[7-10]:未来可能出现的新机器、新技术、新材料、新工艺等,它们出现的时间和可能性为多少,它们的性能水平怎么样,这些技术发明的市场需求程度如何,什么时候能够投入市场等。

5)军事预测

军事预测是以未来国防发展趋势作为研究对象的。军事预测的基本任务为研究军事发展的科学理论与方法,并利用这些理论与方法对军事及相关领域(军事战略、军事技术、军事经济、军事政治、未来战争等)进行科学预测,为军事决策提供科学依据,以便于获取巩固国防的方法和途径。战争的社会政治内容与性质(军事同盟)、战争起因、战争性质、战争规模、斗争对象、军事战略、军事任务、军事方针、军费开支与预算、武装力量、军事装备、军事技术、军事理念、军事思想、军队编制、兵力部署、作战计划、训练计划、新式武器、未来战争的影响、武器性能改进、国防现代化和军队改革的进展、国际军事形势、国际军事发展动向、国际安全、战争与和平、常规战争与核战争、局部战争与全面战争等,都是当今军事预测领域的重点研究对象。

4.5 定性预测与定量预测

在预测领域中,由于预测对象、预测目标、预测期限、预测内容各不相同,这不可避免地导致了预测方法种类众多,并且这些预测方法的形式多样,分类原则众多,这里仅根据预测方法是实现事物未来发展性质和程度上的预测,还是事物未来发展在数值上的描述,将预测方法分成定性预测和定量预测。

1)定性预测

根据已经掌握的历史资料和直观材料,由熟悉预测领域的业务知识、具备丰富领域经验和分析能力的人员,依据个人的经验和辨识能力,对事物未来发展做出程度与性质上的预先估计和推测,用来揭示事物未来的发展趋势、方向和关键节点,定性预测的重点任务在于预测事物发展的性质。常用定性预测主要包括如下方法:一般调查法、专家意见法、个人判断法、专家会议法、头脑风暴法、Delphi 法、相关类推法、对比类推法。

定性预测方法的优点在于预测流程简单、充分发挥了预测者的主观能动性和注重了事物发展的性质,但缺乏对事物发展过程的量化描述,且预测结果容易受到预测者能力、经验和知识的限制。

2)定量预测

定量预测是根据已经掌握的较为完备的历史资料和直观材料,运用特定的数学方法建模,揭示有关变量之间的规律性联系,量化预测和推测未来发展变化情况。常用定量预测主要包括如下方法:移动平均法、指数平滑法、趋势外推法、季节性指数预测法、ARMA 模型预测法、马尔科夫预测法、回归分析预测法、经济计量模型预测法、投入产出分析预测法、灰色系统模型预测法。

定量预测方法的优点在于注重了事物发展的数值描述、预测者的主观因素影响较小和便于计算机程序建模实现快速预测,但有时候过于机械化,难以预测事物发展性质。

对于现实中的预测工作而言,定性预测与定量预测这两种方法联系紧密,预测工作经常由定性预测和定量预测共同承担。定性预测方法是定量预测方法的基石,定性预测能对定量预测进行有效的补充与修正,提高了定量预测方法的预测精度与可靠性,而定量预测为定性预测提供了事物未来发展在数量方面的描述。

4.6 预测评价准则

目前,预测领域有一些预测效果的评价准则,这些评价准则从不同的方面反映出所用预测方法的预测效果,实际上,评估准则也同样可以适用于预测方法的甄选。下面将对平均绝对值误差、均方误差、平均绝对百分比误差、均方百分比误差、灰色关联度、相关系数、Theil 不相等系数这几个预测评价准则做简单介绍[12]。

假设原始时间序列为 x_i,利用某种预测方法预测所得的序列为 $\hat{x}_i$,其中 $i=1,2,3,\cdots,n$。同时,考虑到仅为了介绍预测评估准则的计算流程,因此假设采用了两种预测方法 A 和 B 对某时间序列展开了预测,预测值与真实值如表 4-1 所示。

表 4-1 某时间序列真实值与预测值

序号	1	2	3	4	5	6
时间序列的真实值	10	20	35	20	25	18
预测方法 A 的预测值	9	18	32	19	24	18
预测方法 B 的预测值	8	21	33	18	24	17

4.6.1 平均绝对误差

平均绝对误差指预测值与真实值的偏差的绝对值平均,它是最常用的预测评估准则,计算方法如式(4-1)所示:

$$R_1 = \frac{1}{n} \sum_{i=1}^{n} | x_i - \hat{x}_i | \tag{4-1}$$

按照式(4-1),预测方法 A 和预测方法 B 的平均绝对误差分别为 2.666667 和 2.5,若选择平均绝对误差作为预测性能的评价准则,则对于本预测实例而言,预测方法 B 性能相对较优。

4.6.2　均方误差

均方误差指预测值与真实值之间偏差的平方数之和的平均数,计算方法如式(4-2)所示:

$$R_2 = \frac{1}{n} \sum_{i=1}^{n} (x_i - \hat{x}_i)^2 \qquad (4\text{-}2)$$

按照式(4-2),预测方法 A 和预测方法 B 的均方误差分别为 1.3333333 和 1.5,若选择均方误差作为预测性能的评价准则,则对于本预测实例而言,预测方法 A 性能相对较优。

4.6.3　平均绝对百分比误差

不同于平均绝对误差,平均绝对百分比误差是与真实值的相对值,计算方法如式(4-3)所示:

$$R_3 = \frac{1}{n} \sum_{i=1}^{n} \left| \frac{x_i - \hat{x}_i}{x_i} \right| \times 100\% \qquad (4\text{-}3)$$

按照式(4-3),预测方法 A 和预测方法 B 的平均绝对百分比误差分别为 6.26% 和 8.37%,若选择平均绝对百分比误差作为预测性能的评价准则,则对于本预测实例而言,预测方法 A 性能相对较优。

4.6.4　均方百分比误差

均方百分比误差的计算如式(4-4)所示:

$$R_4 = \frac{1}{n} \sqrt{\sum_{i=1}^{n} \left(\frac{x_i - \hat{x}_i}{x_i} \right)^2} \times 100\% \qquad (4\text{-}4)$$

按照式(4-4),预测方法 A 和预测方法 B 的均方百分比误差分别为 2.95% 和 4.09%,若选择均方百分比误差作为预测性能的评价准则,则对于本预测实例而言,预测方法 A 性能相对较优。

4.6.5　Theil 不相等系数

选用 Theil 不相等系数作为衡量标准,且 Theil 不相等系数的计算如式(4-5)所示:

$$T = \frac{\sqrt{\sum_{i=1}^{n}(x_i - \hat{x}_i)^2}}{\sqrt{\sum_{i=1}^{n}(x_i)^2} + \sqrt{\sum_{i=1}^{n}(\hat{x}_i)^2}} \tag{4-5}$$

按照式(4-5),预测方法 A 和预测方法 B 的 Theil 不相等系数指标分别为 0.037275575 和 0.035795394,若选择 Theil 不相等系数作为预测性能的评价准则,则对于本预测实例而言,预测方法 B 性能相对较优。

4.6.6 相关系数

相关系数是一个衡量预测值与真实值之间线性相关程度的数值指标,计算如式(4-6)所示:

$$\rho = \frac{\sum_{i=1}^{n}(x_i - \overline{x}) \times (\hat{x}_i - \overline{\hat{x}}_i)}{\sqrt{\sum_{i=1}^{n}(x_i - \overline{x})^2} \times \sqrt{\sum_{i=1}^{n}(\hat{x}_i - \overline{\hat{x}})^2}} \tag{4-6}$$

式中,$\overline{x}$ 为时间序列 x_i 的平均值(真实值的平均值);$\overline{\hat{x}}$ 为时间序列 $\hat{x}_i$ 的平均值(预测值的平均值)。

按照式(4-6),预测方法 A 和预测方法 B 的相关系数分别为 0.999449 和 0.998887,若选择相关系数作为预测性能的评价准则,则对于本预测实例而言,预测方法 A 性能相对较优。

4.6.7 灰色关联度

灰色关联度是一种以发展变化态势定量描述和比较的方法,表示了时间序列预测值与时间序列真实值之间发展态势的关联性,若二者发展态势是一致的,则认为两者灰色关联度较大,反之亦然。灰色关联度计算如式(4-7)所示:

$$\gamma = \frac{1}{n}\sum_{i=1}^{n}\xi_i(k) \tag{4-7}$$

式中,$\xi_i(k) = \dfrac{\min\limits_{i}\min\limits_{k}|x_i - \hat{x}_k| + \rho\max\limits_{i}\max\limits_{k}|x_i - \hat{x}_k|}{|x_i - \hat{x}_k| + \rho\max\limits_{i}\max\limits_{k}|x_i - \hat{x}_k|}$,$\rho$ 称为分辨系数,ρ 越小则分辨能力越大,通常取 0.5。

首先将表 4-1 中序列进行无量纲化处理(如表 4-2),然后按照式(4-7)计算关联度。预测方法 A 和预测方法 B 的灰色关联度分别为 0.515107212 和

0.815151515,若选择灰色关联度作为预测性能的评价准则,则对于本预测实例而言,预测方法 B 性能相对较优。

表 4-2 无量化处理后的真实值与预测值

序号	1	2	3	4	5	6
时间序列的真实值	1	1	1	1	1	1
预测方法 A 的预测值	0.9	0.9	0.914286	0.95	0.96	1
预测方法 B 的预测值	0.8	1.05	0.942857	0.9	0.96	0.944444

综上所述,平均绝对值误差、均方误差、平均绝对百分比误差、均方百分比误差、灰色关联度、相关系数和 Theil 不相等系数从不同侧面反映预测模型的预测效果,选择评价准则不同,对模型预测性能的评估结果也存在一定差异。因此,预测准则的选择应综合考虑真实时间序列发展规律,根据实际的预测需求的侧重点不同,进行差异化选择。

4.7 总结

预测作为一门综合性学科,已广泛应用人口、环境、能源、教育、经济、交通、材料科学、科技管理、天气等预测领域,日益受到人们的重视,在国民经济活动中发挥的作用越来越重要。鉴于预测学科的重要性,本书探讨了预测的内涵界定、预测的作用、预测工作遵循的基本原则、预测工作的一般步骤、经典预测领域、预测方法的分类和预测性能的评价准则,以期人们能初步了解预测的基本概念和内涵。

因此,人们可以在综合掌握过去和现有事物的资料基础上,依据特定的理论与方法,遵循预测工作的基本原理,按照预测工作的基本流程展开,对客观事物未来的发展趋势进行预先的估计与推测,用以揭示客观事物未来发展规律,为经济预测、社会预测、军事预测、科学预测和技术预测等领域的管理决策提供科学技术支持。

参考文献

[1]齐小华,高福安.预测理论与方法[M].北京:北京广播学院出版社,1994.

[2]张梅花.论社会预测的价值及挑战[J].未来与发展,2006,10:12-14.

[3]陆学艺.社会学[M].北京:知识出版社,1996.

[4]卢方元.试论经济预测精度问题[J].经济师,2000,11:11-13.

[5]沈利生.对经济预测误差的思考[J].数量经济技术经济研究,2002,5:5-10.

[6]卢方元.经济预测的误区[J].统计与预测,2003,1:36-38.

[7]陈德棉.科学预测和技术预测的方法研究[J].科学学研究,1997,15(4):56-62.

[8]张协隆.技术预测及其方法[J].科学学研究,1985,3(1):103-110.

[9]左晓利,许晔.中日技术预测的比较研究[J].中国科技论坛,2014,10:149-153.

[10]张韵君,柳飞红.基于专利分析的技术预测概念模型[J].情报杂志,2014,33(3):22-27.

[11]黄硕风.军事预测学概述[J].预测,1989,3:67-70.

[12]周四清,王坚强.基于多专责优化的组合预测方法[J].系统工程与电子技术,2009,31(7):1651-1654.

[13]龚艳冰,房道伟,张继国.基于信息熵与 Theil 不等系数的水资源可再生能力综合评价[J].水利经济,2009,27(3):9-11.

[14]周程,张培林.基于关联面积法的物流货运量组合预测模型[J].计算机应用,2012,32(9):2628-2630,2642.

第 5 章　单一预测理论

5.1　引言

　　预测是科学决策的基础,预测学通过认识与总结事物随时间的发展变化规律,利用规律的必然性实现对事物未来发展趋势的预先估计与推测,研究事物与时间过程的演变关系,是一门实用性和综合性都较强的新兴实用学科。针对同一预测问题,根据所选择的预测方法在数量上的不同,预测方法可分为单一预测方法与组合预测方法两大类。其中,组合预测思想主要是充分利用各种单一预测方法所提供的体现事物发展规律的信息,尽可能地提高预测精度。然而,组合预测方法中单一预测技术选择问题和赋权策略一直以来是预测学科发展过程中的瓶颈问题,鉴于单一预测技术因其实现简单,在现实生活中经常被选用做预测方法。

　　实际上,不同类别的单一预测方法能从不同角度反映事物的发展规律,这里并不存在某单一预测技术的预测性能总优于其他单一预测技术。针对不同预测对象,各种单一预测方法的效果各不相同,应选择合适的单一预测技术,对某预测事物展开预测。因此,了解单一预测技术的基本原理,对组合预测方法构建和提高组合预测(或单一预测)技术的预测精度至关重要。趋势外推预测法(Trend Extrapolation Forecast Method)、灰色预测法(Grey Theory Forecast Method)、神经网络预测法(Artificial Neural Networks Forecast Method)、回归预测法(Regression Analysis Forecast Method)、自回归预测法(Auto Regression Forecast Method)和指数平滑预测法(Exponential Smoothing Forecast Method)是人们常用的单一预测技术,下面将对其内涵、建模方法、参数选择等进行简单介绍,并通过算例给出其预测流程。

5.2　趋势外推预测法

5.2.1　定义

随着时间的推移,某一类客观事物发展过程为一渐进式的变化,而不是跳跃式的变化,决定客观事物过去和现在发展的因素,在较大程度上也决定客观事物未来的发展趋势,即客观事物发展具有一定的规律性,根据这种客观事物发展过程中的规律,可以预先估计与推测它的未来状态与发展趋势,这类预测方法就是趋势外推预测法。

由趋势外推预测法的定义可知,该预测算法假定未来发展规律无变化或变化不大,一般而言主要用于短期预测,对于中长期预测问题而言,可能由于客观事物受多方面外在与内在因素的影响,发展规律发生了变化,导致趋势外推预测法的预测效果不佳。

5.2.2　建模方法

趋势外推法首先由 Rhyne 应用到预测领域之中,这类预测方法的基本假设条件是客观事物未来发展趋势和状态,是客观事物过去与当前连续发展的结果,客观事物发展过程中无跳跃式变化,当满足无明显季节性变化时,并且能找到一个合适的函数曲线与客观事物发展变化趋势相符合,就可以建立趋势外推模型,如式(5-1)所示:

$$y(t) = f(t) \tag{5-1}$$

式中,y 为客观事物的时间序列数据;f 为趋势函数;t 为某一时刻。

按照 Rhyne 的观点,趋势外推预测方法大概包括如下步骤:

(1)研究待预测客观事物的预测任务与目标,选择客观事物中待预测参数。

(2)收集与整理待预测参数的相关数据与资料。

(3)选择合适的拟合曲线。

(4)利用趋势外推预测法展开预测。

(5)分析预测结果,进行相关总结与说明。

(6)研究预测结果在规划与决策中的具体应用。

5.2.3   趋势外推法种类

常用趋势外推曲线包括直线、多项式曲线、简单指数曲线、双指数曲线、修正指数曲线、Gompertz 曲线和 Logistic 曲线,下面将简单分析上述趋势曲线中直线、多项式曲线和简单指数曲线的函数形态。

1)直线

随着时间的变化,客观事物具有恒定的增长或减少,这种线性外推法适用于客观事物变化规律,符合直线变化趋势,表达式为式(5-2):

$$\hat{y}_t = at + b \tag{5-2}$$

式中,$\hat{y}_t$ 为客观事物的理论预测值;t 为时间序数;a 和 b 为参数(a 为直线的斜率,b 为截距)。

根据式(5-2)的客观事物发展趋势的表达式,可以预先推测与估计客观事物未来的变化趋势和结果。当应用线性(直线型)外推法对客观事物展开预测时,首要任务就是收集客观事物历史动态数据,之后绘制数据点分布图,辨识离散点构成曲线是否符合线性关系,若长期趋势即基本呈现线性趋势(个别点出现异常,可选择性地删除或调整,这样并不改变整体趋势变化规律),则可以按线性(直线型)外推,预测客观事物未来的变化。

2)多项式曲线

多项式趋势外推法反映客观事物时间序列随时间的变化规律,符合式(5-3):

$$\hat{y}_t = \sum_{k=0}^{n} a_k t^k \tag{5-3}$$

式中,$\hat{y}_t$ 为客观事物的理论预测值;t 为时间序数;a_k 为多项式的系数;n 为多项式的阶数。在实际的多项式趋势外推预测中,二次多项式与三次多项式应用较为广泛。多数情况下,基于最小二乘法确定趋势外推预测模型中的参数,例如,对于多项式趋势外推模型而言,求解模型中参数的目标函数如式(5-4)所示,只需对目标函数展开求解,不难求出多项式趋势外推模型中的参数 a_k。

$$\min I = \sum_{i=0}^{m} \left(\sum_{k=0}^{n} a_k t^k - y_i \right)^2 \tag{5-4}$$

式中,y_i 为客观事物实际值,$i = 0, 1, 2, 3 \cdots m$;$n \leqslant m$。

3)简单指数曲线

简单指数曲线的描述如式(5-5)所示:

$$\hat{y}_t = ab^t \tag{5-5}$$

式中,$\hat{y}_t$ 为客观事物的理论预测值;t 为时间序数;a 和 b 为简单指数曲线的参数,$a>0$ 且 $0<b\neq1$。当 $a>0$,$b>1$ 时,$\hat{y}_t$ 随 t 增大单调递增;当 $a>0$,$0<b<1$ 时,$\hat{y}_t$ 随 t 增大单调递减。

由式(5-5)推导得:$\dfrac{\hat{y}_t}{\hat{y}_{t-1}}=b$,这表明了客观事物环比发展速度为常数。因而,这里可进一步通过对式(5-5)两边取对数,则不难推导出式(5-5)的对数直线趋势外推模型 $\ln\hat{y}_t=\ln a+t\ln b$,从而将简单指数外推预测问题转化为直线趋势外推模型。

5.2.4 趋势外推模型选择原则

以上简要分析了直线、多项式和简单指数三种常见的趋势外推模型的函数形态与特点,且一般而言是基于最小二乘法原理确定模型中的参数。在实际的预测应用中,如何选择合适的趋势外推模型,使得客观事物的趋势外推预测效果更佳,这就是趋势外推模型的选择原则,这里简单介绍三种常见的模型选择原则:直接辨识法、特征分析法和预测效果比较法[1]。

1)直接辨识法

首先,将客观事物中待预测的时间序列描绘在坐标纸上,形成历史分布离散点图;其次,采用光滑线条将历史分布离散点连接起来,形成数据分布的趋势图;最后,将实际数据趋势图与各种常见类型的趋势曲线对照,直观选择合适的趋势外推模型。

2)特征分析法

在充分分析待预测时间序列的历史数据特征的基础上,选择相似度程度最高的趋势曲线作为趋势外推模型。

3)预测效果比较法

针对时间序列的一组历史数据,选用不同的趋势曲线作为趋势外推预测模型,通过比较候选趋势外推模型的预测评估指标(如平均相对误差绝对值等),以选择最佳预测模型。

5.3 灰色预测法

5.3.1 定义

灰色预测法是基于灰色理论的预测方法。灰色理论是我国控制论专家华中科技大学邓聚龙教授于 1982 年创立的一门新兴学科结构体系,在理论上以灰色朦胧集为基础,在分析上以灰色关联空间为依据,在方法上以灰色序列生成为基石,灰色模型已经被广泛应用到不同领域中的系统评估、分析、预测、控制、决策、优化等方面。在控制论理论中,人们通常用颜色的深浅来生动描述信息的明确程度:(1)若一个系统内部对外界而言,信息是完全明确的,则称之为白色系统;(2)若一个系统内部信息特征对外界而言是完全未知的,则称之为黑色系统;(3)灰色系统是介于白色系统与黑色系统之间的一种系统,即灰色系统内部对外界而言,部分信息明确,部分信息不明确,它是一个贫信息的不确定系统。

针对这类既含有已知信息,同时又含有未知信息的不确定系统的预测问题,灰色系统理论认为尽管该类不确定系统的发展过程具备随机性,但依然存在一定有序与有界的潜在规律性,可运用不确定系统这类潜在规律展开预测,灰色预测法就是通过建立灰色模型对灰色系统展开预先估计与推测。因此,灰色预测法的定义可表述如下:基于灰色理论将待预测时间序列进行灰色加工和处理,以弱化原始序列的随机性,生成较强规律性的新数据序列,从内部结构和参数去研究待预测系统,寻求时间序列内在发展变化规律,之后建立微分方程,从而预测不确定系统未来发展趋势的状况。灰色预测法实现简单,所需样本数据较少,具备一定的预测精度,能较好反映出待预测系统的未来发展趋势,其中,GM(1,1)是应用最广泛的灰色预测模型,下面将给出 GM(1,1)预测模型的构建流程。

5.3.2 建模方法

假设待预测的原始数据序列为 $x^{(0)} = [x^{(0)}(1), x^{(0)}(2), \cdots, x^{(0)}(n)]$,其中,$n \geqslant 4$ 且原始时间序列均为非负数,则该时间序列的 GM(1,1)灰色预测建模步骤如下[2]:

(1)累加操作求 1-AGO 序列,消除原始时间序列的随机性,这个过程实际上也是原始灰色系统由灰变白的过程,进而生成相对具有一定规律的新数据序列,这样突出了待预测时间序列潜在的内部规律,获得原始时间序列的 1-AGO 序列 $x^{(1)}(0) = [x^{(1)}(1), x^{(1)}(2), \cdots, x^{(1)}(n)]$,其中 $x^{(1)}(k) = \sum_{i=1}^{k} x^{(0)}(i), k = 1, 2 \cdots n$。

在累加操作的灰色加工和处理过程中,累加次数越多,原始时间序列中随机特征弱化得越充分,当累加次数满足一定的限定值后,可认为原始时间序列中的随机特征已经基本被消除,由随机时间序列转化为非随机时间序列,挖掘出了原始灰色系统的潜在规律性。在实际应用过程中,累加操作或累减操作都可以在一定程度上消除数据序列的随机性特征。

(2)根据灰色理论,建立一阶微分方程。

$$\frac{\mathrm{d}x^{(1)}}{\mathrm{d}t}+ax^{(1)}=u \tag{5-6}$$

式中,参数 u 为灰作用度,反映事物发展变化的关系;a 为发展系数。

(3)求解上述的一阶微分方程可得灰色预测表达式。

$$\hat{x}^{(1)}(k+1)=\left[x^{(0)}(1)-\frac{\hat{u}}{\hat{a}}\right]e^{-\hat{a}k}+\frac{\hat{u}}{\hat{a}} \tag{5-7}$$

对其展开累减可得预测值为

$$\hat{x}^{(0)}(k+1)=(1-e^{\hat{a}})\left(x^{(0)}(1)-\frac{\hat{u}}{\hat{a}}\right)e^{-\hat{a}k} \tag{5-8}$$

式中,$k=0,1,2,3\cdots n$;由式(5-9)求解参数 u 和 a。

$$\begin{bmatrix} x^{(0)}(2) \\ x^{(0)}(3) \\ \vdots \\ x^{(0)}(n) \end{bmatrix} = \begin{bmatrix} -\frac{1}{2}\left[x^{(1)}(1)+x^{(1)}(2)\right] & 1 \\ -\frac{1}{2}\left[x^{(1)}(2)+x^{(1)}(3)\right] & 1 \\ \vdots & \vdots \\ -\frac{1}{2}\left[x^{(1)}(n-1)+x^{(1)}(n)\right] & 1 \end{bmatrix} \begin{bmatrix} a \\ u \end{bmatrix} \tag{5-9}$$

5.4 神经网络预测法

5.4.1 定义

人工神经网络是由大量模拟生物神经网络特性的处理单元(人工神经元)互相连接而成的网络,以自适应、自学习和高容错的模式调整神经元之间的连接权值,构造实现特定记忆功能的网络结构,得到满足一定要求的网络输出,达到处理信息的目的,从而实现对特定问题的求解。神经网络已被广泛应用到模式识别、系统辨识、智能计算、智能控制、信号处理、组合优化、故障诊断、金融决策、数据挖掘、预测等领域。顾名思义,神经网络预测法就是构造合适的神经网络对客观事物未来发展趋势展开预测的方法。神经网络预测法具有自适应性、自学习性和并行性的特征,能较好捕捉待预测客观事物与影响因素之间的复杂非线性关系。

人工神经网络的基本处理单元是人工神经元,早在 1943 年,McCulloch 和 Pitts 就构建了最简单的人工神经元模型,简称 M-P 模型,如图 5-1 所示。其中,$(x_1, x_2, \cdots, x_n)$ 为人工神经元的输入向量,它来源于外部环境或其他神经元;w_i 表示与神经元 x_i 的连接权值;θ 为阈值。因而,图 5-1 中的人工神经元的计算过程可以表达为式(5-10)。

$$y_j = f\left(\sum_{j=1}^{n} w_{ij} x_j - \theta_i\right) \tag{5-10}$$

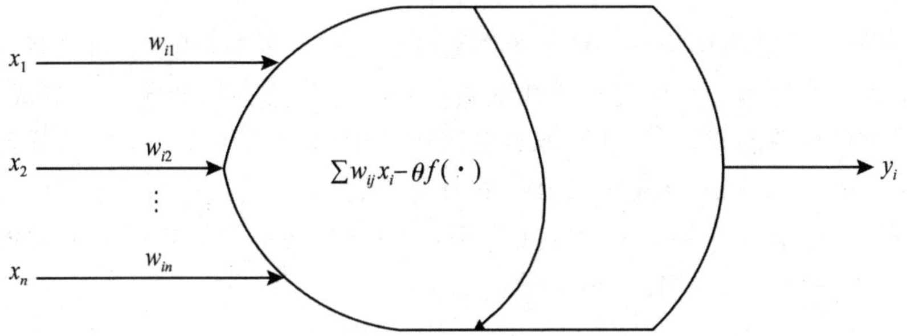

图 5-1　人工神经元模型

在上述人工神经元的计算过程中,神经元的输出由函数 f 表示,一般可采用线性函数、带限的线性函数、阈值型函数、Sigmoid 函数和双曲函数这五种常见类型的函数表达式来模拟神经网络的非线性特征[3]。

1)线性函数

$$f(x) = ax$$

2)待限的线性函数

$$f(x) = \begin{cases} \lambda, & x \geqslant \lambda \\ x, & |x| < \lambda \\ -\lambda, & x < \lambda \end{cases}$$

3)阈值型函数

$$f(x) = \begin{cases} 1, & x \geqslant \theta \\ 0, & x < \theta \end{cases}, \text{其中}, \theta \text{为神经元阈值。}$$

4)Sigmoid 函数

$$f(x) = \frac{1}{1 + e^{-x}}$$

5)双曲函数

$$f(x) = \frac{1 - e^{-x}}{1 + e^{-x}}$$

根据神经元连接方式的不同,人工神经网络可分成前向网络、具有反馈的前向网络、层内有相互结合的前向网络、相互结合型网络等。在众多类型的神经网络之中,BP(Back Propagation Neural Network)神经网络作为一种最常见的多层前向神经网络,已被人们广泛应用于预测领域。

5.4.2　建模方法

BP神经网络模型是一种基于误差的反向传播算法,理论上可描述任意从输入空间到输出空间的非线性映射,由输入层、隐含层和输出层构成,其中隐含层为单层或多层。BP神经网络包括前向计算和误差反向传播计算两部分,本质上以网络连接权值和阈值为变量,误差为目标的多元极值寻优问题。以第L层中第j个神经元为例,说明BP网络中各神经元之间的关系,输入输出关系可用式(5-11)表示:

$$y_j^{(L)} = f_j^{(L)} (w_{ij}^{(L-1)} y_i^{(L-1)} - \theta_j^{(L)}) \qquad (5-11)$$

式中,$L=1,2,\cdots M$;$j=1,2,\cdots N_L$;$w_{ij}^{(L-1)}$为第$L-1$层的第i个神经元到第L层第j个神经元的连接权值;$\theta_j^{(L)}$为第L层第j个神经元的阈值;N_L为第L层的神经元个数;M为神经网络的总层数;f_j^l为神经元的传递函数;y_i^{L-1}是第$L-1$层第i个神经元的输出。传递函数f在全局可微,假设采用Sigmoid函数,则数学表达式如式(5-12):

$$f(x) = \frac{1}{1+e^{-x}} \qquad (5-12)$$

在BP神经网络学习训练的过程中,首先展开前向计算,输入信息从输入层经各个隐含层处理并传向输出层,若实际输出与期望输出不符合,则转向误差的反向传播阶段,调整各层权值后,再次按照前向传递方式得到输出,反复计算直至BP网络输出在期望误差范围内或达到最大迭代步数为止。

基于BP神经网络的预测方法建模步骤如下:

(1)时间序列的归一化处理。

(2)BP网络参数的选择(输入输出神经元数目、隐含层神经元数目等)。

(3)BP网络训练模式的确定(训练算法、训练步数、目标误差等)。

(4)BP网络训练(前向计算和误差反向传播计算,调整各层连接权值,使训练样本输出尽可能满足误差要求)。

(5)BP神经网络测试(评价训练后的BP神经网络性能)。

(6)BP神经网络预测。

5.5　回归预测法

5.5.1　定义

在现实世界中,各种变量之间常存在不同程度的联系,该联系大致可分成两大类:确定性联系与非确定性联系。其中,确定性联系可以用函数明确表达变量之间的关系,而非确定性关系则不能直接用普通函数表达变量之间的关系。回归分析预测法,是在充分分析待预测客观事物与各影响因素的基础之上,梳理出待预测时间序列(因变量)与影响因素(自变量)之间的相互关系,构建因变量与自变量之间的回归方程,并将该回归方程用作预测模型,依据自变量在预测时间窗口的数量变化趋势来预先估计与推测因变量未来状态与发展趋势。回归预测法是一种简单实用的、行之有效的预测方法,经常用于中短期预测。

根据回归预测法中相互关系中自变量个数的不同,回归预测方法可以分成一元回归预测方法和多元回归预测方法。在一元回归预测方法中,自变量数目仅一个,而在多元回归预测方法中,自变量数目有两个或两个以上。依据自变量与因变量相关关系类型的差异,回归预测又可大致分成线性回归预测方法和非线性回归预测方法。下面结合这两种分类原则,简单介绍一元线性回归预测方法、多元线性回归预测方法、非线性回归预测方法。

1)一元线性回归预测方法

依据自变量 x 与因变量 y 之间的相互关系,建立的一元线性回归预测模型如式(5-13)所示。

$$\hat{y}_t = ax_t + b \tag{5-13}$$

式中,x_t 和 $\hat{y}_t$ 分别为 t 时刻的自变量与因变量的值;a 和 b 为一元线性回归方程的参数。

与此同时,根据自变量和因变量的历史统计数据 $\{x_0, x_1, \cdots x_n\}$ 和 $\{y_0, y_1, \cdots y_n\}$,求解式(5-13)中的参数 a 和 b,这里历史数据的下标 $\{0, 1, \cdots, n\}$ 代表的是时间序号。

$$\begin{cases} a = \dfrac{\sum\limits_{i=1}^{n} y_i - b \sum\limits_{i=1}^{n} x_i}{n} \\[4mm] b = \dfrac{n \sum\limits_{i=1}^{n} x_i y_i - \sum\limits_{i=1}^{n} x_i \sum\limits_{i=1}^{n} y_i}{n \sum\limits_{i=1}^{n} x_i^2 - (\sum\limits_{i=1}^{n} x_i)^2} \end{cases}$$

在实际回归预测应用过程之中,只有当待预测客观事物的各影响因素(自变量)中存在一个特别显著作用的影响因素时,才能采用一元回归预测方法,这里主要因为现实世界中,待预测事物的影响因素通常多余一个,人们应通过相关分析等手段,按影响因素对待预测客观事物的作用程度,选择合适的自变量。

2)多元线性回归预测方法

依据自变量 $\{X_1, X_2, \cdots, X_n\}$ 与因变量 y 之间的相互关系,建立的多元线性回归预测模型如式(5-14)所示。

$$\hat{y} = a_1 X_1 + a_2 X_2 + \cdots + a_n X_n + b \tag{5-14}$$

式中,X_i 为自变量(待预测客观事物的影响因素);$\hat{y}$ 为因变量;a_i 和 b 为多元线性回归方程的参数。事实上,多元线性回归预测方法与一元线性回归预测方法在本质上无区别,依然可通过历史数据构建方程组,结合最小二乘法求解多元线性方程组参数。

3)非线性回归预测方法

上述一元线性回归预测模型和多元线性回归预测模型中,假定自变量(影响因素)与因变量(待预测客观事物)之间的关系为线性关系,但现实中预测问题有时极其复杂,自变量与因变量之间的关系存在不同程度的非线性关系,线性回归预测模型不适用,因此需建立非线性回归预测模型。常见的非线性回归模型包括:双曲线模型、二次曲线模型、三角函数模型、指数模型、幂函数模型、对数模型等。一般而言,针对非线性回归模型,求解策略包括:(1)换元法转化为线性模型求解;(2)非线性模型求解。

5.5.2　建模方法

回归预测法的建模步骤大致如下:

1)依据待预测客观事物,明确因变量与自变量

针对预测任务,收集相关资料和数据(数据保证真实性和完整性,且异常数据应剔除或修正),分析客观事物发展规律、存在哪些影响因素、影

响因素对待预测事物的作用程度,定性与定量分析相结合,明确回归预测模型中自变量和因变量是什么,自变量与因变量之间关系是什么(线性还是非线性等)。

2)构建回归预测模型

利用所收集的自变量与因变量历史数据等统计资料,初步建立回归方程,即回归预测模型。

3)因变量与自变量相关程度测算

通过相关分析,计算自变量与因变量的相关系数,用以衡量自变量与因变量是否相关、相关程度又如何,辨识构建的回归预测模型是否有意义。若自变量与因变量之间不存在明显相关性,则回归预测模型需重新建立。

4)回归预测模型的检验

回归预测模型是基于待预测客观事物与影响因素之间存在因果关系的基础上,是否能实用,需对构建的回归模型进行 F 检验(回归方程显著性检验)、t 检验(对回归系数的显著性检验)、多重共线性检验、D-W 检验(自相关性检验)、模型拟合优度检验和预测误差计算,只有通过检验和符合预测精度要求,才能将构建的回归预测模型应用于实际预测[4]。

5)展开预测

根据上述建立的回归预测模型,对因变量展开预先估计与推测,获取待预测客观事物未来状态与发展趋势。

5.6　自回归预测法

5.6.1　定义

自回归预测模型起源于统计学上的回归分析,利用待预测时间序列的 p 期历史数据 $\{X_{t-1}, X_{t-2}, \cdots, X_{t-p}\}$,依据数据序列自身的相关关系(不同时期取值之间存在的依存关系),建立回归方程进行预测,在这个回归计算过程中,自变量与因变量均为待预测时间序列(因变量为 X_t,自变量为待预测时间序列向过去推移若干期的时间数列 $\{X_{t-1}, X_{t-2}, \cdots, X_{t-p}\}$),属于自己同自己的回归,所以称为自回归模型,其表达式如式(5-15)所示[5]:

$$X_t = c + \sum_{i=1}^{p} \varphi_i X_{t-i} + \varepsilon_t \qquad (5-15)$$

式中,X_t 为 t 时刻的数值;ε_t 为均值等于 0 和标准差等于 σ 的随机误差项,

且 σ 在任何时刻 t 不变。

根据自回归预测模型的定义可知,自回归预测模型的优点在于所需待预测客观事物的历史数据量较少,但待预测时间序列需存在自相关性,适用于时间序列受历史影响较多的预测问题,而不太适用于受外界因素影响较多的时间序列的预测问题。

5.6.2　建模方法

自回归预测模型的主要步骤如下:

1)构建自相关数列

依据待预测时间序列历史数据的周期性变化规律,将其合理地划分成为自变量数列与因变量数列,使之具备可比性,为回归模型构建提供候选数据。其中,因变量数列的项数依据原始数据序列的周期性特点确定,而自变量由原始时间序列向后推移获得。

2)确定回归模型

计算自变量数据序列的自相关系数,依据自相关系数,确定自变量,用以构建回归模型,并确定拟构建的回归模型类型(线性回归还是非线性回归,一元回归还是多元回归等)。

3)估计参数

自回归预测模型中参数的求法,与上述其他回归模型的参数求法类似,这里不再重复叙述。

4)自回归预测模型的检验

对自回归预测模型的可靠性校验,与其他回归预测模型类似,这里同样不重复叙述,只有通过检验和符合预测精度要求,才能将构建的自回归预测模型应用于实际预测。

5)利用自回归模型预测

根据上述建立的自回归预测模型,对因变量展开预先估计与推测,获取待预测时间序列的未来状态与发展趋势。

5.7　指数平滑预测法

5.7.1　定义

美国学者布朗在《库存管理的统计预测》中提出了指数平滑法,它是在移动平均法基础上发展起来的一种时间序列预测方法,引入了一个简化的加权因子(平滑系数),通过对历史时间序列的逐层平滑计算,消除原始时间序列的随机因素影响,以求得待预测时间序列的发展规律,实现对其预测的目的。布朗认为:指数平滑法的核心思想是客观事物发展态势具备规则性或规律性,所以时间序列可按照该态势推延,且最近的过去态势,在某种程度上会持续到时间序列发展的最近未来,遵循"重近轻远"的基本原则[6]。

其中,平滑系数代表了指数平滑模型对时间序列数据变化的反映速度,又决定了预测模型对误差的修正能力,体现了各期观察值在指数平滑值中的比重,平滑系数越小,则权数变化越缓慢,所求得的指数平滑越接近指数平滑值(应对)。因此,在实际的指数平滑预测模型构建过程中,通常根据待预测时间序列发展趋势的预判(经验判断),通过尝试预测的方法来给定平滑系数。

5.7.2　建模方法

三次指数平滑模型(Triple Exponential Smoothing Model,TESM)是一种应用较为广泛的指数平滑预测模型,算法流程如下:

(1)待预测时间序列的平滑计算:

$$\begin{cases} S_t^{(1)} = \partial y_t + (1-\partial)S_{t-1}^{(1)} \\ S_t^{(2)} = \partial S_t^{(1)} + (1-\partial)S_{t-1}^{(2)} \\ S_t^{(3)} = \partial S_t^{(2)} + (1-\partial)S_{t-1}^{(3)} \end{cases} \tag{5-16}$$

式中,∂ 为指数平滑模型中的平滑系数,$0 \leqslant \partial \leqslant 1$;$y_t$ 为待预测时间序列的真实值;$S_T^{(n)}$ 为 n 次指数平滑的评估值。

(2)三次指数平滑模型的构建:

$$\hat{y}_{t+k} = a_t + b_t k + c_t k^2 \tag{5-17}$$

其中,$k = 1, 2, 3, 4 \cdots$;$\begin{cases} a_t = 3S_t^{(1)} - 3S_t^{(2)} + S_t^{(3)} \\ b_t = \dfrac{\partial}{2(1-\partial)^2} \left[(6-5\partial)S_t^{(1)} - 2(5-4\partial)S_t^{(2)} + (4-3\partial)S_t^{(3)} \right] \\ c_t = \dfrac{\partial^2}{2(1-\partial)^2} \left[S_t^{(1)} - 2S_t^{(2)} + S_t^{(3)} \right] \end{cases}$

令 $k=1$,则三次指数平滑模型可以表达为式(5-18):

$$\hat{y}_{t+1} = \frac{3-3\partial+\partial^2}{(1-\partial)^2}S_t^{(1)} - \frac{3-\partial}{(1-\partial)^2}S_t^{(2)} + \frac{1}{(1-\partial)^2}S_t^{(3)} \tag{5-18}$$

(3)三次指数平滑预测模型的检验。

(4)利用构建的三次指数平滑预测模型展开预测。

5.8 预测算例

以我国国内生产总值为预测对象,并以 1978—2010 年的国内生产总值为构建上述预测模型的基本数据,2011—2013 年的国内生产总值作为预测检验样本(我国国内生产总值如表 5-1 所示)。

表 5-1　1978—2013 年我国国内生产总值 GDP(数据来源:中国统计年鉴)

年份	GDP/亿元	年份	GDP/亿元	年份	GDP/亿元
1978	3645.217	1990	18667.82	2002	120332.7
1979	4062.579	1991	21781.5	2003	135822.8
1980	4545.624	1992	26923.48	2004	159878.3
1981	4891.561	1993	35333.92	2005	184937.4
1982	5323.351	1994	48197.86	2006	216314.4
1983	5962.652	1995	60793.73	2007	265810.3
1984	7208.052	1996	71176.59	2008	314045.4
1985	9016.037	1997	78973.03	2009	340902.8
1986	10275.18	1998	84402.28	2010	401512.8
1987	12058.62	1999	89677.05	2011	473104
1988	15042.82	2000	99214.55	2012	519470.1
1989	16992.32	2001	109655.2	2013	568845.2

1)三次多项式趋势外推模型(PTEM)

针对我国 1978—2010 年的 GDP 建立的三次指数平滑模型为:

$$y(k) = 25.653k^3 - 723.16k^2 + 7954.9k - 14923$$

其中,$k=1$ 时代表 1978 年的 GDP。

2)$GM(1,1)$预测模型

针对我国 1990—2010 年的 GDP 建立的 $GM(1,1)$预测模型为:

$$\hat{x}^{(1)}(k+1) = 182117.8e^{0.1385k} - 163450$$

其中,$k=0$ 时代表 1990 年。

还原值为:$y'(k+1) = \hat{x}^{(1)}(k+1) - \hat{x}^{(1)}(k)$

3）BP 神经网络预测模型（BP）

BP 神经网络均采用 3-13-1 结构，即三层，输入层为 3 个单元节点，隐含层为 13 个单元节点，输出层为一个单元节点，输入层到隐含层的传递函数为 logsig，隐含层到输出层的传递函数为 purelin，训练函数为 traingdm，学习率 0.1，动量因子 0.2，训练误差 0.0001，最大训练步数为 10000。

4）回归预测模型（LR）

基于文献资料分析可知，我国国内生产总值与社会消费品零售总额、固定资产投资总额和进出口总额密切相关，因此，以上述三个影响因素作为自变量的回归模型（自变量与因变量数据如表 5-2，以 2000—2010 年数据构建回归模型，2011—2013 年的为检验样本数据）如下：

$$Y = 3.198X_1 - 0.7029X_2 + 0.549X_3 - 2.8936$$

表 5-2　2000—2013 年国内生产总值与主要影响因素统计数据

年份	国内生产总值 Y /万亿元	社会消费总额 X_1 /万亿元	固定资产投资 X_2 /万亿元	进出口总额 X_3 /万亿元
2000	9.921455431	3.91057	3.291773	3.92732
2001	10.96551706	4.30554	3.721349	4.21836
2002	12.03326893	4.81359	4.349991	5.13782
2003	13.58227561	5.25163	5.556661	7.04835
2004	15.98783379	5.9501	7.04774	9.55391
2005	18.4937369	6.83526	8.877362	11.69218
2006	21.63144259	7.91452	10.99982	14.0974
2007	26.58103058	9.35716	13.732394	15.064806
2008	31.40454271	11.48301	17.28284	16.68637
2009	34.09028126	13.26784	22.459877	17.992147
2010	40.15127952	15.69984	25.168377	20.172215
2011	47.31040486	18.39186	31.148513	23.640195
2012	51.94700992	21.0307	37.469474	24.41602
2013	56.88452098	24.28428	44.629409	25.81689

5）自回归预测模型（AR）

根据 1978—2013 年的货运量数据，建立的 3 阶 AR 预测模型如下：

$$\begin{cases} A(z)y(t)=e(t) \\ A(z)=1-1.608z^{-1}+0.1892z^{-2}+0.3989z^{-3} \end{cases}$$

6)三次指数平滑预测模型(TESM)

根据1978—2010年的货运量数据,建立的三次指数平滑预测模型如下:

$$y(k)=1665.338k^2+48655.56k+396672.2$$

其中,$k=0$时代表2011年份,平滑系数取0.3。

综合上述预测模型,2011—2013年我国国民生产总值预测值如表5-3所示,其中MAPE为平均绝对百分比误差,上述模型的预测精度均可接受。

表5-3 2011—2013年我国国民生产总值预测值

年份	实际值	PTEM	GM(1,1)	BP	LR	AR	TESM
2011	473104	531104.41	431973.2	472830.4	470077.5	455841.9	446983.3
2012	519470.1	531104.41	496152.7	518401.6	514296.8	548775.1	500605.2
2013	568845.2	531104.41	569867.4	531107.6	575709.9	585609.3	557537.7
MAPE(%)		7.04	4.45	2.30	0.95	4.08	3.71

5.9 总结

不同类别的单一预测方法能从不同角度反映事物的发展规律,这里简要分析了趋势外推预测法、灰色预测法、神经网络预测法、回归预测法、自回归预测法和指数平滑预测法的定义、参数选择和建模步骤,并通过预测我国国内生产总值的算例简要地给出上述模型的预测流程,预测结果表明,这里构建预测模型均能取得不错的预测效果。针对现实世界中的实际预测问题,应结合待预测时间序列的特点,选择合适模型展开预测。

参考文献

[1]陶菊春.趋势外推预测模型的识别与选择研究[J].西北师范大学学报(自然科学版),2005,41(6):14-17.

[2]何俊,张玉灵.灰色预测模型的优化及应用[J].数学的实践与认识,2013,43(6):86-91.

［3］史忠植.知识发现［M］.北京:清华大学出版社,2002.

［4］杨桂元.回归预测中应注意的问题［J］.统计与信息论坛,2001,16(48):4-7,27.

［5］周程,李松.基于多重"分解-集成"策略的物流货运量预测［J］.交通运输系统工程与信息,2015,15(1):150-158.

［6］吴德会.动态指数平滑预测方法及其应用［J］.系统管理学报,2008,17(2):151-155.

第6章 组合预测理论

组合预测方法是指针对同一个预测问题,综合采用两种及两种以上不同预测方法,以全面利用各种方法的信息,提高预测精度的方法。组合预测既可以是几种不同定量方法的组合,也可以是几种不同定性方法的组合。组合预测中的关键问题在于组合赋权,常见的赋权方法包括等权法、变权法、平均绝对值误差法、熵权法、最优权值法等。

6.1 传统赋权策略

6.1.1 等权法

6.1.1.1 等权平均法

等权平均法是一种常用的组合预测方法。其主要思想是将各单项预测模型对组合预测目标的预测效果同等看待,并且赋予每个子模型相等的权重系数。具体方法如下:

设 $Y_i(i=1,2,\cdots,m)$ 为第 i 个模型的预测值,Y_c 代表组合预测值,w_i 代表权重系数,则有

$$w_i = \frac{1}{m} \tag{6-1}$$

$$Y_c = \frac{1}{m}\sum_{i=1}^{m} Y_i \tag{6-2}$$

这种方法通常在不了解各个模型的重要程度时使用,计算较为简单方便,且权重系数自动满足非负条件。缺点在于它对各个子模型都同等对待,不分主次,其预测结果存在较大的误差。

6.1.1.2 改进方法

1)预测误差平方和倒数法

预测误差平方和倒数法又称为方差倒数法,是对等权平均法的一种改

进。预测误差平方和是反映预测准确度的一个指标。预测误差平方和越大,说明该模型的预测准确度越低,它在组合预测中的重要性也越低,从而权重系数就越小,反之,预测误差平方和越小的单项预测模型应赋予较大的权重值。则有

$$w_i = \frac{E_i - 1}{\sum\limits_{i=1}^{m} E_i - 1} \tag{6-3}$$

$$Y_c = \sum\limits_{i=1}^{m} w_i Y_i \tag{6-4}$$

式中,$\sum\limits_{i=1}^{m} w_i = 1, i = 1, 2, \cdots, m, w_i \geqslant 0$;$E_i$ 为第 i 个单项预测模型的误差平方和。

2)简单加权平均法

简单加权平均法是一种非等权平均方法,它对各个单项预测模型的误差平方和 E_i 进行排序,根据各个单项预测模型的误差平方和与权重系数成反比的规律可知,排序越靠前的权重系数应越小。即

$$w_i = \frac{i}{\sum\limits_{i=1}^{m} i} = \frac{2i}{m(m+1)} \tag{6-5}$$

$$Y_c = \sum\limits_{i=1}^{m} w_i Y_i \tag{6-6}$$

式中,$\sum\limits_{i=1}^{m} w_i = 1, i = 1, 2, \cdots, m, w_i \geqslant 0$;$E_i$ 为第 i 个单项预测模型的误差平方和。

6.1.2　变权法

由于预测目标不是一成必变的,随时会受到外界影响,使得各个单项预测模型在不同时刻对组合预测模型的作用效果也不一样。基于此,变权组合预测方法考虑到了不同时刻各单项预测模型效果的差异。在原假设条件中子预测模型的固定权重中加入时间因素,其余条件不变,建立预测模型。

变权组合预测模型的关键在于确定权重系数,而确定权重系数的方法也是多样的,包括以相对误差的最大值达到最小为目标、以绝对误差和达到最小为目标和以误差平方和达到最小为目标等。在实际预测过程中,要根据具体情况和样本特点来选择并优化其求解方式。下面以误差平方和达到最小值为例,说明变权组合预测方法,具体如下:

6.1.2.1 变量说明

设在一组合预测问题中，共有 m 个单项预测模型，并假设：

$Y(t)$：第 t 期的实际观察值；

$\hat{Y}_i(t)$：第 i 个预测模型的第 t 期的预测值；

$w_i(t)$：第 i 个预测模型的第 t 期的权重值；

满足 $\sum_{i=1}^{m} w_i(t) = 1$，其中，$t = 1, 2, \cdots, m$；$w_i(t) \geqslant 0, i = 1, 2, \cdots, m$。

则变权组合预测模型预测的第 t 期的值为：

$$\hat{Y}(t) = \sum_{i=1}^{m} w_i(t)\hat{Y}_i(t) \tag{6-7}$$

6.1.2.2 确定最佳权重系数

基于最小二乘法思想，最佳权重系数应使 $S = \sum_{i=1}^{m} [\hat{Y}(t) - Y(t)]^2$ 达到最小。由于

$$
\begin{aligned}
et &= \hat{Y}(t) - Y(t) = \sum w_i(t)[\hat{Y}(t) - Y(t)] \\
&= [e_{1t}, \cdots, e_{mt}][w_1(t), \cdots, w_m(t)]^{\mathrm{T}}
\end{aligned} \tag{6-8}
$$

所以

$$
\begin{aligned}
e_t^2 &= [w_1(t), \cdots, w_m(t)][e_{1t}, \cdots, e_{mt}]^{\mathrm{T}} \cdot [e_{1t}, \cdots, e_{mt}] \\
&\quad [w_1(t), \cdots, w_m(t)]^{\mathrm{T}} = W_t^{\mathrm{T}} A_t W_t
\end{aligned} \tag{6-9}
$$

其中，$W_t = [w_1(t), \cdots, w_m(t)]^{\mathrm{T}}$；$A_t = [e_{1t}, \cdots, e_{mt}]^{\mathrm{T}} \cdot [e_{1t}, \cdots, e_{mt}]$，故此问题可以用下面规划方法解决：

$$
\begin{cases}
\min S \\
R^{\mathrm{T}} W_t = 1 \\
W_t \geqslant 0 \\
t = 1, 2, \cdots, M
\end{cases}
$$

又由于

$$
\begin{aligned}
\min S &= \min[e_1^2 + e_2^2 + \cdots + e_M^2] = \min e_1^2 + \min e_2^2 + \cdots + \min e_M^2 \\
&= \min W_1^{\mathrm{T}} A_1 W_1 + \cdots + \min W_M^{\mathrm{T}} A_M W_M
\end{aligned}
$$

所以得最优解为：

$$w_t = \frac{A_t^{-1} R}{R^{\mathrm{T}} A_t^{-1} R} \quad (t = 1, 2, \cdots, M) \tag{6-10}$$

$$R = (1, \cdots, m)^{\mathrm{T}} (m \ \text{维})$$

6.1.2.3　确定组合预测值

最后将求得的最佳权重系数 $w_i(t)$ 及各个单项预测模型对应的预测值代入变权组合预测模型 $\hat{Y}(t) = \sum\limits_{i=1}^{m} w_i(t)\hat{Y}_i(t)$ 中,求出组合预测值。

6.1.3　平均绝对值误差法(MAPE 法)

在介绍平均绝对值误差法(MAPE 法)之前,先引入平均绝对误差(MAE)的概念。平均绝对误差(Mean Absolute Error)是绝对误差的平均值,能更好地反映预测值误差的实际情况,其公式如下:

$$MAE(y,\hat{y}) = \frac{1}{n}\left(\sum_{i=1}^{n}|y-\hat{y}|\right) \tag{6-11}$$

式中,y 为真实值,$\hat{y}$ 为预测值,n 为值的个数。MAE 的值越小,说明预测模型拥有更好的精确度。范围 $[0,+\infty)$,当预测值与真实值完全吻合时等于 0,即完美模型;误差越大,该值越大。而平均绝对值误差法(Mean Absolute Percentage Error,MAPE 法),其公式如下:

$$MAPE(y,\hat{y}) = \frac{\sum_{i=1}^{n}\left|\dfrac{y_i-\hat{y}_i}{y_i}\right|}{n}\times 100 \tag{6-12}$$

式中,y_i 为真实值,$\hat{y}_i$ 为预测值,n 为值的个数。范围 $[0,+\infty)$,MAPE 为 0％表示完美模型,MAPE 大于 100％则表示劣质模型。可以看到,MAPE 跟 MAE 很像,就是多了个分母。注意当真实值有数据等于 0 时,存在分母 0 除问题,该公式不可用。

MAPE(平均绝对百分比误差)通过计算绝对误差百分比来表示预测效果,其取值越小越好。区间范围的 MAPE(平均绝对百分比误差)是观测到的所有值的 MAPE 的均值,是模型的质量指标。MAPE 为 0 表示完美模型,MAPE 大于 1 则表示劣质模型。例如,MAPE 为 0.12 表示预测误差为 12％,即平均来算,88％的预测值可以由模型解释。

许多组织在评估预测准确性时主要关注 MAPE。大多数人都习惯用百分比来思考,这使得 MAPE 易于理解。当你不知道物品的需求量时,它也能传达信息。例如,如果你的经理不知道某个商品的典型需求量,那么告诉你的经理“我们的折扣低于 4％”比说“我们的折扣低于 3000 箱”更有意义。

MAPE 对比例敏感,在处理小容量数据时不应使用。请注意,因为“实

际"是方程式的分母,所以当实际需求为零时,MAPE 是未定义的。此外,
当实际值不是 0,但非常小时,MAPE 通常会采用极值。

6.1.4　熵权法

熵值法是较为客观地对指标或相关因素给予权重的方法,它通过分析
计算指标或相关因素的信息熵,根据指标或相关因素的相对变化程度或变
异程度对系统整体的影响来进行指标权重赋予的决策,变异程度、相对变化
程度大的指标或相关因素具有较大的权重。熵是对不确定性的一种度量。
熵值法计算步骤如下:

原始数据的收集与整理:假定需要评价或预测某项数据 m 年的发展情
况或未来趋势,评价权重指标体系包括 n 个指标,样本数为 m,指标数为 n,
通过分析,做出源数据矩阵。

$$X = (x_{ij})_{m \times n} = \begin{bmatrix} x_{11} & x_{12} & \cdots & x_{1n} \\ x_{21} & x_{22} & \cdots & x_{2n} \\ \cdots & \cdots & \cdots & \cdots \\ x_{m1} & x_{m2} & \cdots & x_{mn} \end{bmatrix} = \begin{bmatrix} \sum_{k=1}^{v} \gamma_k x_{11}^k & \cdots & \sum_{k=1}^{v} \gamma_k x_{1n}^k \\ \sum_{k=1}^{v} \gamma_k x_{21}^k & \cdots & \sum_{k=1}^{v} \gamma_k x_{2n}^k \\ \cdots\cdots\cdots\cdots \\ \sum_{k=1}^{v} \gamma_k x_{m1}^k & \cdots & \sum_{k=1}^{v} \gamma_k x_{mn}^k \end{bmatrix}$$

式中,x_{ij} 为第 i 个样本第 j 项评价指标的数值。

因为各指标或相关因素的单位、数量级比各有差异,所以为消除因单位
各异对整体评价结果的影响,则需要对各指标相关因素进行标准化处理。

$$x_{ij}' = \frac{x_{ij} - \overline{x}_j}{S_j}$$

其中:

$$\overline{x}_j = \frac{1}{n} \sum_{i=1}^{n} (x_{ij} - \overline{x}_j)^2, S_j = \frac{1}{n-1} \sum_{i=1}^{n} (x_{ij} - \overline{x}_j)^2$$

式中,$\overline{x}_j$ 为第 j 项指标的平均值;S_j 为第 j 项指标的标准差。

计算第 j 项指标下第 i 年份指标值的比重 y_{ij}:

$$y_{ij} = \frac{x_{ij}'}{\sum_{i=1}^{m} x_{ij}'}, 0 \leqslant y_{ij} \leqslant 1$$

由此,可以建立数据的比重矩阵 $Y = \{y_{ij}\}_{m \times n}$。

计算第 j 项指标的信息熵值的公式:

$$e_j = -\frac{1}{\ln m}\sum_{i=1}^{m} y_{ij}\ln y_{ij} \tag{6-13}$$

　　某项指标相关因素的信息效用价值与该项指标相关因素的信息熵在 e_j 与 1 之间的差值紧密相关,差值直接影响权重的大小,信息效用值越大,则该指标对评价的重要性就越大,相应指标权重赋值也就越大。

$$t_j = 1 - e_j \tag{6-14}$$

　　利用熵值法估算各指标的权重,其本质是利用该指标的变异程度系数来计算,变异程度系数越高,其价值系数越高,对评价的重要性就越大。因此,第 j 项指标的权重为

$$\lambda_j = \frac{t_j}{\sum_{j=1}^{n} t_j} \tag{6-15}$$

6.1.5　最优权值法

　　权值法,顾名思义,即是权衡不同的情况并赋予不同的数值,这个数值即代表着这个情况的重要性。最优权值法是目前供应商定量选择最常使用的方法,基本原理是给每个准则分配一个权值,每个供应商的定量选择结果为该供应商各项准则的得分和相应准则的权值的乘积的和,通过对各候选供应商定量选择结果的比较,实现对供应商的选择。计算公式如下:

$$X = \sum_{i=1}^{N} w_i x_i \tag{6-16}$$

式中,X 为被评价方案的综合评价值;w_i 为各单项评价指标的权值数,$0 \leqslant w_i \leqslant 1$,$\sum_{i=1}^{n} w_i = 1$;$x_i$ 为各单项指标评价的评价值;n 为评价指标的数量。

　　对实际问题选定被综合的指标后,确定各指标的权值的方法有很多种。有些方法是利用专家或个人的知识和经验,所以有时称为主观赋权法。但这些专家的判断本身也是从长期实际中来的,不是随意设想的,应该说有客观的基础;有些方法是从指标的统计性质来考虑,它是由调查所得的数据决定,不需征求专家们的意见,所以有时称为客观赋权法。在这些方法中,德尔菲(Delphi)方法是经常被采用的,其他方法就相对来说用得不多。

　　德尔菲法又称为专家法,其特点在于集中专家的知识和经验,确定各指标的权重,并在不断地反馈和修改中得到比较满意的结果。基本步骤如下:

　　(1)选择专家。这是很重要的一步,选得好不好将直接影响到结果的准确性。一般情况下,选本专业领域中既有实际工作经验又有较深理论修养的专家 10～30 人左右,并需征得专家本人的同意。

（2）将待定权值的 p 个指标和有关资料以及统一的确定权值的规则发给选定的各位专家,请他们独立地给出各指标的权数值。

（3）回收结果并计算各指标权数的均值和标准差。

（4）将计算的结果及补充资料返还给各位专家,要求所有的专家在新的基础上确定权数。

（5）重复第（3）和第（4）步,直至各指标权数与其均值的离差不超过预先给定的标准为止,也就是各专家的意见基本趋于一致,以此时各指标权数的均值作为该指标的权值。

此外,为了使判断更加准确,令评价者了解已确定的权数把握性大小,还可以运用"带有信任度的德尔菲法",该方法需要在上述第（5）步每位专家最后给出权数值的同时,标出各自所给权数值的信任度。这样,如果某一指标权数的信任度较高时,就可以有较大的把握使用它,反之,只能暂时使用或设法改进。

6.2　基于"分解-集成"策略的预测方法

1）趋势分解策略

趋势分解具有明确的物理意义,趋势项受主导因素影响,预测值依靠历史数据,通过特定的趋势外推法求解,但对非趋势项采用单一模型校正,难以捕捉复杂的非趋势项发展规律。

2）EMD 分解策略

EMD 分解实施简单,自动完成分解,但存在模态混合现象,较难协调不同尺度内禀模态分量与众多影响因素的对应关系,缺乏物理意义。

3）小波分解策略

小波分解具备多尺度分析功能,对非趋势项的细节刻画能力较强,然而经小波分解的低频信息仅体现出时间序列的概貌,捕捉原始数据整体发展趋势的能力,则不如趋势分解。

参考文献

［1］李勤.组合预测方法研究综述［J］.价值工程,2012,31(29):23-25.

［2］张树山,孙毅,郭坤.供应链产品需求量变权重组合预测方法研究［J］.东北师大学报（哲学社会科学版）,2013(5):54-57.

［3］崔利刚,许茂增,客海生.基于预测期的变权重组合预测法及其应

用[J].统计与决策,2009(15):37-39.

[4]王福林,张晋国.变权组合预测模型中最优权系数估计问题的研究[J].系统工程理论与实践,1996(10):50-53.

[5]周传世,刘永清.变权重组合预测模型的研究[J].预测,1995(4):47-48+57.

[6]梅志红.满意评价方法及其应用研究[D].成都:西南交通大学,2004.

[7]王庆庆.我国国内石油供给的组合预测研究[D].杭州:浙江工商大学,2006.

[8]胡冰雪,曲波,刘洁,等.ARIMA 模型和 GM(1,1)模型在全国艾滋病发病率预测中的比较研究[J].预防医学情报杂志,2014,30(10):813-816.

[9]赵红越.三种期权定价模型的分析与比较[D].武汉:华中师范大学,2015.

第 7 章　改进 PSO-BP 的货运量 "分解-集成"预测

7.1　引言

科学预测货运量,对于物流体系规划、产业布局、引导资金健康有序投放,促进现代物流业更好服务于国民经济的可持续发展,具有重要战略意义,已成为政府、学术界和企业共同关注的热点问题之一。

近年来,国内外学者对货运量预测展开了大量深入研究,取得了较为丰富的研究成果,主要有指数平滑、趋势外推、线性回归、自回归、支持向量机、Delphi 法、灰色模型、神经网络、情景分析、Markov 模型、可计算一般均衡模型和组合预测等[1-2]。赵建有等[3]应用灰色关联度确定了公路货运量的影响因素(GDP、人口数量、社会消费零售总额和农副产品产值),建立了模糊线性回归预测模型。Ma 等[4]构建了一个无偏灰色模糊 Markov 模型,应用于民航货运量预测。熊琦和虞明远[5]利用情景分析方法对北京市道路省际客运需求进行了预测。戚铭尧等[6]在考虑货运交通成本及相关政策影响基础上,提出了可计算一般均衡的货运量预测模型。Lam 和 Ng[7]利用神经网络预测了香港 37 种不同类型的货运量。Duru[8]提出了一种干散货航运指数的 Delphi 预测模型。Wang 等[9]研究了客流量和货运量的弹性系数预测模型。黄虎等[10]应用支持向量机预测公路货运量。李程[11]通过诱导有序加权调和平均算子的组合模型预测民航货运量。周程和张培林[12]在灰色模型、趋势外推模型和指数平滑模型基础上,引入关联面积法确定组合权系数,构建物流货运量组合预测模型。

从目前掌握的文献资料来看,货运量影响因素众多(人口数量、社会经济、服务水平、消费水平等),作用程度也不一样,货运量预测问题呈现出较高非线性和模糊性,含有线性部分(受主导因素影响的货运量总体发展趋势项)和非线性部分(具有较强波动性、复杂性和不规则性的货运量非趋势项)。迄今为止,传统货运量预测大多以数学理论为基础,在若干假设前提下,通过推理和演绎,从时间序列的整体层面建模,难以充分揭示货运量的内在关联特性,导致预测可能因线性和非线性成分相互干扰而失真。当前,单一预测模型在待预测对象全维度数据层建立,无法兼顾货运量中不同成分数据的预测要求,致使预测性能劣化。组合预测模型综合利用了各种预测方法所蕴含的货运量动态信息,在一定程度上提高了预测精度,但组合赋权依然是难题。

因此,为了更精准地挖掘物流货运量这类非平稳时间序列发展规律,本文引入一种先分解后集成的预测思想:首先将较高复杂度的原始货运量分解成线性子序列(趋势项)和非线性子序列(非趋势项),分别建模展开预测,然后将子序列预测结果相加集成,形成最终预测结果,达到减弱线性和非线性成分之间干扰程度,降低预测问题复杂度和提高预测精度的目的。基于文献[3]和文献[6]分析,货运量中线性成分受人口数量、地区生产总值、固定资产投资等主导因素影响,考虑到线性回归模型能较好刻画货运量与主导影响因素之间相互关系,本文拟构造以上述影响因素作为自变量的线性回归模型,预测货运量的线性成分,约定非线性成分为原始货运量减去线性回归预测值的残差子序列。鉴于 BP 神经网络由大量的人工神经元组成,能较好映射货运量与影响因素之间的复杂非线性关系,已被广泛应用于货运量预测[7,13-14],本文选择 BP 神经网络预测货运量的非线性成分。然而,BP 神经网络在训练过程中存在对初始权值敏感、收敛速度慢和易陷入局部陷阱等问题。为此,研究者们融合了粒子群算法和 BP 神经网络,将 BP 网络权值和阈值作为粒子,利用 PSO 群体智能优化能力,构建的 PSO-BP 具有比传统 BP 更高的预测精度和更快的收敛速度[15-16]。据相关文献报道[17-20],标准 PSO 算法依然存在着收敛速度慢、容易陷入局部极值、求解精度不高的缺点,国内外学者提出的改进策略有:设置 PSO 自适应控制参数和引入扰动量,增强粒子跳出局部极值的能力等。针对传统 BP 和 PSO 存在的上述不足,本文拟在粒子群退火算法基础上,引入一种粒子时空调整策略(空间位置越界处理、空间位置更新因子和种群最优值连续未更新时间计数),提高粒子群算法寻优收敛速度和全局寻优能力,利用改进的 PSO 算法优化 BP 神经网络,求解货运量非线性成分的 BP 预测模型。

鉴于这样的背景和研究现状,有别于从货运量整体数据层面展开预测的传统思路,本文引入一种先分解后集成的预测策略,将非平稳的原始货运量分解成线性子序列和非线性子序列,逐个建立模型预测,选择相加集成的方法获得最终预测结果,有效降低了原问题的复杂度,提高了预测性能。具体说来,利用线性回归模型预测货运量线性成分,并提出了一种基于时空调整策略的改进 PSO 算法,优化 BP 神经网络,通过改进的 PSO-BP 预测货运量非线性成分,相加得最终预测结果。仿真测试和货运量预测实证表明:引入的粒子群时空调整策略是有效的 PSO 改进方法,加快了粒子群寻优速度和提高了全局寻优能力;与单一预测模型(指数平滑、多项式趋势外推、线性回归)和组合预测模型(等权法、MAPE 权法、熵权法、最优权值法)相比,基于先分解后集成的预测模型精度更高;与传统 BP 集成预测模型和标准 PSO-BP 集成预测模型比较,基于改进 PSO-BP 集成预测模型具有神经网络训练收敛快和预测精度高的优点。

7.2　基于改进 PSO-BP 的货运量集成预测方法

7.2.1　"分解-集成"预测建模思路

从系统科学的角度,物流是一个动态开放的复杂系统,由于组成要素的交互作用和外部因素的相互影响,该系统具备较强的突变性和非线性特征,使得传统线性研究范式难以处理该复杂系统相关预测问题[21-22]。货运量是物流系统动态运行形成的时间序列数据,受物流系统内在和外在众多因素驱动,既存在受主导因素影响的货运量总体发展趋势项,又有不确定的波动项。因此,原始货运量数据很少是纯粹线性或非线性的时间序列,往往同时包括线性和非线性成分。传统的运用单独预测技术来刻画货运量动态关联性,难以同时捕捉线性和非线性复杂特征,导致预测结果通常因线性和非线性成分相互干扰而失真。基于上述原因,这里引入一种"分解-集成"的预测策略,采用系统分析的方法,首先将复杂的原始货运量预测问题分解为若干个独立的预测子问题(其中,每一个预测子问题都反映了原始预测问题的某种属性或某个方面),然后针对各个子问题逐一建模预测,最后选用相加方法,集成得最终货运量时间序列的预测值。基于"分解-集成"的预测策略有效降低了原始预测问题的复杂度,减弱了货运量线性成分与非线性成分之间相互干扰,提高了预测性能。具体而言,建模步骤如下:

(1)选用线性回归模型,将原始货运量分解为线性子序列(趋势项)和非线性子序列(非趋势项)。其中,这里约定非线性子序列为原始货运量减去线性回归模型输出值的残差子序列。

(2)分别建立模型预测货运量线性子序列和非线性子序列,选择线性回归模型预测线性子序列,BP 神经网络预测非线性子序列。

(3)通过相加方法,集成得最终货运量时间序列的预测值。

7.2.2　基于时空调整策略的改进 PSO-BP 预测模型

考虑到 BP 神经网络非线性映射能力和 PSO 群体智能优化能力,同时针对传统 BP 和 PSO 存在的收敛速度慢和容易陷入局部极值的缺点,构建一种基于时空调整策略的改进 PSO-BP 预测模型,用于预测货运量的非线性成分。

7.2.2.1　标准 PSO 算法

PSO 算法源于鸟群捕食行为的进化算法,利用智能群体思想,通过个体相互协作,实现多维空间寻优。PSO 数学描述为:设 m 维的搜索空间分布着 n 个粒子,第 i 粒子的空间位置和运动速度分别为 $V_i = \{v_{i,1}, v_{i,2}, v_{i,3}, \cdots, v_{i,m}\}$ 与 $X_i = \{x_{i,1}, x_{i,2}, x_{i,3}, \cdots, x_{i,m}\}$。

第 i 个粒子的个体搜索最优值为 $P_i = \{p_{i,1}, p_{i,2}, p_{i,3}, \cdots, p_{i,m}\}$,粒子种群最优位置为 $P^g = \{p_1^g, p_2^g, p_3^g, \cdots, p_m^g\}$。在迭代中,按照式(7-1)和式(7-2)调整粒子飞行速度和空间位置:

$$v_{i,j}(t+1) = \omega v_{i,j}(t) + c_1 r_1 [p_{i,j} - x_{i,j}(t)] + c_2 r_2 [p_j^g - x_{i,j}(t)] \quad (7\text{-}1)$$

$$x_{i,j}(t+1) = x_{i,j}(t) + v_{i,j}(t+1) \quad (7\text{-}2)$$

其中,ω 为惯性权重;c_1 与 c_2 为学习因子;r_1 与 r_2 为 0 到 1 的随机数;$i=1, 2, 3, \cdots, n$;$j=1, 2, 3, \cdots, m$;t 为迭代次数。

7.2.2.2　基于时空调整策略的改进 PSO

经典的 PSO 算法存在着某些缺陷:收敛速度慢、容易陷入局部极值。因此,这里引入一种粒子群时空调整策略(空间越界处理、空间位置更新因子和种群最优值连续未更新时间计数),用于提高 PSO 收敛速度和增强跳出局部最优陷阱的能力。其中,空间越界处理与空间位置更新因子对应于粒子空间位置调整,种群最优值连续未更新计数对应于粒子时间维度的调整。

1)空间位置更新因子

设置速度项引发粒子位置更新的权重 γ,修正的粒子位置更新表达式见式(7-3)。

$$x_{i,j}^*(t+1) = x_{i,j}(t) + (1-\gamma) v_{i,j}(t+1) \quad (7\text{-}3)$$

由式(7-2)和(7-3)推导得式(7-4):

$$x_{i,j}^*(t+1) = \gamma x_{i,j}(t) + (1-\gamma) x_{i,j}(t+1) \quad (7\text{-}4)$$

γ 体现了粒子在飞行空间的实时位置和历史位置对粒子新位置求解中的权

重：当 γ 足够小，则该粒子受历史位置影响较小，收敛速度接近标准 PSO；随着 γ 增大，历史位置对粒子的导向作用加大，提高了收敛速度；当 γ 过大，粒子受历史位置影响太大，容易掉入局部最优陷阱。

2）种群最优值连续未更新时间计数

鉴于粒子群体的趋同效应，当接近种群最优，且速度接近 0 时，粒子空间位置无法更新，容易陷入局部最优陷阱。因此，通过设立种群最优值连续未更新时间计数，该值达到预设的门槛值时，则认定粒子迭代过程陷入滞动局面，对粒子重新初始化，激活呆滞的粒子，增加粒子活性，促使粒子逃脱局部最优陷阱。

3）空间位置越界处理

在 PSO 寻优过程中，粒子位置有时不可避免的超越搜索空间范围，传统方法是将越界粒子的维度位置映射到搜索空间中最相邻的维度边界，该策略易造成在粒子的局部纬度边界聚集过多粒子，粒子在搜索空间中分布不均匀，导致 PSO 迭代过程出现局部最优。因此，利用镜像原理将越界粒子的纬度位置，映射到更广泛的种群搜索空间，有利于减少维度边界聚集现象，丰富了种群的多样性和合理性，提升了全局搜索能力。设第 j 个粒子在 i 维度空间搜索边界为 $[U_{iL} \quad U_{iU}]$，越界时按照如式（7-5）处理粒子位置，直到粒子不越界为止。

$$x_{j,i} = \begin{cases} 2U_{iL} - x_{j,i}, x_{j,i} \leqslant U_{iL} \\ 2U_{iU} - x_{j,i}, x_{j,i} \geqslant U_{iU} \end{cases} \tag{7-5}$$

7.2.2.3 改进 PSO 优化 BP 的预测流程

BP 神经网络由输入层、隐含层和输出层组成，以网络连接权值和阈值为变量，误差为目标的多元极值寻优问题，存在易陷入局部最优陷阱和收敛速度过慢的缺点。鉴于模拟退火具备概率突跳能力，在粒子群退火算法基础上，引入时空调整策略，用于求解 BP 神经网络权值，构建的改进 PSO-BP 预测算法流程如下：

（1）归一化处理时间序列数据。

（2）初始化 BP 网络的结构。神经元个数（输入层、隐含层和输出层），动量因子，学习率，传递函数，目标误差，迭代次数等参数。

（3）引入时空调整策略的粒子群退火算法，求解神经网络的权值（计算步骤为①到⑬）。设神经网络输出值为 R_i，目标值为 P_i，$i=1,2,\cdots,N$，N 为输出层神经元个数，PSO 的适应度函数值表达式为 $f = \sqrt{\dfrac{\sum\limits_{i=1}^{N}(P_i - R_i)^2}{N}}$．

①将神经网络连接权值表征为粒子,并对粒子群初始化(粒子规模、学习因子 c_1 和 c_2、目标维数、惯性权值 ω、搜索范围 U_{iU} 和 U_{iL}、目标精度、最大迭代次数、种群最优位置未更新时间计数器门槛值、位置更新因子等)。

②初始粒子的空间位置和飞行速度。

③参照式(7-5)处理粒子的空间位置越界。

④ $p_i = \{p_{i,1}, p_{i,2}, p_{i,3}, \cdots, p_{i,m}\}$ 存放粒子自身最优搜索位置, $p^g = \{p_1^g, p_2^g, p_3^g, \cdots, p_m^g\}$ 存放粒子种群最优搜索位置。

⑤设定初始温度,按 $t_0 = f(p^g)/\ln 5$ 设定。

⑥确定粒子 p_i 在当前温度的适配值, $TF(p_i) = \dfrac{\mathrm{e}^{-[f(p_i)-f(p^g)]/t}}{\sum\limits_{i=1}^{N} \mathrm{e}^{-[f(p_i)-f(p^g)]/t}}$ 。

⑦按照轮盘赌原则,从个体 p_i 中确定粒子种群的全局搜索最优位置 p^g.

⑧根据下式更新各个粒子的搜索速度和空间飞行位置。

$$v_{i,j}(t+1) = \varphi\{v_{i,j}(t) + c_1 r_1[p_{i,j} - x_{i,j}(t)] + c_2 r_2[p^g - x_{i,j}(t)]\} x_{i,j}(t+1)$$
$$= x_{i,j}(t) + (1-\gamma)v_{i,j}(t+1)$$

其中, φ 为收缩因子, $\varphi = \dfrac{2}{2 - C - \sqrt{C^2 - 4C}}$; c_1 与 c_2 为学习因子; γ 为位置更新因子; $C = c_1 + c_2$; r_1 与 r_2 为 0 到 1 之间的随机数。

⑨参照式(7-5)处理粒子的空间位置越界。

⑩更新个体 p_i 和种群 p^g 。

⑪退温操作,退温方式按照 $t_{k+1} = \beta t_k$ 执行,其中 β 为退火常数。

⑫若种群最优值连续未更新时间计数的预设门槛值,则对重新初始化粒子位置,并按式(7-5)处理粒子的空间位置越界情况。

⑬若满足精度要求或达到预设迭代步骤,则停止搜索,否则转到步骤⑥。

(4)利用训练好的 BP 神经网络预测模型,对时间序列展开预测。

7.3　仿真测试与货运量预测实例

7.3.1　改进 PSO 算法性能测试

选取表 7-1 中 Sphere、Ackley、Rosenbrock 和 Griewnk 四个标准函数,求取最小值,测试基于时空调整策略改进 PSO 算法的优化精度、稳定性和收敛速度。

表 7-1　测试函数

函数名称	表达式	搜索范围	最小值
Sphere	$f(x) = \sum\limits_{i=1}^{n} x_i^2$	$x \in [-100, 100]$	0
Ackley	$f(x) = -20\exp\left[-0.2\sqrt{\dfrac{1}{n}\sum\limits_{i=1}^{n} x_i^2}\right] -$ $\exp\left[\dfrac{1}{n}\sum\limits_{i=1}^{n}\cos(2\pi x_i)\right] + 20 + e$	$x \in [-600, 600]$	0
Rosenbrock	$f(x) = \sum\limits_{i=1}^{n-1}\left[100(x_{i+1} - x_i)^2 + (x_i - 1)^2\right]$	$x \in [-30, 30]$	0
Griewnk	$f(x) = \sum\limits_{i=1}^{n}\dfrac{1}{4000(x_i)^2} - \prod\limits_{i=1}^{n}\cos\left(\dfrac{x_i}{\tilde{i}}\right)$	$x \in [-100, 100]$	0

为了方便与文献[18-20]中标准 SPSO 算法、耗散 DPSO、基于佳点集和动态随机搜索的 IPSO 测试结果对比，构造的基于时空调整策略改进 PSO 实验参数设定如表 7-2 所示。

表 7-2　基于时空调整策略改进 PSO 算法的参数设置

参数名	参数值	参数名	参数值
种群粒子规模	30	退火常量	0.45
搜索空间目标维数	30	位置更新因子	0.35
粒子进化最大迭代数	1000	种群最优值连续未更新计数器触发门槛	150
粒子空间边界	见表 7-1	优化目标精度	1.0×10^{-3}
学习因子 2.01			

仿真测试在 Matlab 软件中实现，各粒子群算法连续运行 50 次，应用于标准函数 Sphere、Ackley、Rosenbrock 和 Griewnk 最小值寻优。由仿真结果（表 7-3）可知：函数 Sphere 迭代 55 次达到预设精度，最差适应值为 6.3×10^{-133}；函数 Ackley 迭代 79 次达到预设精度，最差适应值为 9×10^{-16}；函数 Rosenbrock 迭代 646 次达到预设精度，最差适应值为 1.7×10^{-7}；函数

· 108 ·

Griewnk 迭代 52 次达到预设精度,函数适应值为 0。

表 7-3 所示的 PSO 性能测试结果表明:基于时空调整策略的粒子群退火算法稳定性、精度和收敛速度优于文献[18—20]的粒子群算法,粒子群时空调整策略是一种有效的 PSO 优化方法,可加快 PSO 寻优收敛速度和提高全局寻优能力。

表 7-3　PSO 算法测试结果比较

函数	算法	平均值	最优值	最差值	成功率/%
Sphere	SPSO	41	3.4	1.6×10^2	0
	DPSO	1.2×10^{-3}	1.6×10^{-4}	4.7×10^{-3}	54
	IPSO	6.2×10^{-18}	7.7×10^{-27}	4.7×10^{-17}	100
	本文 PSO	1.2×10^{-134}	9.5×10^{-156}	6.3×10^{-133}	100
Ackley	SPSO	4.2	2.4	14.8	0
	DPSO	3.4×10^{-2}	3.4×10^{-3}	7.1×10^{-1}	26
	IPSO	1.1×10^{-7}	1.6×10^{-9}	3.4×10^{-7}	100
	本文 PSO	8.88×10^{-16}	8×10^{-16}	9×10^{-16}	100
Rosenbrock	SPSO	3.2	1.1	9.1	0
	DPSO	84.3	5.3	3.5×10^2	0
	IPSO	0.6	1.5×10^{-13}	3.9	84
	本文 PSO	3.6×10^{-9}	4.5×10^{-26}	1.7×10^{-7}	100
Griewnk	SPSO	3.2	1.1	9.1	0
	DPSO	84.3	5.3	3.5×10^2	0
	IPSO	0.6	1.5×10^{-13}	3.9	84
	本文 PSO	0	0	0	100

7.3.2　货运量预测实例

7.3.2.1　数据来源及评价指标

以湖北省 1985—2014 年度的货运量作为实例数据(图 7-1),分别建立单一预测模型(指数平滑、多项式趋势外推、线性回归),组合预测模型(等权法、MAPE 权法、熵权法、最优权值法),基于非线性补偿的"分解-集成"预测模型(BP 模型、标准 PSO-BP 模型、改进的 PSO-BP 模型),进行货运量预测,上述计算在 Matlab 软件中实现。

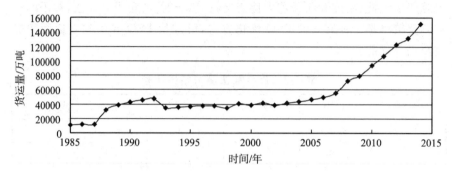

图 7-1　湖北货运量统计数据(数据来源:中国统计年鉴)

为了评价上述模型预测性能,使用相对误差(RE)和平均绝对值相对误差(MAPE)作为评估准则。

$$\begin{cases} RE = \dfrac{x_i - \hat{x}_i}{x_i} \times 100 \\ MAPE = \dfrac{1}{N} \displaystyle\sum_{i=1}^{N} \left(\left| \dfrac{x_i - \hat{x}_i}{x_i} \right| \times 100 \right) \end{cases} \qquad (7\text{-}6)$$

其中,x_i 为原始货运量;$\overline{x_i}$ 为货运量预测值;N 为样本总量。

7.3.2.2　单一预测模型

考虑到指数平滑、多项式趋势外推和线性回归在货运量预测中应用广泛,综合湖北省货运量统计数据,分别建模。

1)线性回归

选择自变量 X_1,X_2,X_3 分别为人口数量、地区生产总值、固定资产投资,针对湖北省 2000—2014 年度货运量所建立的线性回归模型为:

$$\hat{y} = 4.153521X_1 + 2.949785X_2 + 1.997723X_3 \qquad (7\text{-}7)$$

其中,自变量 X_1,X_2 和 X_3 来源于《中国统计年鉴》,如表 7-4 所示。

表 7-4　湖北省人口数量、地区生产总值、固定资产投资统计数据

年份	人口数量/万人	地区生产总值 GDP/亿元	固定资产投资/亿元
2000	5646	3545.39	1339.2
2001	5658	3880.53	1486.55
2002	5672	4212.82	1605.06

续表

年份	人口数量/万人	地区生产总值 GDP/亿元	固定资产投资/亿元
2003	5685	4757.45	1809.45
2004	5698	5633.24	2264.81
2005	5710	6590.19	2676.58
2006	5693	7617.47	3343.47
2007	5699	9333.4	4330.36
2008	5711	11328.92	5647.01
2009	5720	12961.1	7866.89
2010	5728	15967.61	10262.7
2011	5758	19632.26	12557.34
2012	5779	22250.45	15578.3
2013	5799	24791.83	19307.33
2014	5816	27367.04	22965.27

2)指数平滑

针对湖北省 2000—2014 年度的物流货运量所建立的三次指数平滑模型为

$$y(k)=576.4k^2+16643.5k+150222.6 \tag{7-8}$$

其中,平滑系数经仿真测试确定为 0.35,$k=1$ 对应 2015 年。

3)多项式趋势外推

依据 2000—2014 年的湖北省货运量数据,建立的三次多项式趋势外推模型为

$$\phi(k)=24.392k^3-925.66k^2+11078k-2119.5 \tag{7-9}$$

式中,$k=1,2,\cdots,n$,$k=1$ 对应 1985 年。

7.3.2.3　组合预测模型

采用等权法、MAPE 权法、熵权法和最优权值法四种组合赋权策略,建立由上述三次指数平滑模型、三次多项式趋势外推模型和线性回归模型构成的组合预测模型,组合权值如表 7-5 所示。其中,等权法是平均赋权策略,MAPE 权法依据平均绝对相对误差所占百分比而赋权,熵权法根据统计误差熵值表征模型稳定性而赋权,最优权值法是求取组合模型的平均绝对相对误差最小值而赋权。

表 7-5　不同赋权策略下组合权值

赋权策略	三次多项式趋势外推模型	三次指数平滑模型	线性回归模型
等权法	0.33333	0.33333	0.33333
MAPE 权法	0.27292	0.29667	0.43041
熵权法	0.33407	0.33532	0.33061
最优权值法	0.58218	0.27279	0.14503

7.3.2.4　基于非线性补偿的"分解-集成"预测模型

按照"分解-集成"预测建模思路,选择线性回归模型,将原始货运量分解为线性子序列和非线性子序列。利用线性回归模型预测线性子序列,并采用 BP 模型、标准 PSO-BP 模型和改进 PSO-BP 模型分别预测非线性子序列,通过相加方法,集成得最终货运量预测值。其中,取 2000—2009 年的货运量非线性数据作为 BP 神经网络训练样本,2010—2014 年的货运量非线性数据为预测检验样本,三种基于 BP 神经网络的非线性子序列预测模型的参数设置如下:

(1)BP 神经网络均采用 3-13-1 结构,即三层,输入层为 3 个单元节点,隐含层为 13 个单元节点,输出层为 1 个单元节点,输入层到隐含层的传递函数为 logsig,隐含层到输出层的传递函数为 purelin。

(2)针对 BP 预测模型,训练函数为 traingdm,学习率 $l_r = 0.1$,动量因子 $m_c = 0.2$,训练误差 $goal = 0.001$,最大训练步数为 10000。

(3)在标准 PSO-BP 预测模型中,粒子群个数 $N = 30$,$w = 0.5$,搜索空间目标维数为 30,学习因子 $c_1 = c_2 = 2$,最大迭代次数为 2000。

(4)对于改进的 PSO-BP 预测模型,粒子群个数 $N = 30$,学习因子 $c_1 = c_2 = 2.1$,退火常量为 0.5,搜索空间目标维数为 30,位置更新因子为 0.4,越界上限位置为 10,最小位置为 −10,种群最优位置未更新时间计数器门槛为 25,最大迭代次数为 2000。

7.3.2.5　预测结果和分析

根据湖北省物流货运量统计数据,上述各模型 2005—2014 年度预测结果如图 7-2 所示,统计误差如表 7-6 所示。

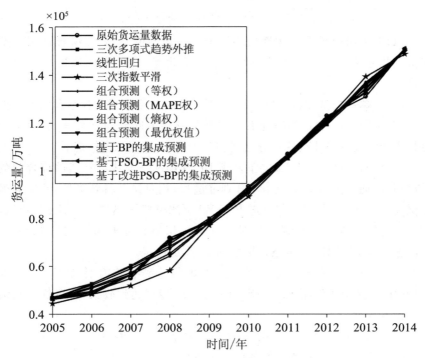

图 7-2　湖北物流货运量预测值(2005—2014)

表 7-6　湖北货运量预测误差

年份	相对误差 RE/%									
	趋势外推	线性回归	指数平滑	等权组合	MAPE权组合	熵权组合	最优权组合	BP集成	PSO-BP集成	改进PSO-BP集成
2005	−0.46	3.72	−5.15	−0.63	−1.24	−0.61	0.00	−1.28	−1.10	0.97
2006	6.83	7.08	−2.01	3.97	3.10	3.99	5.62	−1.95	−0.72	0.49
2007	9.90	9.01	−5.61	4.43	2.96	4.47	7.41	2.63	2.55	3.01
2008	−3.34	−4.84	−19.10	−9.09	−10.60	−9.05	−6.04	−1.34	−1.93	−0.09
2009	1.34	−1.62	−2.34	−0.87	−1.12	−0.87	0.00	−0.35	−0.28	−1.00
2010	−1.62	−2.17	−4.61	−2.80	−3.07	−2.79	−2.21	−0.71	−0.68	−0.57
2011	−1.78	0.00	−1.43	−1.07	−1.10	−1.07	−1.24	−0.90	−0.07	−0.49
2012	−2.99	−1.78	−1.23	−2.00	−1.87	−2.00	−2.40	−1.07	−0.70	−0.30
2013	2.76	3.66	6.35	4.25	4.57	4.25	3.52	2.36	1.54	1.20
2014	0.13	0.00	−1.30	−0.39	−0.53	−0.39	−0.12	0.12	0.27	−0.17
MAPE/%	3.11	3.39	4.91	2.95	3.01	2.94	2.85	1.27	0.98	0.83

由 2005—2014 年湖北物流货运量预测结果得知：

(1)四种组合模型预测性能均优于单一预测模型,表明组合预测模型充分利用了多种单一预测模型所蕴含的货运量信息,有效地提高了预测精度。

(2)与单一模型和组合模型相比,基于先分解后集成的模型预测精度更高,说明了"分解-集成"策略能有效降低原始预测问题的复杂度,弱化了货运量中线性成分与非线性成分之间相互干扰,改善了预测性能。

(3)针对"分解-集成"策略下基于 BP 神经网络非线性补偿的综合预测模型而言,通过引入 PSO 优化 BP 训练过程,相对误差得到降低,预测准确率更高。标准的 PSO-BP 与改进 PSO-BP 预测模型的相对误差都比较小,区别并不明显,但通过比较平均绝对相对误差 MAPE,不难看出改进 PSO-BP 模型比标准 PSO-BP 预测结果更准确,模型更稳定。

(4)从收敛速度角度考虑,传统 BP 网络达到收敛需要 2735 步,标准 PSO-BP 需要 850 步,而改进 PSO-BP 仅 392 步就达到收敛,速度优于其他两种预测模型。

(5)与经典 PSO 算法相比,本文引入时空调整策略改进的 PSO 算法改善 BP 网络收敛速度和预测性能的效果更佳。

(6)基于改进 PSO-BP 非线性补偿的货运量"分解-集成"预测模型是一种有效的预测模型,可应用于我国货运量的定量预测。

基于改进 PSO-BP 非线性补偿的货运量"分解-集成"预测模型对湖北 2015—2020 年货运量的预测如表 7-7 所示。

表 7-7　湖北 2015—2020 年物流货运量预测

年份	2015	2016	2017	2018	2019	2020
货运量/万吨	156871	181068	190141	201149	213588	231797

按照当前发展趋势,2013 年湖北货运量将达到 156871 万吨,到 2020 年则到达 231797 万吨,2015—2020 年份的平均年增长率约为 7.5%。在我国经济发展进入新常态的背景下,湖北省社会物流需求增速平稳,货运量仍然不断扩大。因此,湖北省政府、企业及相关部门应以此为据,切实把握社会物流需求发展态势,充分整合与利用存量资源、科学规划增量资源,为湖北交通运输工程与现代物流的发展与振兴保驾护航。

7.4　结论

展开物流需求态势精准预测,有利于促进物流业转型升级,建立和完善现代物流服务体系,更好服务于国民经济在新常态背景下保持较长时期的中高速增长,为实现我国第二个百年奋斗目标、实现中华民族伟大复兴的中国梦奠定更加坚实的基础。本文结合仿真测试和湖北物流货运量的面板数据,探讨了物流货运量预测理论与优化方法,主要研究结论如下:

(1)从系统科学理论的角度,引入了一种先分解后集成的预测策略,有效弱化了货运量中线性成分与非线性成分之间相互干扰,降低了原始问题的复杂度,提高了预测精度。

(2)构建的粒子群时空调整策略是一种有效的 PSO 改进方法,加快了粒子群寻优速度,提高了全局寻优能力。

(3)与经典 PSO 算法相比,基于时空调整策略改进的 PSO 算法改善BP 神经网络收敛速度和预测性能的效果更佳。

(4)基于改进 PSO-BP 非线性补偿的"分解-集成"预测模型的性能优于传统的单一预测模型(指数平滑、多项式趋势外推、线性回归)和组合预测模型(等权法、MAPE 权法、熵权法、最优权值法),可作为一种有效货运量定量预测方法。

然而,现代物流业是一个复杂的动态开放系统,某些突发事件(自然灾害、全球经济波动、政治因素、产业调整等)会给其造成不同程度的冲击,改变物流货运量动态趋势。如何处理这些突变性因素对预测结果的影响,将是下一步的研究方向,拟在本文构建的先分解后集成定量预测策略之上,补充引入定性分析方法(如专家系统等),从定性与定量不同视角综合评估突发事件影响,进一步优化货运量预测结果。

参考文献

[1]De Jong,G. ,Gunn,H. F. ,Walker,W. National and international freight transport models:an overview and ideas for further development[J]. Transport Reviews,2004,24(1):103-124.

[2]Zhou C,Tao J. Freight volume forecasting based on a decompose-ensemble method[J]. Proceedings of the Institution of Civil Engineers-Transport ,2015,168(6):552-569.

[3]赵建有,周孙锋,崔晓娟,等.基于模糊线性回归模型的公路货运量预测方法[J].交通运输工程学报,2012,12(3):80-85.

[4]Ma J,Chen Z,Tse K. Forecast of civil aviation freight volume using unbiased grey-fuzzy-Markov chain method[C]//Information Management, Innovation Management and Industrial Engineering,2013 6th International Conference on. IEEE,2013,3:528-531.

[5]熊琦,虞明远.基于情景分析法的北京市道路省际客运需求预测研究[J].交通运输工程与信息学报,2006,4(4):94-99.

[6]戚铭尧,杨坤河,缪立新.基于可计算一般均衡的货运量预测模型[J].工业技术经济,2013,(3):3-10.

[7]Lam W H K,Ng P L P,Seabrooke W,et al. Forecasts and reliability analysis of port cargo throughput in Hong Kong[J]. Journal of urban Planning and Development,2004,130(3):133-144.

[8]Duru O,Bulut E,Yoshida S. A fuzzy extended DELPHI method for adjustment of statistical time series prediction:An empirical study on dry bulk freight market case[J]. Expert Systems with Applications,2012, 39(1):840-848.

[9]Wang Y,Chen X,Han Y,et al. Forecast of passenger and freight traffic volume based on elasticity coefficient method and Grey model[J]. Procedia-Social and Behavioral Sciences,2013,96:136-147.

[10]黄虎,严余松,蒋葛夫,等.基于支持向量回归机的公路货运量预测模型[J].计算机应用研究,2008,25(2):632-633,636.

[11]李程.民航货运量 IOWHA 算子组合预测[J].计算机工程与应用,2012,48(23):207-211.

[12]周程,张培林.基于关联面积法的物流货运量组合预测模型[J].计算机应用,2012,32(9):2628-2630,2642.

[13]曾鸣,林磊,程文明.基于 LIBSVM 和时间序列的区域货运量预测研究[J].计算机工程与应用,2013,49(21):6-10.

[14]顾秀来,王春林,付诗禄.基于小波神经网络的货运量预测[J].后勤工程学院学报,2013,29(6):85-90.

[15]白晓勇,郎茂祥.铁路货运量预测的改进 BP 神经网络方法[J].交通运输系统工程与信息,2006,6(6):158-162.

[16]雷斌,陶海龙,徐晓光.基于改进粒子群优化算法的灰色神经网络的铁路货运量预测[J].计算机应用,2012,32(10):2796-2799.

[17]Arani B O,Mirzabeygi P,Panahi M S. An improved PSO algorithm

with a territorial diversity-preserving scheme and enhanced exploration-exploitation balance[J]. Swarm & Evolutionary Computation,2013,11:1-15.

[18]梁昔明,陈富,龙文.基于动态随机搜索和佳点集构造的改进粒子群优化算法[J].计算机应用,2011,31(10):2948-2951,2962.

[19]XIE X F,ZHANG W J,YANG Z L. Dissipative particle swarm optimization[C]//Proceedings of IEEE International Conference on Evolutionary Computation. Piscataway,NJ:IEEE Press,2002:1456-1461.

[20]龙文,梁昔明,董淑华,等.动态调整惯性权重的粒子群优化算法[J].计算机应用,2009,29(8):2240-2242.

[21]成思危.复杂科学与系统工程[J].管理科学学报,1999,2(2):1-7.

[22]许利枝,汪寿阳.集装箱港口预测研究方法:香港港实证研究[J].管理科学学报,2015,18(5):46-56.

第 8 章　基于趋势与小波多重"分解-集成"策略的物流货运量预测

8.1　引言

　　货运量作为分析物流需求的重要指标,是现代物流规划、建设、管理和决策的科学依据。因此,开展物流货运量预测研究,有助于提高预测模型的鲁棒性和准确度,具有重要的理论和现实意义,已成为物流领域的研究热点。

　　近年来,国内外众多学者已对物流货运量预测进行了大量研究,主要有时间序列法(趋势外推、指数平滑、回归模型、移动平均模型、自回归移动平均模型和差分自回归模型等),支持向量机,因果分析,灰色系统,神经网络,弹性系数法和组合预测等,大多以数学理论和假设为基础,在货运量数据序列的整体层面上,通过演绎推理建立数学模型[1]。实际的货运量受众多因素影响,通常含有趋势成分和非趋势成分,单一预测模型在货运量时间序列的全维度上建立,具有一定局限性,难以体现出货运量中动态数据的内在关联和复杂特性,预测结果会因不同成分数据的相互干扰而失真。组合预测模型综合利用了各单一模型蕴含的信息,在一定程度上提高了预测性能,但组合赋权依然存在瓶颈,较难揭示待预测的时间序列中趋势项和非趋势项的各自变化规律[2]。

　　因此,为了更深入地挖掘货运量这类非平稳时间序列的发展规律,研究者们提出了"分解-集成"的预测策略,通过趋势分解、经验模态分解或小波分解等,将其分解为趋势项、周期项和随机项,减弱了原始数据的非平稳性,分别建立模型预测,选用相加方法,集成得时间序列的预测值[3-4]。文献[5]采用趋势分解的建模方法,将电力负荷分解为趋势项和非趋势项,分别预测,有效地区分了趋势负荷和奇异变化负荷。文献[6]利用经验模态分解(Empirical Mode Decomposition,EMD),将期货价格分解成不同尺度的内禀模态分量,作为 BP 神经网络的输入量,展开预测。小波分析对非平稳时间序列有较好的多尺度分析能力,按不同尺度将其分解到不同的层次,将原始数据分解到构成成分相对简单的子序列,降低了原始序列的非线性程度,已成为"分解-集成"预测模型的首选分解策略[7]。文献[8-14]对非平稳序列进行多尺度小波分解,分离出趋势项、周期项和随机项,分别预测每层,合成得原序列预测值。文献[15]利用小波分析,对随机交通流的稳定成分与随机成分展开分解,采用 RBF 神经网络与 Markov 链分别预测不同成分,相加即为交通流预测结果。文献[16]对非平稳数据实施二进制正交小波分解与重构,对低频和高频信息分别采用 GM(1,1)和 AR 模型预测,二者预测结果的叠加为原数据预测值。文献[3-16]中的"分解-集成"方法都采用单一方法对非平稳时间序列进行分解,将原始复杂预测问题转化为相对简化的子序列预测问题,减少了待预测序列的复杂度,各自特点如下:

(1)趋势分解具有比较明确的物理意义,趋势项受主导因素影响,预测值依靠历史数据,通过特定的趋势外推方法求解,但对非趋势项仅采用单一模型校正,难以捕捉复杂的非趋势项发展规律。

(2)EMD 分解的优点为实施简单,自动完成分解,但存在模态混合现象,较难协调不同尺度内禀模态分量与众多影响因素的对应关系,缺乏物理意义。

(3)小波分解具备多尺度分析功能,将非平稳数据分解为相对平稳的子序列组合,特别对非趋势项的细节刻画能力较强,然而经小波分解的低频信息仅体现出时间序列的概貌,捕捉原始数据整体发展趋势的能力,则不如趋势分解。

针对这样的背景和研究现状,本文将"分解-集成"思想引入到物流货运量预测领域,综合利用趋势分解和小波分解的优点,提出的基于趋势分解与小波变换的多重"分解-集成"预测模型,有效地降低了物流货运量数据的复杂度,更加全面地体现了预测值与实际发展趋势的对应关系,提高了预测精度和稳定性。本章提出的多重"分解-集成"货运量预测策略如下:

(1)利用趋势分解的建模方法,将原始货运量分解为趋势项与非趋势项,对非趋势项再次进行小波多尺度分解,分离非趋势项中的低频概貌序列和高频细节序列。

(2)采用趋势外推模型预测趋势项,分别建立自回归模型对非趋势项的小波分解序列展开预测。

(3)集成各子序列预测值得原始货运量的预测值。

8.2　基于"分解-集成"的货运量预测方法

8.2.1　趋势分解

受社会经济、产业结构、消费水平、人口数量、服务水平等因素影响,货运量预测问题体现出非线性和模糊性。若将货运量作为整体时间序列建模，较难区分预测值与主导影响因素的对应关系，容易导致预测精度降低。

因此，选用建立多项式趋势外推模型，将原始货运量分为趋势项与非趋势项，其中趋势项代表着货运量总体发展趋势，本章约定非趋势项特指原始货运量序列减去趋势外推模型预测序列，分别建立模型预测趋势项和非趋势项，两部分预测值相加得货运量的最终预测值。

8.2.2　小波分解

小波变换具有较强的分析非平稳信号能力，货运量时间序列可看成一种特殊的时间信号，通过小波多尺度分解，可实现货运量时间序列由粗及精的多分辨率分析，将其分解成低频序列和不同尺度的高频序列，分别建立模型预测低频序列和高频序列，合成得到货运量的最终预测值。

通常情况下，待分析数据为离散时间序列，这里介绍下离散小波分解与重构的策略，首先引入小波母函数（基本小波）的概念，把满足 $\int_{-\infty}^{+\infty}|\hat{\psi}(\omega)|^{2}|\omega|^{-1}\mathrm{d}\omega<+\infty$ 平方可积的函数 $\psi(t)$ 称为小波母函数，$\psi(t)$ 伸缩和平移后得到小波系列为

$$\psi_{ab}(t)=\frac{1}{\sqrt{|a|}}\psi\left(\frac{t-b}{a}\right)$$

其中，a、b 为实数，且 $a\neq0$，a 为伸缩因子，b 为平移因子。

离散小波变换中把伸缩因子与平移因子取作幂级数形式：$a=a_{0}^{j}$ 和 $b=ak_{0}^{j}b_{0}$，其中 a_{0} 与 b_{0} 为常量，且 a_{0} 通常大于 1，对应的离散小波为

$$\psi_{j,k}(t)=a_{0}^{-\frac{j}{2}}\psi(a_{0}^{-j}t-kb_{0})$$

时间序列 $f(t)$ 的离散小波变换系数 $C_{j,k}$ 如式（8-1）：

$$C_{j,k}=\int_{-\infty}^{+\infty}f(t)\bar{\psi}_{j,k}(t)\mathrm{d}t \tag{8-1}$$

常用的二进制小波，取 $a=2^{j}$，$b=2^{j}k$ 小波序列为 $\psi_{j,k}(t)=2^{\frac{-j}{2}}\psi(2^{-j}t-k)$ 离散小波的重构公式为

$$f(t)=\sum_{j\in Z}\sum_{k\in Z}C_{j,k}\psi_{j,k}(t) \tag{8-2}$$

8.2.3　基于趋势与小波多重"分解-集成"的预测流程

考虑到货运量为典型的非平稳时间序列，单一的趋势分解或小波分解难以全面区分趋势项、非趋势项低频（概貌）序列与非趋势项高频（细节）序

列,这里综合两种分解方法的优点,构建的基于趋势与小波多重"分解-集成"的预测流程如图 8-1 所示。首先,趋势分解将原始货运量分解为趋势项与非趋势项,趋势项为受主导因素影响的货运量发展趋势,利用趋势外推模型预测趋势项。其次,非趋势项具有较高的非平稳特征,选择小波分解将非平稳的非趋势项分解成低频序列和不同尺度的高频序列,得到复杂度相对减弱的小波分解序列,分别建立自回归模型对小波分解序列展开预测。最后,通过相加的方法集成得货运量的最终预测值。

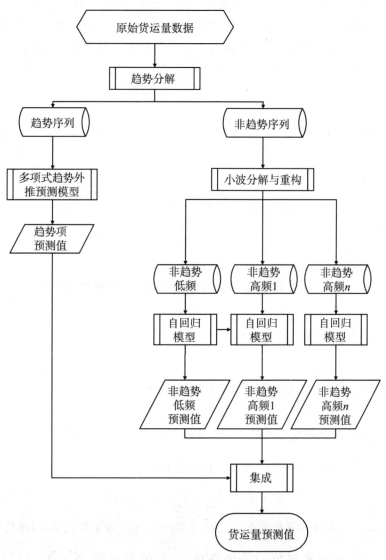

图 8-1　基于多重"分解-集成"的预测流程

8.3 物流货运量预测实证分析

8.3.1 数据来源

以我国 1985—2012 年度的货运量统计数据作为实例数据(如图 8-2 所示,货运量数据来源于《中国统计年鉴》),分别建立单一预测模型(以自回归模型和多项式趋势外推模型为例)、基于趋势分解的预测模型、基于小波分解的预测模型、基于趋势与小波多重分解-集成的预测模型,进行货运量预测检验。

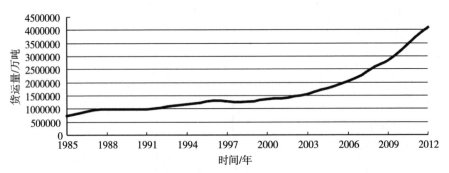

图 8-2 中国货运量数据(数据来源:中国统计年鉴)

8.3.2 单一模型预测

8.3.2.1 多项式趋势外推预测模型

趋势外推预测模型通过多项式 $\Phi(x) = \sum_{k=0}^{n} a_k x_i^k$ 拟合反映待预测序列的变化趋势,该优化问题的目标函数描述如下:

$$\min(I) = \sum_{i=0}^{m} \left(\sum_{k=0}^{n} a_k x_i^k - y_i \right)^2$$

其中,(x_i, y_i) 为待预测数据点 $i = 0, 1, 2, 3, \cdots, m$;$a_k$ 为多项式 $\Phi(x)$ 系数;$n \leqslant m$。由多元函数求极值的必要条件 $\frac{\partial I}{\partial a_j} = 0$,推导出 $\sum_{k=0}^{n} \left(\sum_{i=0}^{m} x_i^{j+k} \right) a_k =$

$\sum\limits_{i=0}^{m} x_i^j y_i$，用矩阵形式表示如式(8-3)所示，根据最小二乘法准则求取 $\Phi(x)$ 的系数。

$$\begin{bmatrix} m+1 & \sum\limits_{i=0}^{m} x_i & \cdots & \sum\limits_{i=0}^{m} x_i^n \\ \sum\limits_{i=0}^{m} x_i & \sum\limits_{i=0}^{m} x_i^2 & \cdots & \sum\limits_{i=0}^{m} x_i^{n+1} \\ \vdots & \vdots & \vdots & \vdots \\ \sum\limits_{i=0}^{m} x_i^n & \sum\limits_{i=0}^{m} x_i^{n+1} & \cdots & \sum\limits_{i=0}^{m} x_i^{2n} \end{bmatrix} \begin{bmatrix} a_0 \\ a_1 \\ \vdots \\ a_n \end{bmatrix} = \begin{bmatrix} \sum\limits_{i=0}^{m} y_i \\ \sum\limits_{i=0}^{m} x_i y_i \\ \vdots \\ \sum\limits_{i=0}^{m} x_i^n y_i \end{bmatrix} \qquad (8-3)$$

依据 1985—2012 年的货运量数据，建立的三次多项式趋势外推模型为
$$\Phi(k) = 468.12k^3 - 14124k^2 + 153706k + 561040$$
其中，$k = 1, 2, \cdots, n, k = 1$ 对应 1985 年。

8.3.2.2　自回归预测模型

自回归模型(Autoregressive Model, AR)起源于统计学上的回归分析，用时间序列的 p 期历史数据 $\{X_{t-1}, X_{t-2} \cdots, X_{t-p}\}$ 来预测本期 $\{X_t\}$，如式(8-4)所示：

$$X_t = c + \sum_{i=1}^{p} \varphi_i X_{t-i} + \varepsilon_t \qquad (8-4)$$

其中，X_t 为 t 时刻的数值；ε_t 为均值为 0，标准差等于 σ 的随机误差；σ 在任何时刻 t 不变。根据 1985—2012 年的货运量数据，建立的五阶 AR 预测模型的参数如下：

$$\begin{cases} A(q)y(t) = e(t) \\ A(q) = 1 - 1.747\,\hat{q} - 1 + 0.5373\,\hat{q} - 2 - 0.05286\,\hat{q} - 3 + 0.4439\,\hat{q} - 4 - 0.1922\,\hat{q} - 5 \end{cases}$$

8.3.3　基于"分解-集成"策略的预测模型

8.3.3.1　基于趋势分解的预测模型

针对 1985—2012 年度的我国货运量数据，利用建立的三次多项式趋势外推预测模型 $\Phi(k) = 468.12k^3 - 14124k^2 + 153706k + 561040$，将原始货运量分解为趋势项与非趋势项，趋势分解结果如图 8-3 所示。

货运量趋势序列由 $\Phi(k)$ 趋势外推模型预测，建立 AR 模型预测非趋势项，选用相加集成得货运量预测值，非趋势项的自回归预测模型参数为

$$\begin{cases} A(q)y(t)=e(t) \\ A(q)=1-0.8808\,\hat{q}-1+0.1814\,\hat{q}-2-0.08651\,\hat{q}-3+0.2905\,\hat{q}-4-0.09357\,\hat{q}-5 \end{cases}$$

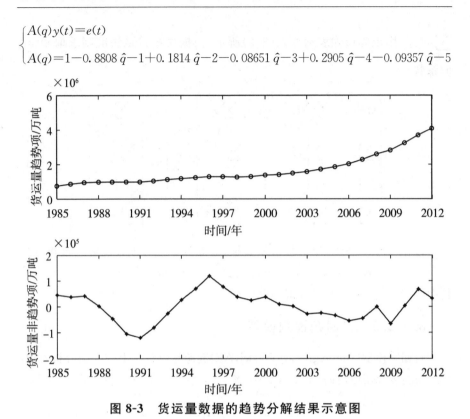

图 8-3　货运量数据的趋势分解结果示意图

8.3.3.2　基于小波分解的预测模型

选择 bior3.3 小波对货运量数据进行三层分解与重构,得到货运量数据的低频概貌序列{A3}和高频细节序列{D1,D2,D3},货运量等价于 A3+D3+D2+D1,小波分解结果如图 8-4 所示。

针对概貌数据{A3},建立的三次多项式外推预测模型为

$$\Phi(k)=188.23k^3-2872.1k^2+29680k+895264$$

其中,$k=1,2,\cdots,n$,$k=1$ 对应 1985 年。

分别建立 AR 模型预测高频细节{D1,D2,D3},高频细节的自回归预测模型参数为:

$$\begin{cases} D1{:}A(q)=1+0.8757\,\hat{q}-1+1.073\,\hat{q}-2+0.9151\,\hat{q}-3+ \\ \qquad\quad 0.7018\,\hat{q}-4+0.5239\,\hat{q}-5 \\ D2{:}A(q)=1-2.332\,\hat{q}-1+2.399\,\hat{q}-2-1.276\,\hat{q}-3+ \\ \qquad\quad 0.5824\,\hat{q}-4-0.1556\,\hat{q}-5 \\ D3{:}A(q)=1-2.088\,\hat{q}-1+1.579\,\hat{q}-2-0.2878\,\hat{q}-3+ \\ \qquad\quad 0.1627\,\hat{q}-4-0.113\,\hat{q}-5 \end{cases}$$

最终货运量预测值由 {A3} 和 {D1,D2,D3} 的预测值相加集成求取。

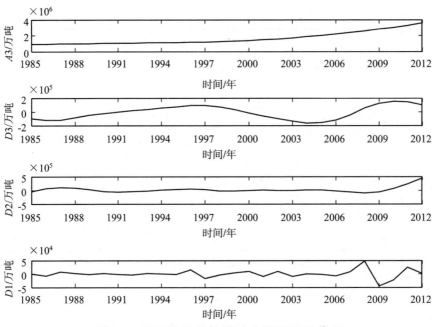

图 8-4　货运量数据的小波分解结果示意图

8.3.3.3　基于趋势与小波多重分解的预测模型

本章构建的多重"分解-集成"预测模型包括两重分解:选用三次多项式趋势外推模型 $\Phi(k) = 468.12k^3 - 14124k^2 + 153706k + 561040$ 提取货运量的趋势项和非趋势项,选择 bior3.3 小波对非趋势项进行三层分解与重构,将非趋势项分解成低频项目与高频序列,利用多项式趋势外推模型预测趋势项,建立自回归模型预测非趋势项的低频序列与高频序列,货运量最终预测值由各子序列预测值相加集成求取,非趋势项的小波分解结果如图 8-5 所示。

其中,原始货运量非趋势项中低频序列与高频序列的自回归数据预测模型参数为

$$
\begin{cases}
A3: A(q) = 1 - 2.086\,\hat{q} - 1 + 1.524\,\hat{q} - 2 - 0.4488\,\hat{q} - 3 + \\
\qquad 0.1528\,\hat{q} - 4 - 0.02555\,\hat{q} - 5 \\
D3: A(q) = 1 - 2.113\,\hat{q} - 1 + 1.613\,\hat{q} - 2 - 0.3084\,\hat{q} - 3 - \\
\qquad 0.1436\,\hat{q} - 4 + 0.08524\,\hat{q} - 5 \\
D2: A(q) = 1 - 1.187\,\hat{q} - 1 + 1.468\,\hat{q} - 2 - 0.8385\,\hat{q} - 3 + \\
\qquad 0.6677\,\hat{q} - 4 + 0.02054\,\hat{q} - 5 \\
D1: A(q) = 1 + 0.8628\,\hat{q} - 1 + 1.074\,\hat{q} - 2 + 0.9007\,\hat{q} - 3 + \\
\qquad 0.7008\,\hat{q} - 4 + 0.5119\,\hat{q} - 5
\end{cases}
$$

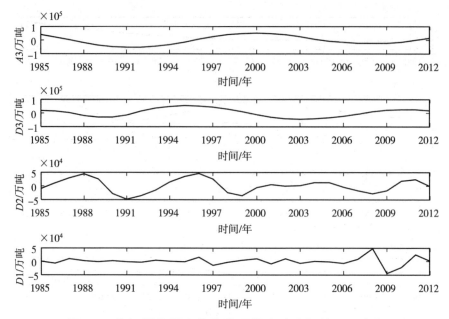

图 8-5　货运量数据中非趋势项的小波分解结果示意图

8.3.4　结果分析

　　针对 1985—2012 年度我国货运量数据,上述各模型的预测结果如图 8-6 所示,2005—2012 年的统计误差如表 8-1 所示。预测误差评价体系采用式(8-5)中的相对误差 RE(Relative Error)和平均绝对相对误差 MAPE(Mean Absolute Percentage Error)。

$$\begin{cases} RE = \dfrac{x_i - \hat{x}_i}{x_i} \times 100 \\ MAPE = \dfrac{1}{N_p} \sum_{i=1}^{N_p} \left(\left| \dfrac{x_i - \hat{x}_i}{x_i} \right| \times 100 \right) \end{cases} \tag{8-5}$$

其中,x_i 为实际值;$\hat{x}_i$ 为预测值;N_p 为样本总量。

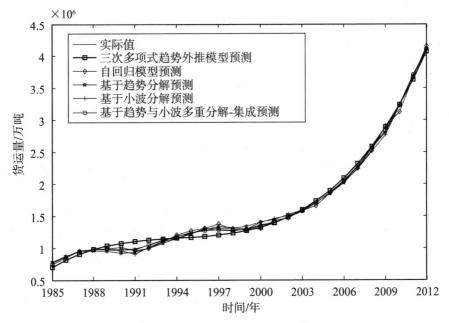

图 8-6　各模型的货运量预测值

表 8-1　各预测模型预测误差

年份	RE/%				
	趋势外推	自回归	趋势分解	小波分解	趋势与小波多重分解
2005	1.79	−0.19	−0.75	−0.20	0.02
2006	2.65	−0.32	−0.99	−0.46	0.70
2007	1.95	−1.58	−1.13	−1.66	0.27
2008	0.00	−2.40	−1.01	−3.02	−1.07
2009	2.31	2.82	−0.81	−2.00	0.22
2010	−0.14	−3.72	−0.50	−0.63	0.09
2011	−1.85	−0.87	−0.14	−0.34	0.27
2012	−0.77	1.41	0.23	−0.31	0.30
MAPE /%	1.43	1.66	0.69	1.08	0.37

由 2005—2012 年的货运量预测结果得知：

(1)采用"分解-集成"策略的模型预测精度普遍高于单一预测模型,说明了分解策略可降低非平稳时间序列的复杂度,通过对不同子序列展开预测,提高了最终预测精度。

(2)构建的基于趋势与小波多重"分解-集成"的预测模型精度优于单一的趋势分解和小波分解模型精度,验证了本文提出的多重"分解-集成"策略的有效性。

根据基于趋势与小波多重"分解-集成"的预测模型对我国 2013—2017 年物流货运量进行预测,结果如表 8-2 所示。参照当前发展规律,2013 年物流货运量将达到 4585310 万吨,到 2017 年则到达 7072928 万吨,2013—2017 年份的平均年增长率约为 11.44%。物流货运量的稳步增长,反映出社会物流需求规模的不断扩大,在此背景下,政府部门应以此为据,充分整合利用存量资源、科学规划增量资源,为现代物流的发展与振兴保驾护航。

表 8-2   我国 2013—2017 年物流货运量预测

年份	2013	2014	2015	2016	2017
货运量/万吨	4585310	5086525	5687678	6340207	7072928

8.4 结论

(1)基于"分解-集成"策略的预测模型,由分解形成的子序列分别建立预测模型,通过相加集成得最终预测值,预测精度比未经分解的单预测模型精度高,验证了"分解-集成"策略能将非平稳序列分解为相对平稳的子序列组合,有效地提高了预测精度。

(2)本章提出了一种基于趋势分解与小波变换的多重"分解-集成"预测策略,采用趋势分解将原始序列分解成趋势项和非趋势项,依靠小波分解将非趋势项分解为低频序列和高频序列,分别建立趋势外推模型与自回归模型对趋势项、非趋势项的低频序列和高频序列展开预测,该模型预测精度优于趋势分解的预测模型和小波分解的预测模型。

(3)构建的多重"分解-集成"预测模型可作为一种有效的货运量定量预测方法,为我国现代物流系统规划提供科学决策依据。

参考文献

[1]曾鸣,林磊,程文明.基于 LIBSVM 和时间序列的区域货运量预测研究[J].计算机工程与应用,2013,49(21):6-10.

[2]周程,张培林.基于关联面积法的物流货运量组合预测模型[J].计算机应用,2012,32(9):2628-2630,2642.

[3]Hang T. Nguyen, Ian T. Nabney. Short-term electricity demand and gas price forecasts using wavelet transforms and adaptive models [J]. Energy,2010,35(9):3674-3685.

[4]王帅,汤铃,余乐安.基于单变量分解集成的牛奶消费需求预测研究[J].系统科学与数学,2013,33(1):11-19.

[5]张凯锋,滕贤亮,王颖.基于趋势分解的电力系统区域负荷建模与预测方法[C]. Proceedings of the 31st Chinese Control Conference, Hefei, 2012:6963-6968.

[6]李聪,杨德平,孙海涛.基于 EMD 与 BP 神经网络的中国股票指数期货价格预测[J].青岛大学学报(自然科学版),2012,25(2):73-76,88.

[7]肖燕君,张华,任若恩.基于小波多尺度分析的股票价格组合预测方法[J].工业工程,2011,14(6):133-137.

[8]马社祥,刘贵忠,曾召华.基于小波分析的非平稳时间序列分析与预测[J].系统工程学报,2000,15(4):305-311.

[9]谭忠富,张金良.利用多因素小波变换和多变量时间序列模型的日前电价预测[J].中国电机工程学报,2010,30(1):103-110.

[10]徐伟,何金平.基于多尺度小波分析的大坝变形自回归预测模型[J].武汉大学学报(工学版),2012,45(3):285-289.

[11]梁强,范英,魏一鸣.基于小波分析的石油价格长期趋势预测方法及其实证研究[J].中国管理科学,2005,13(1):30-36.

[12]Kim Chang-Il, Yu In-Keun, Song Y H. Kohonen neural network and wavelet transform based approach to short-term load forecasting [J]. Electric Power Systems Research,2002,63(3):169-176.

[13]Caetano M A L, Yoneyama T. Characterizing abrupt changes in the stock prices using a wavelet decomposition method [J]. Physica A, 2007,383(2):519-526.

[14]Zhang B l, Coggins R. Multiresolution forecasting for future trading using wavelet decomposition [J]. Neural Networks,2001,12(4):

765-775.

    [15]丁恒,郑小燕,刘燕,等.基于小波分析的随机交通流组合预测方法研究[J].系统仿真学报,2012,24(2):377-381.

    [16]张华,任若恩.基于小波分解和残差 GM(1,1)-AR 的非平稳时间序列预测[J].系统工程理论与实践,2010,30(6):1016-1020.

第三篇 物流低碳化关键技术

第 9 章 基于 ENTROPY-TOPSIS 的生鲜农产品低碳供应商选择

9.1 引言

进入 21 世纪以来,伴随着经济的快速发展,环境问题也面临前所未有的严峻局面。温室气体排放导致全球变暖以及极端气候现象的频繁出现,使全世界空前一致地认识到以牺牲环境为代价换来的经济发展并不具备可持续发展能力。因此,节能减排,发展低碳经济已经成为世界范围内关注的焦点。生鲜产品供应链作为具有高度能源依赖性和高碳排放业的典型代表,在为人们提供新鲜食材的同时,也对生态环境产生了较大的负面影响。随着我国政府环境保护意识的增强,生鲜产品供应链面临的节能减排压力日益凸显。与此同时,绿色环保观念的逐渐普及,使消费者对生鲜产品的需求快速增长,人们对生鲜食品的质量要求也日益严苛。为了保障人们"舌尖上的安全",生鲜食品需要全程冷链物流作为支撑以保证产品的新鲜度和品质。鉴于冷链物流的温控要求,需要投入更多的能源,并会产生更高的碳排,碳足迹遍布整个生鲜产品供应链的始终。因此,生鲜产品供应链实施低碳化管理已经到了刻不容缓的地步,其中的核心问题则是低碳供应商的选择。实施生鲜产品低碳供应商的选择不仅能从源头上控制二氧化碳的排放,更有利于整个生鲜产品供应链低碳化发展目标的实现。从而在保障生鲜产品新鲜安全的同时降低二氧化碳的排放量,达到经济效益、环境效益、消费者福利共赢的良好局面。而这一方面的理论研究还有待进一步深入。

鉴于这样的背景,本章提出了基于 ENTROPY-TOPSIS 的生鲜农产品低碳供应商选择模型,首先,构建生鲜产品低碳供应商评价指标体系;其次,建立了基于 ENTROPY-TOPSIS 评价模型;最后,采用实例对该模型进行验证。

9.2　供应商选择研究综述

供应商评价指标的研究最早可以追溯至 1966 年,由 Dickson 开启供应商评价指标研究的序幕,随后大量学者在该领域进行长时间研究并取得了较为丰富的成果[1]。Weber 等(1991)对过去的 74 篇文献进行了梳理,总结了供应商评价指标选择的研究现状,得出提到最多的指标分别为价格、交货、质量等[2]。Handfield(2002)分析了选择供应商最重要的 10 个因素[3]。王珊珊(2010)构建了包含质量因素、价格因素、生产能力、研发能力、服务能力 5 个一级指标的制造业企业供应商评价指标体系[4]。王传涛[5](2009)等针对按单定制供应链问题,建立包括产品成本、质量、企业柔性、企业信息化水平、客户满意度等供应商评价指标。伴随生鲜食品需求的迅速增加,专门针对生鲜食品供应商的选择研究也日益丰富。夏慧玲等(2014)认为在选择连锁超市生鲜食品供应商时,商品的品质、价格、交货水平等是主要考虑因素[6]。然而这些研究多集中于传统经济环境下的供应商选择。

随着世界范围内环境保护意识的日益加强,有关绿色低碳经济下供应商的选择研究逐渐进入人们的视野。刘彬等(2008)提出五维度的绿色采购下供应商评价体系,其核心包括供应链管理、生态设计运作管理、外部环境管理、环境认证等指标[7]。刘荣娟等(2014)构建了低碳经济发展模式下供应商评价指标,指出碳排放水平是核心指标之一[8]。李德庆等(2011)研究了绿色供应商的选择问题,认为应重点考虑上游供应商的绿色化指标、供应商环境性能指标、环境管理指标[9]。Atkinson(2008)为了帮助中小企业实施绿色供应商选择,为政府绿色采购网络组织构建了绿色供应商评价指标体系[10]。孙梅(2013)等建立了超市绿色农产品供应商选择指标体系,主要包括食品安全指标、产品和服务指标、业绩指标共三个一级指标[11]。尹政平(2014)基于开放经济背景,设计了具有基本指标、必选指标和可选指标的低碳供应商评价指标体系,并确定低碳指标为必选指标[12]。

有关低碳供应商评价方法的研究也不断涌现,形成了较为丰硕的理论成果。吴坚和曹清玮(2012)基于区间数相离度概念,提出了一种建立属性权重计算方法,解决不确定环境下绿色供应商的选择[13]。钟映竑和张培新(2014)提出了一种综合利用 FTOPSIS 和模糊多目标规划的低碳供应商评价集成方法,对低碳供应商进行选择评价,取得较好的效果[14]。吴立云和杨玉中(2011)在粗糙集和熵理论基础上形成均衡接近度,并以此作为评价准则对平顶山煤业集团战略供应商进行了选择[15]。郭媛媛和杨斌(2013)

以产品的温室效应、成本、质量等为目标,以碳排放限额为约束条件,建立了模糊多目标整数规划模型,并用算例验证了模型的有效性[16]。

　　然而,迄今为止,有关生鲜产品低碳供应商选择的针对性研究较为鲜见。鉴于这样的背景和研究现状,本书的相关研究有望在低碳经济迅速发展的情况下,指导生鲜产品供应链中低碳供应商的选择,从源头实施低碳化管理,达到经济效益和环境效益的双丰收。

9.3　供应商选择流程

　　生鲜产品低碳供应商的选择是否合理,直接影响到生鲜产品供应链的运作绩效。因此,必须建立科学规范的程序对供应商进行评价和选择,基本流程可分为以下五个步骤(图 9-1)。

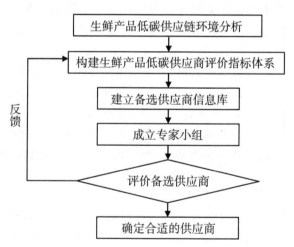

图 9-1　生鲜产品低碳供应商选择流程图

　　(1)分析生鲜产品低碳供应链的内部及外部环境,了解绿色经济背景下生鲜产品供应链的特点,确定绿色经济下环境保护观念对生鲜产品供应链以及供应商的具体要求。

　　(2)根据生鲜产品低碳供应链的内部及外部环境分析结果,确定低碳供应商的评价指标,构建能够满足绿色经济及低碳化要求的、多层次多维度的供应商选择评价指标体系,并将该指标体系予以公布。

　　(3)根据公布的指标,建立备选供应商信息库。对供应商进行初步筛选,符合基本要求的生鲜产品低碳供应商可以进入信息库,不符合基本要求的供应商直接剔除,后续会根据实际情况(如新的环境保护条例等)对信息库中的供应商进行动态调整。

(4)成立专家小组。根据生鲜产品低碳供应商选择需要的知识和经验,选择适合的评价专家。为了使评价结果真实可靠,专家的选择要涉及多部门多领域,例如,食品行业、环保部门、零售行业等。

(5)确定生鲜产品低碳供应商。根据专家评分的结果,采用合适的评价模型,对备选供应商进行评价,最终确定入选供应商名单。

9.4 生鲜农产品低碳供应商选择指标体系

9.4.1 构建原则

生鲜农产品低碳供应商的评价与选择是一个极其复杂的系统工程,绿色经济下低碳供应商的选择既要考虑经济性,又要考虑环境因素所带来的约束条件,应将供应商的产品质量、产品价格、服务能力、产品安全指标、管理能力、服务水平、环境保护指标、节能减排的意愿及能力等综合考虑,以符合全球、国家、地区和行业等相关法律、法规和制度。因此,在国家节能碳政策逐渐收紧的大趋势下,生鲜农产品供应商选择不得不考虑如何平衡经济效益与碳排环境效益的关系,亟待建立一套科学合理的量化评估指标体系。鉴于低碳供应商选择指标体系是一个综合、全面、复杂,且涉及多方面因素的复杂系统,在构建评价指标体系时,应遵循以下基本原则。

1)全面系统性

生鲜产品低碳供应商的评价与选择指标应采用系统观点构建,全面评估供应商的情况,该指标应能系统地反映出被考察供应商的综合实力。因此,不仅应考虑供应商的经济效益,还需重视其所创造的环境绩效和承担的社会责任等,应该将供应商的产品价格、服务能力、产品质量、管理能力、产品安全指标、企业文化、职工权益、环境保护指标、服务水平、节能减排的意愿及能力等综合考虑,更应突出考查企业在绿色经济背景下节能减排的能力和特色,以便于实现绿色低碳可持续发展战略。因此需要用系统的观点,全面系统地进行指标体系的构建。

2)动态扩充性

当前的社会发展日新月异,企业所处的市场经营环境在不断变化之中,并且全球各个国家的食品安全法规、环境标准、节能减排政策各不相同,即使在相同的国家,不同的地区和企业的环境标准随时会变化更新。与此同时,国家、地方或行业对不同行业不同发展时期的供应商扶持力度有所区分,不可避免地导致评估指标处于动态发展中,供应商的选择指标会稍有区别,这要求指标体系具备一定的动态扩展空间。因此,在绿色经济下,生鲜产品低碳供应商的选择要能够适应这些动态因素,便于及时调整,以期符合时代变革要求,保证节能减排的供应链管理的绩效。

3)科学性

绿色经济下生鲜产品低碳供应商的评价指标体系的建立应该坚持科学发展的基本原则,采用科学的理论与手段完成,统筹兼顾,使其符合全球可持续发展战略的理论依据和实践基础。因此,选择的指标体系必须是通过理论分析、观察、调研、测试、仿真、专家咨询等方式获取的明确结论的定量或定性指标,候选指标能够较为客观、真实与全面反映绿色经济下节能减排的内涵和本质,从不同视角与评估面进行低碳供应商的评估与选择。低碳指标的确定应考虑供应商经济实力、企业文化、发展阶段、行业特征及所处国家地区的宏观环境等实际情况,应避免出现因低碳因素扩大而造成贸易壁垒等,低碳指标的确定应考虑科学性原则。低碳供应商评估指标过大或过小,均不利于实现正确有效的选择,这里应坚持科学发展规律,以科学态度选取适当的指标项,建立适度的指标测度体系,以体现生鲜农产品低碳供应商的绿色、环保和低碳的科学指标。

4)可衡量性

生鲜农产品低碳供应商的评价指标体系是一个多层次、多维度的指标决策体系,各个指标应具备明确内涵,以便于横向与纵向比较,能够通过问卷调查、专家打分、实地调研、理论分析、文献查阅、大数据分析等方式,获得各指标的科学测度与衡量方法。评价指标的选取要注意可操作性,一方面大多数评价指标要能够被定量测度,这有利于公平、客观的对不同供应商进行评价,另外,对于那些难以量化的主观数据进行定性分级,即采用定性与定量相结合的方式,实现生鲜农产品低碳供应商选择指标体系的多维度衡量。同时,在指标的选取上,要注意各指标的独立性,减少重复和交叉现象,有利于减少相同内涵的指标体系出现不同测度结果的概率,避免造成供应商选择相互矛盾。

9.4.2　指标体系构建

生鲜产品低碳供应链评价指标体系如表 9-1 所示,共有一级评价指标10 个,二级评价指标达到 43 个。

表 9-1　生鲜产品低碳供应商评价指标体系

一级指标	二级指标	评价内容
质量因素指标	产品新鲜度	供应商提供的产品是否新鲜
	产品的合格率	供应商提供的产品的合格率
	质量认证体系	保障产品品质的质量认证体系
价格因素指标	产品价格	供应商提供的产品的价格
	性价比	价格是否与产品质量相符
	价格稳定性	供应商提供的产品价格是否稳定
	单位产品运输成本	供应单位产品的运输成本
服务能力指标	响应能力	按客户需求、订单频率等进行改变的能力
	订单处理能力	处理客户订单的水平与能力
	按时交货能力	供应商是否能按要求交货
	供货准确率	供应商是否能按照正确的数量、地点供货
	提前期	在保证性价比前提下,从下单到订单到达的时间
	售后服务能力	保质期、服务网点、响应速度
食品安全指标	食源性病菌	食源性病菌感染
	食品添加剂	食品添加剂的使用量、标准
	重金属	产品中重金属残留率
	农药残留	产品中农药残留率
	可追溯体系	生鲜产品的可追溯程度
供应商技术能力	产品改良能力	供应商持续改进产品质量的能力
	研发能力	供应商迅速而及时地开发出新产品的能力
低碳指标	单位产出碳排放	单位产品的平均碳排放
	单位产出运输碳排放	运输环节中的单位产出碳排放
	单位产出保鲜碳排放	保鲜环节中的单位产出碳排放
	节能减排目标	节能减排目标的设立及具体标准
	节能减排成本	供应商在节能减排过程中投入的成本
	二氧化碳总排放量	供应商经营过程中的碳排放量
	低碳管理培训	对员工开展低碳培训的次数
	低碳企业文化	企业的低碳理念
	低碳法规	当地政府低碳法律、法规、制度、标准等
	低碳风险评估与管理	低碳管理策略

一级指标	二级指标	评价内容
能耗指标	单位产出能耗	供应商经营过程中单位产出的能源消耗
	可再生能源消耗比	可再生新能源消耗比重
环境保护指标	环境管理体系认证	供应商实施环境管理体系并通过认证
	有害物质管理	供应商经营中产生对环境有害物质的管理
	污染控制措施	污水、固体废弃物等污染最小化的处理措施
	包装材料环保性	包装材料是否环保
绿色经营指标	资源回收率	资源与废弃物回收利用率
	有机食品	生鲜产品是否是有机食品
	生态种植/养殖	供应商是否生态种植/养殖
管理制度及信誉	管理制度	供应商采用现代科学管理制度的情况
	企业信誉	供应商的业内口碑及信誉
	政策遵守	遵守国家、地方与行业等的法律、法规、制度
	信息披露	重大信息的披露及时性等

1)质量因素

质量因素指标主要从基本层面就生鲜产品供应商提供的产品质量进行评价,该指标主要包括产品新鲜度、产品的合格率、质量认证体系 3 个二级指标。对于生鲜产品消费者来说,新鲜不仅是首要的,更是最主要的需求,消费者对"鲜"度的需求千差万别(基础需求、常识性需求、品质需求、安全需求、便利性需求、体验需求等),这里新鲜度仅仅用于测度供应商提供的产品在外观、色泽、味道等多方面反映出的产品品质,该定性评估指标能直接影响消费者的购买决策。产品合格率用于测度供应商提供的产品是否满足合同约定的合格品要求,通过抽检一定数量产品,计算不合格产品的百分比来实现定量评价。质量认证体系则可促使企业提高企业管理水平,按照相关规范流程确保产品质量,增强竞争力,更好地满足顾客需求,从而使得政府管理机构和消费者对该产品质量放心,因此选取评价供应商是否实施并通过质量认证,可较大限度地维护用户和消费者权益。

2)价格因素指标

价格因素指标包括产品价格、性价比、价格稳定性、单位产品运输成本 4 个二级指标。产品价格是一个量化评估指标,可用于供应商之间的横向对比,反映该供应商提供的产品是否具备价格优势,又便于展开供应商自身的纵向比较,体现该供应商所提供产品的价格变化趋势,预判价格走向。性价比,顾名思义,这体现出一个价格与性能之间的比例关系,通常要求在满足一定性能要求的基础上,再讨论定价是否合适,商品物美价廉(品质好,价格低)体现的性价比通常较高,可通过问卷调查、实地调研、领域专家打分等方式衡量性价比。价格稳定性,通过在某固定供货周期内,对供应商所提供的生鲜农产品价格发生波动的次数与波动比例进行统计和测度获得。高昂的运输成本是物流成本居高不下的重要原因之一,单位产品运输成本能较好地体现出供应商运输能力大小、运输方式、运输工具和设备的利用率、运输能源消耗成本等,还能在一定程度上反映出供应商配送距离(一般而言,区域较远的供应商,单位产品运输成本较高)。

3)服务能力指标

服务能力指标涵盖响应能力、订单处理能力、按时交货能力、供货准确率、提前期、售后服务能力 6 个二级指标。响应能力用来衡量供应商对用户需求变化的针对性反应速度是否敏捷,例如,用户对农产品产地、种类、色泽等购买要素发生动态变化,供应商是否具备能力及时调整货源。订单处理能力用于评价供应商订单处理的速度和准确率,主要业务流程包括准备订单、传递订单、订单登录、依据订单供货、跟踪订单处理状态等业务活动。按时交货能力,体现出供货商的生产运营能力与管理水平高低,反映其是否能按照合同约定,按时提供货物。供货准确率可以测度供应商在多次供货过程中是否在品类、数量上发生差错,在一定程度上体现了供应商的管理水平和责任感。提前期直接以客户从发出订货到收到订货为止的时间进行测度,该指标已成为从传统的成本优先的竞争模式转化为时间优先的竞争模式下反映供应商供货核心竞争力的重要指标之一。售后服务则主要以产品保质期、服务网点布局和响应时间来进行定量评价。

4)食品安全指标

食品安全指标包括食源性病菌、食品添加剂、重金属、农药残留、可追溯体系 5 个二级指标。"民以食为天",食品安全关系广大消费者身体健康与生命安全,我们应建立与完善严格的食品安全保障体系,切实确保"舌尖上的安全"。食源性病菌指通过摄食而进入人体的有毒有害物质(包括生物性病原体)等致病因子,人们食用带有致病病菌的食物后会产生疾病,当前,我国食品受食源性致病菌污染严重,生鲜食品尤为突出,因此,该指标成为供应商食品安全供应的重要指标之一。食品添加剂的滥用以及超标使用情况当前形式则更为严峻,适量的食品添加剂有助于改善产品的品质,但过度使用将影响消费者的身体健康,该指标也是供应商食品安全供应的指标之一。重金属指标超标通过测量每单位重量产品的重金属含量来检验。农药残留指标选用每单位重量产品残留的农药重量进行量化评价。随着我国城乡居民食品消费结构升级,生鲜食品的需求量迅速增长,该类食品保鲜期短,极易腐烂变质,对温度等贮藏环境依赖性强,有必要建立从生产加工到流通消费的全程监管机制和可追溯体系,有效监管供应商是否按相关规定流程运营管理,保障消费者合法权益。

5)供应商技术能力

供应商技术能力涉及产品改良能力、研发能力 2 个二级指标。产品改良能力指供应商持续改进产品质量的能力,可以用统计时间内,供应商改良产品的次数来评价。研发能力指生鲜产品供应商能够迅速而及时地开发出新产品能力,可以用统计时间内供应商开发新产品的投入及成果来衡量。

6)低碳指标

低碳指标包含单位产出碳排放、单位产出运输碳排放、单位产出保鲜碳排放、节能减排目标、节能减排成本、二氧化碳总排放量、低碳管理培训、低碳企业文化、低碳法规、低碳风险评估与管理共 10 个二级指标。温室效应和能源危机已经成为世界各国共同面临的严峻挑战,传统物流运作模式已难以为继,推动节能减排已成为物流企业实现资源节约、生态文明、环境友好的可持续发展战略的有效途径。合适的低碳指标有利于科学评估与控制碳排放。单位产出碳排放、单位产出运输碳排放、单位产出保鲜碳排放均可直接进行测度比较。节能减排目标需要通过考察供应商是否确定明确的目标以及实现程度来确定。节能减排成本以一个自然年用于节能减排的总投入经费来衡量。低碳管理培训用供应商在统计期内进行培训的次数来比较评价。低碳法规以当地政府低碳法律、法规、制度、标准等来综合评价。

7)能耗指标

能耗指标包括单位产出能耗、可再生能源消耗比 2 个二级指标。鉴于全球碳基能源需求量持续增长,能源安全忧虑日益加剧,物流行业作为耗能大户之一,合理的测度能耗,便于企业有效地展开节能行动。单位产出能耗用于描述供应商产生单位产出所消耗的能源,一般反映了企业日常生产对能源的利用程度,体现了企业经济结构与能源结构的内在联系,用单位能耗与单位产值的比率来描述。可再生能源消耗比用可再生新能源消耗量与能源消耗总量的比率来测度,反映了企业新能源使用程度,如风能、太阳能等清洁能源利用。

8)环境保护指标

环境保护指标包括环境管理体系认证(Environmental Management System,EMS)、有害物质管理、污染控制措施、包装材料环保性 4 个二级指标。环境管理体系认证用供应商环境管理体系实施及认证结果进行综合评分,明确企业职责和义务,有效防止企业对环境的不利影响。有害物质管理指企业制定相关制度与规程,对生产过程中产出的有害物质实施有效的管理和控制,通常通过判别管理规定是否健全及有害物质的处理程度来测度。污染控制指企业对生产过程中产生的污水、废气、噪声、风尘等实施有效控制,通常引入后处理设备管控。包装材料的环保性以供应商采用环保包装占所有包装的比率来衡量,应推行可回收的绿色环保包装理念。

9)绿色经营指标

绿色经营指标包括资源回收率、有机食品、生态种植(养殖)3 个二级指标。资源回收率以生鲜产品供应商的资源与废弃物回收利用率来度量。有机食品以供应商提供的有机产品占总产品的数量来测度,有机食品越来越受到消费者重视,这符合当前人们消费升级的趋势。生态种植(养殖)以供应商在种植(养殖)过程中,是否采用生态方式来评价,最大限度地实现经济效益与生态环境效益的统一。

10)管理制度及信誉

管理制度及信誉涉及管理制度、企业信誉、政策遵守、信息披露 4 个二级指标,这些二级指标均可以通过专家评分法来量化评价。管理制度指供应商采用现代科学管理制度的情况,生产运营是否符合现代化生产需要。企业信誉是供应商得到的社会认可程度,用于定性评价供应商的业内口碑及信誉,这决定了供应商取得社会公共资源、发展机会和支持的能力。政策遵守用以对供应商对国家、地方与行业等的法律、法规、制度的遵守情况进行评价,例如节能减排指标、食品安全评估等法律法规。信息披露主要以重大信息的披露及时性、公开性和准确性等来进行评价,以保障消费者的知情权。

9.5   基于 ENTROPY-TOPSIS 的供应商评价模型

供应商评价与选择是供应链领域的热点问题,科学地对备选供应商进行评价并做出选择,需要借助适合的评价模型。当前广泛应用于供应商评价领域的模型众多,主要包括层次分析法(AHP)、模糊综合评价法、线性规划法、数据包络分析(DEA 模型)、多属性决策方法(如 TOPSIS)、人工神经网络等。这些方法各有其特点和优势,例如,层次分析法简单实用、操作方便,但其权重的设定主观因素较为突出;模糊综合评价法能较好地解决模糊的、难以量化的问题,适合对各种非确定性指标进行测度,但是对于指标间的相关性造成的信息重复无法很好地解决。TOPSIS 法是多目标决策分析中一种常用的有效方法,能够体现备选供应商的整体特性,但要求各效用函数具有单调递增(或递减)性。由此可见,这些常用方法各有其优势和不足,单独应用于供应商评价时很难全面客观的对不同供应商进行综合的度量,因此,本文采用基于 ENTROPY-TOPSIS 的供应商评价模型,综合应用了熵权法和逼近理想点法的优点,既能有效利用信息熵的客观性,又能兼顾评价者的经验和偏好,使评价结果更为综合、全面,并且更符合实际情况。

9.5.1　低碳农产品供应商评价指标的动态估值方法

现有的供应商评价方法大多根据现有状况对不同评价指标进行测度估值。这样的评价方式,固然可以反映备选生鲜产品低碳供应的最新情况,却忽视了被考核者历史水平对未来绩效的影响。如果被考核者现有的良好绩效由一些突发原因造成,并不具备长期的可持续发展性,则难免使评价结果产生偏差。因此,动态的估值方式更为科学合理,该方法不仅考察供应商当前的绩效水平,也把供应商过去的绩效表现纳入考察范围,使供应商的评价结果能够更加客观、公正。因此,本文采用动态估值的方法,利用对历史数据评估加权对所有供应商当前绩效和历史绩效进行综合连续的评价,具体的操作方法如下:

假设供应商评价指标合计有 n 个,拟对 m 个备选供应商展开评估,设第 i 个备选供应商针对评价指标 j 的评价结果为 x_{ij},在 v 时期的评价值设为 x_{ij}^v,则基于评价指标 j 的第 i 个备选供应商动态估值 x_{ij} 如式(9-1)所示:

$$x_{ij} = \gamma_1 x_{ij}^1 + \gamma_2 x_{ij}^2 + \cdots + \gamma_v x_{ij}^v + \cdots$$

$$= \sum_{k=1}^{v} \gamma_k x_{ij}^k \tag{9-1}$$

其中,γ_k 为评价期估值的权重,且 $\sum_{k=1}^{v} \gamma_k = 1$。鉴于越靠近当前时刻的指标信息越具参考性,其权重越大,因此在式(9-1)中 $\gamma_k < \gamma_{k+1}$。

9.5.2　基于 ENTROPY 赋权策略

熵最早来自于物理学领域,是一个热力学概念,由热力学第二定律产生引出的一个物资状态参量,主要用来反映自发过程不可逆性。1948 年 Shannon 采用概率方法,引入信息熵的概念,奠定了现代信息论的坚实基础,后来逐渐在商业管理和工程管理等众多领域得到广泛应用。申农提出的信息熵的概念与热力学熵的基本概念有所不同,尽管这个定义也具有热力学熵的基本内涵和性质,例如,单值性、可加性和极值性。但它更多地突破了热力学熵的概念,被赋予了更为广泛和普遍的内涵,被称之为广义熵,其定义如公式(9-2)所示。

$$H(x) = -\sum_{i=1}^{n} P(a_i) \log_2 P(a_i) \qquad (9\text{-}2)$$

其中,a_i 为信源可能取值的消息;$P(a_i)$ 为选择信源消息 a_i 作为消息的先验概率;信息熵 $H(x)$ 描述了信源输出具备的平均信息量,体现了信源整体的统计特征。

熵权法是一种客观赋权方法。按照信息论基本原理的解释,信息是系统有序程度的一个度量,熵是系统无序程度的一个度量;如果指标的信息量越大,不确定性就越小,熵也就越小,在综合评价中所起作用理当越大,权重就应该越高。反之信息量越小,不确定性就越大,熵也越大,在综合评价中所起作用理当越小,权重就应该越低。应用熵可以度量评价指标体系中指标数据所蕴涵的信息量,并依此确定各指标的权重。具体步骤如下:

(1)基于 n 个评价指标对 m 个备选供应商展开评价,假设针对评价指标 j 供应商 i 的评价结果为 x_{ij},结合式(9-1),得到供应商的评价矩阵 X 为

$$X = (x_{ij})_{m \times n} = \begin{bmatrix} x_{11} & x_{12} & \cdots & x_{1n} \\ x_{21} & x_{22} & \cdots & x_{2n} \\ \vdots & \vdots & \vdots & \vdots \\ x_{m1} & x_{m2} & \cdots & x_{mn} \end{bmatrix} = \begin{bmatrix} \sum_{k=1}^{v} \gamma_k x_{11}^k & \cdots & \sum_{k=1}^{v} \gamma_k x_{1n}^k \\ \sum_{k=1}^{v} \gamma_k x_{21}^k & \cdots & \sum_{k=1}^{v} \gamma_k x_{2n}^k \\ \vdots & \vdots & \vdots \\ \sum_{k=1}^{v} \gamma_k x_{m1}^k & \cdots & \sum_{k=1}^{v} \gamma_k x_{mn}^k \end{bmatrix}$$

(2)对初始矩阵 X 进行归一化处理,得到归一化判断矩阵 Y。

$$Y = (y_{ij})_{m \times n}, y_{ij} = \frac{x_{ij}}{\sum_{i=1}^{m} x_{ij}}, i = 1, 2, 3, \cdots, m$$

(3)计算第 j 项指标的信息熵。

$$e_j = -\frac{1}{\ln m} \sum_{i=1}^{m} y_{ij} \ln y_{ij}$$

其中,$0 \leqslant e_j \leqslant 1$,当 $e_j = 1$ 时,说明系统处于完全无序状态,即指标 j 的评价值对综合评价的效用值为零。由此,定义第 j 项指标的信息熵与1的差值为该指标信息效用,即 $t_j = 1 - e_j$,t_i 越高,说明该指标效用越大,对评价结果

的重要性越显著,则应赋予的权重越高。因此,可以赋予评价指标 j 的权值为 $\lambda_j = \dfrac{t_j}{\sum\limits_{j=1}^{n} t_j}$。同理,对所有评价指标进行赋权。

9.5.3　基于 TOPSIS 的供应商评估方法

在确定了评价指标体系以及评价指标的客观权重的基础上,运用基于群体理想解的多属性决策对供应商进行选择。TOPSIS 法是一种逼近于理想解的排序法,是多目标决策分析中一种常用的有效方法,又称为优劣解距离法。TOPSIS 法的基本原理是通过测度评价对象距离最优解、最劣解的远近来对其进行排序。"理想解"和"负理想解"是 TOPSIS 法的两个基本概念,其中"理想解"为最优方案,它的每个属性值都达到各备选方案的最好水平。而"负理想解"为最劣方案,它的每个属性值都达到各备选方案的最差水平。把各个备选方案同"理想解"和"负理想解"进行比较,如果评价对象距离最优解最近,同时又距离最劣解最远,则认为该评价对象最好。反之,则认为评价对象为最差。

假设有 p 个决策者 $\{V_1, V_2, \cdots, V_P\}$ 基于 n 个评价指标对 m 个供应商 $\{S_1, S_2, \cdots, S_m\}$ 展开评价,各指标的权重为 λ_j,$\sum\limits_{j=1}^{n} \lambda_j = 1, j = 1, 2, \cdots, n$;依据决策者重要性或专业领域的不同,对于第 j 个指标赋予决策者 i 权重为 $\omega_j^i, i = 1, 2, \cdots, p$,且 $\sum\limits_{i=1}^{P} \omega_j^i = 1$,则各专家的评价结果的标准化矩阵为 B^p,具体的评估步骤如下:

(1)计算加权决策矩阵,由 ENTROPY 赋权得到各评价指标的权重 λ_j,对各决策者的评价结果进行赋权,得到加权的第 k 个专家的决策矩阵 A_{ij}^k,为了统一量纲,通常采用归一化处理决策矩阵。

$$
A_{ij}^k = \begin{bmatrix}
\lambda_1 \omega_1^k b_{11}^k & \cdots & \lambda_j \omega_j^k b_{1j}^k & \cdots & \lambda_n \omega_n^k b_{1n}^k \\
\lambda_1 \omega_1^k b_{21}^k & \cdots & \lambda_j \omega_j^k b_{2j}^k & \cdots & \lambda_n \omega_n^k b_{2n}^k \\
\vdots & \vdots & \vdots & \vdots & \vdots \\
\lambda_1 \omega_1^k b_{i1}^k & \cdots & \lambda_j \omega_j^k b_{ij}^k & \cdots & \lambda_n \omega_n^k b_{in}^k \\
\vdots & \vdots & \vdots & \vdots & \vdots \\
\lambda_1 \omega_1^k b_{m1}^k & \cdots & \lambda_j \omega_j^k b_{mj}^k & \cdots & \lambda_n \omega_n^k b_{mn}^k
\end{bmatrix} = \begin{bmatrix}
a_{11}^k & \cdots & a_{1j}^k & \cdots & a_{1n}^k \\
a_{21}^k & \cdots & a_{2j}^k & \cdots & a_{2n}^k \\
\vdots & \vdots & \vdots & \vdots & \vdots \\
a_{i1}^k & \cdots & a_{ij}^k & \cdots & a_{in}^k \\
\vdots & \vdots & \vdots & \vdots & \vdots \\
a_{m1}^k & \cdots & a_{mj}^k & \cdots & a_{mn}^k
\end{bmatrix}
$$

(2)根据各个决策者评价结果的加权决策矩阵 A_{ij}^k,确定第 k 个专家对 m 个备选供应商的第 j 评选指标的理想解 $W_j^{k+} = a_j^{k+} = \max\limits_{i \in \{1, 2, \cdots, m\}} \{a_{ij}^k\}$ 以及

负理想解 $W_j^{k-} = a_j^{k-} = \min\limits_{i \in \{1,2,\cdots,m\}} \{a_{ij}^k\}$，其中 $i=1,2,\cdots,m,k=1,2\cdots,p$ 和 $j=1,2,\cdots,n$。

（3）采用欧式距离，计算第 k 个专家对第 i 个备选供应商的评价值与理想解 W^{k+} 和负理想解 W^{k-} 之间的距离 D_{ki}^+ 和 D_{ki}^-，其中 $D_{ki}^+ = \sqrt{\sum\limits_{j=1}^{m}(a_j^{k+} - a_{ij}^k)^2}$ 和 $D_{ki}^- = \sqrt{\sum\limits_{j=1}^{m}(a_j^{k-} - a_{ij}^k)^2}$。

（4）计算第 k 个专家对第 i 个备选供应商在群体意义上的综合评价值，构成各评估专家对各个供应商方案的评价值与理想解之间的贴近度矩阵 C。

$$C = \begin{bmatrix} c_{11} & \cdots & c_{k1} & \cdots & c_{p1} \\ c_{12} & \cdots & c_{k2} & \cdots & c_{p2} \\ \vdots & \vdots & \vdots & \vdots & \vdots \\ c_{1i} & \cdots & c_{ki} & \cdots & c_{pi} \\ \vdots & \vdots & \vdots & \vdots & \vdots \\ c_{1m} & \cdots & c_{km} & \cdots & c_{pm} \end{bmatrix}，其中\ c_{ki} = \frac{D_{ki}^{k-}}{D_{ki}^{k+} + D_{ki}^{k-}}, k=1,2,\cdots,p\ 和$$

$i=1,2,\cdots,m$。

（5）基于贴近度矩阵 C，求取所有候选供应商方案集的群体理想解 S^+ 和群体负理想解 S^-。记 $S^+ = (s_1^+, s_2^+, \cdots, s_k^+, \cdots, s_p^+)$ 和 $S^- = (s_1^-, s_2^-, \cdots, s_k^-, \cdots, s_p^-)$，其中 $s_k^+ = \max\limits_{k \in \{1,2,\cdots,m\}} \{c_{ki}\}$ 和 $s_k^- = \min\limits_{k \in \{1,2,\cdots,m\}} \{c_{ki}\}$。

（6）计算针对群体而言的第 i 个备选供应商方案与群体理想解 S^+ 的相对贴近度 $f_i = \frac{f^-}{f^+ + f^-}$，其中 $f^+ = \sqrt{\sum\limits_{j=1}^{p}(c_{ki} - s_k^+)^2}$ 和 $f^- = \sqrt{\sum\limits_{j=1}^{p}(c_{ki} - s_k^-)^2}$。

（7）比较 $\{f_1, f_2, \cdots, f_i, \cdots, f_m\}$ 的大小。f_i 越小，说明在群体决策情况下，第 i 选供应商方案离理想值越远，则该供应商不理想，反之则越理想。

9.6 算例

假设有 4 个供应商，10 个评估专家，仅选取低碳指标中单位产出碳排放、单位产出运输碳排放和单位产出保鲜碳排放这三项作为评价指标，结合各候选供应商的历史绩效，各个专家的评价结果矩阵分别为

$$\theta_1 = \begin{bmatrix} 8 & 7.8 & 9 & 8.5 \\ 8.4 & 7 & 8.7 & 6 \\ 7.9 & 8.5 & 8.5 & 8.3 \end{bmatrix}, \theta_2 = \begin{bmatrix} 6 & 8.8 & 7.9 & 8.2 \\ 9 & 8.5 & 7.9 & 7.8 \\ 7.9 & 8.5 & 8.5 & 8.3 \end{bmatrix}$$

$$\theta_3 = \begin{bmatrix} 7 & 7.8 & 9 & 7.9 \\ 7.8 & 9 & 8.7 & 8.9 \\ 7.9 & 8.5 & 8.5 & 8.3 \end{bmatrix}, \theta_4 = \begin{bmatrix} 8 & 7.8 & 6.6 & 8.5 \\ 8.4 & 8.3 & 8.7 & 8.8 \\ 9.5 & 8.5 & 8.5 & 8.3 \end{bmatrix}$$

$$\theta_5 = \begin{bmatrix} 8.7 & 7.8 & 9 & 8.4 \\ 8.4 & 9 & 8.7 & 7 \\ 7.9 & 8.5 & 8.5 & 8.3 \end{bmatrix}, \theta_6 = \begin{bmatrix} 7.9 & 7.8 & 9 & 8 \\ 8.4 & 8.3 & 8.4 & 9 \\ 6.5 & 8.5 & 8.5 & 6.5 \end{bmatrix}$$

$$\theta_7 = \begin{bmatrix} 8.3 & 8.7 & 8.9 & 8.5 \\ 8.4 & 8.3 & 8.7 & 9 \\ 6.9 & 7.9 & 8.5 & 7.9 \end{bmatrix}, \theta_8 = \begin{bmatrix} 8 & 7.8 & 8 & 8.5 \\ 8.4 & 7.9 & 8.7 & 9 \\ 7.9 & 8.5 & 8.5 & 8.3 \end{bmatrix}$$

$$\theta_9 = \begin{bmatrix} 8 & 9 & 9 & 8.5 \\ 8.4 & 8 & 8.7 & 8.8 \\ 7.9 & 8.5 & 7.8 & 8.3 \end{bmatrix}, \theta_{10} = \begin{bmatrix} 8 & 8.3 & 8.6 & 8.5 \\ 8.4 & 8.3 & 9 & 8.8 \\ 7.9 & 8 & 8.5 & 9 \end{bmatrix}$$

9.6.1　基于熵权法对三个评估指标赋权

首先通过计算每个专家对每个指标的平均打分,则专家团队针对每个指标的平均评价矩阵 $\bar{\theta}$、归一化矩阵 $\hat{\theta}$、信息熵及评价指标的权值如下所示。

$$\bar{\theta} = \begin{bmatrix} 8.325 & 7.525 & 8.3 \\ 7.725 & 8.3 & 8.3 \\ 7.8 & 8.6 & 8.3 \\ 7.725 & 8.55 & 8.7 \\ 8.475 & 8.275 & 8.3 \\ 8.175 & 8.525 & 7.45 \\ 8.6 & 8.6 & 7.9 \\ 8.075 & 8.5 & 8.3 \\ 8.625 & 8.475 & 8.125 \\ 8.35 & 8.625 & 8.35 \end{bmatrix}, \text{归一化得} \hat{\theta} = \begin{bmatrix} 0.101679 & 0.08961 & 0.101189 \\ 0.094351 & 0.098839 & 0.101189 \\ 0.095267 & 0.102411 & 0.101189 \\ 0.094351 & 0.101816 & 0.106065 \\ 0.103511 & 0.098541 & 0.101189 \\ 0.099847 & 0.101518 & 0.090826 \\ 0.105038 & 0.102411 & 0.096312 \\ 0.098626 & 0.101221 & 0.101189 \\ 0.105344 & 0.100923 & 0.099055 \\ 0.101985 & 0.102709 & 0.101798 \end{bmatrix}$$

按照定义求取各指标的信息熵 $e_1 = 0.999649$,$e_2 = 0.999691$,$e_3 = 0.999679$;信息效用 $t_1 = 0.000351$,$t_2 = 0.000309$,$t_3 = 0.000321$;指标权重 $\lambda_1 = 0.357976$,$\lambda_2 = 0.314659$,$\lambda_3 = 0.327365$。

9.6.2　基于群体理想解的供应商评估

考虑到这里仅为示意算例,为便于求解,假设各指标属性下每位决策者拥有的权重相同 $\omega_j^i = 0.1$,其中 $i = 1, 2, \cdots, 10$ 和 $j = 1, 2, 3$。

（1）计算专家的标准决策矩阵，仅给出第 1 号专家的决策矩阵 A^1 及归一化处理后的标准专家决策矩阵 $\overline{A^1}$ 的计算流程，其他专家的仅给出标准决策矩阵。

$$A^1 = \begin{bmatrix} 0.357976 \times 0.1 \times 8 & 0.314659 \times 0.1 \times 8.4 & 0.327365 \times 0.1 \times 7.9 \\ 0.357976 \times 0.1 \times 7.8 & 0.314659 \times 0.1 \times 7 & 0.327365 \times 0.1 \times 8.5 \\ 0.357976 \times 0.1 \times 9 & 0.314659 \times 0.1 \times 8.7 & 0.327365 \times 0.1 \times 8.5 \\ 0.357976 \times 0.1 \times 8.5 & 0.314659 \times 0.1 \times 6 & 0.327365 \times 0.1 \times 8.3 \end{bmatrix}$$

$$\overline{A^1} = \begin{bmatrix} 0.24024 & 0.27907 & 0.237952 \\ 0.234234 & 0.232558 & 0.256024 \\ 0.27027 & 0.289037 & 0.256024 \\ 0.255255 & 0.199336 & 0.25 \end{bmatrix}$$

$$\overline{A^2} = \begin{bmatrix} 0.194175 & 0.271084 & 0.237952 \\ 0.28479 & 0.256024 & 0.256024 \\ 0.255663 & 0.237952 & 0.256024 \\ 0.265372 & 0.23494 & 0.25 \end{bmatrix}$$

$$\overline{A^3} = \begin{bmatrix} 0.224359 & 0.226744 & 0.237952 \\ 0.25 & 0.261628 & 0.256024 \\ 0.253205 & 0.252907 & 0.256024 \\ 0.272436 & 0.258721 & 0.25 \end{bmatrix}$$

$$\overline{A^4} = \begin{bmatrix} 0.2589 & 0.245614 & 0.272989 \\ 0.252427 & 0.24269 & 0.244253 \\ 0.213592 & 0.254386 & 0.244253 \\ 0.275081 & 0.25731 & 0.238506 \end{bmatrix}$$

$$\overline{A^5} = \begin{bmatrix} 0.256637 & 0.253776 & 0.237952 \\ 0.230088 & 0.271903 & 0.256024 \\ 0.265487 & 0.26284 & 0.256024 \\ 0.247788 & 0.21148 & 0.25 \end{bmatrix}$$

$$\overline{A^6} = \begin{bmatrix} 0.24159 & 0.246334 & 0.218121 \\ 0.238532 & 0.243402 & 0.285235 \\ 0.275229 & 0.246334 & 0.218121 \\ 0.244648 & 0.26393 & 0.278523 \end{bmatrix}$$

$$\overline{A^7} = \begin{bmatrix} 0.241279 & 0.244186 & 0.218354 \\ 0.252907 & 0.241279 & 0.25 \\ 0.258721 & 0.252907 & 0.268987 \\ 0.247093 & 0.261628 & 0.262658 \end{bmatrix}$$

$$\overline{A^8} = \begin{bmatrix} 0.247678 & 0.247059 & 0.237952 \\ 0.241486 & 0.232353 & 0.256024 \\ 0.247678 & 0.255882 & 0.256024 \\ 0.263158 & 0.264706 & 0.25 \end{bmatrix}$$

$$\overline{A^9} = \begin{bmatrix} 0.231884 & 0.247788 & 0.243077 \\ 0.26087 & 0.235988 & 0.261538 \\ 0.26087 & 0.256637 & 0.24 \\ 0.246377 & 0.259587 & 0.255385 \end{bmatrix}$$

$$\overline{A^{10}} = \begin{bmatrix} 0.239521 & 0.243478 & 0.236527 \\ 0.248503 & 0.24058 & 0.239521 \\ 0.257485 & 0.26087 & 0.254491 \\ 0.254491 & 0.255072 & 0.269461 \end{bmatrix}$$

(2)根据理想解及负理想解定义,计算各个决策者的理想解与负理想解。

$$W^{1+} = (0.27027, 0.289037, 0.256024)$$
$$W^{2+} = (0.28479, 0.271084, 0.256024)$$
$$W^{3+} = (0.27243, 0.261628, 0.256024)$$
$$W^{4+} = (0.275081, 0.25731, 0.272989)$$
$$W^{5+} = (0.265487, 0.27190, 0.256024)$$
$$W^{6+} = (0.275229, 0.26393, 0.285235)$$
$$W^{7+} = (0.258721, 0.26162, 0.268987)$$
$$W^{8+} = (0.263158, 0.26470, 0.256024)$$
$$W^{9+} = (0.26087, 0.259587, 0.261538)$$
$$W^{10+} = (0.257485, 0.26087, 0.269461)$$
$$W^{1-} = (0.234234, 0.199336, 0.237952)$$
$$W^{2-} = (0.194175, 0.23494, 0.237952)$$
$$W^{3-} = (0.224359, 0.226744, 0.237952)$$
$$W^{4-} = (0.213592, 0.24269, 0.238506)$$
$$W^{5-} = (0.230088, 0.21148, 0.237952)$$
$$W^{6-} = (0.238532, 0.243402, 0.218121)$$
$$W^{7-} = (0.241279, 0.241279, 0.218354)$$
$$W^{8-} = (0.241486, 0.232353, 0.237952)$$
$$W^{9-} = (0.231884, 0.235988, 0.240000)$$
$$W^{10-} = (0.239521, 0.24058, 0.236527)$$

（3）计算贴近度矩阵。

$$C = \begin{bmatrix} 0.6869 & 0.2811 & 0 & 0.7406 & 0.6484 & 0.0520 & 0.0490 & 0.3500 & 0.2512 & 0.0654 \\ 0.3608 & 0.8628 & 0.6765 & 0.4990 & 0.6405 & 0.4478 & 0.5425 & 0.3170 & 0.6047 & 0.2024 \\ 1 & 0.5925 & 0.6703 & 0.1609 & 0.8775 & 0.3466 & 0.8628 & 0.6297 & 0.6207 & 0.6842 \\ 0.2099 & 0.6352 & 0.8981 & 0.6470 & 0.2529 & 0.6718 & 0.7876 & 0.8712 & 0.6800 & 0.8565 \end{bmatrix}$$

（4）计算决策者集合的群体理想解。

$$W^+ = (1, 0.8628, 0.8981, 0.7406, 0.8775, 0.6718, 0.8628, 0.8712, 0.68, 0.8565)$$

$$W^- = (0.3608, 0.2811, 0, 0.1609, 0.2529, 0.052, 0.049, 0.3170, 0.2512, 0.0654)$$

（5）计算候选供应商对决策者集合的群体理想解的相对贴近度。

$$g_1 = 0.29509, g_2 = 0.511313, g_3 = 0.669907, g_4 = 0.633823$$

（6）供应商方案排序。根据相对贴近度的高低，供应商选择方案优先级排序为：方案 3＞方案 4＞方案 2＞方案 1，则供应商 3 是最优选择方案。

9.7　总结

本章针对生鲜农产品低碳供应商选择问题展开了研究。首先构建了一个包含低碳指标、能耗指标、环境保护指标、绿色经营指标在内的生鲜农产品低碳供应商评价指标体系，该体系由 10 个一级指标，43 个二级指标构成。其次，建立了基于 ENTROPY-TOPSIS 评价模型，利用熵权法对供应商评价指标进行客观赋权，然后采用 TOPSIS 模型对备选供应商进行评价。最后，采用实例验证了该模型的有效性。

生鲜农产品低碳供应商选择问题是生鲜产品供应链的重要研究内容之一。本章的研究未考虑评价指标中部分指标具有模糊性的特征，未来将就这一问题进行深入研究。

参考文献

[1]Dickson Gray W. An Analysis of Vendor Selection Systems and Decisions[J]. Journal of Purchasing, 1966, (1):5-17.

[2]Charles A Weber, John R Current. Vendor Selection Criteria and Methods [J]. European Journal of Operational Research, 1991, (3):2-18.

[3]Handfield, R. and Walton, S., et al. Applying environmental criteria to supplier assessment: A study in the application of the analytical hierarchy process [J]. European Journal of Operational Research, 2002, 141:

70-87.

[4]王珊珊,邰振华.制造业企业供应商选择评价指标体系设计[J].物流科技,2010,33(3):35-37.

[5]王传涛,徐扬.按单定制供应链(BOSC)情形下供应商的评价指标体系与方法研究[J].北京交通大学学报:社会科学版,2009,8(3):41-46.

[6]夏慧玲,林小芳.基于熵组合权和 TOPSIS 法相结合的连锁超市生鲜商品供应商选择[J].企业改革与管理,2014,(21):74-77.

[7]刘彬,朱庆华,蓝英.绿色采购下供应商评价指标体系研究[J].管理评论,2008,20(9):20-25.

[8]刘荣娟,赵道致.低碳经济发展模式下供应商选择问题研究[J].北京交通大学学报:社会科学版,2014,13(1):8-14.

[9]李德庆,李春芳,向钰.层次分析法在绿色供应商评价与选择中的应用研究[J].昆明理工大学学报:社会科学版,2011,11(2):49-55.

[10] William Atkinson. Government program provides Lean and Green supplier assessments[J]. Purchasing,2008,(12):15-17.

[11]孙梅,赵越春,李广水.食品安全视角下绿色农产品供应商的选择[J].江苏农业科学,2013,41(12):423-426.

[12]尹政平.开放经济背景下低碳供应商的选择[J].中国流通经济,2014,28(4):56-60.

[13]吴坚,曹清玮.不确定决策环境下绿色供应商选择方法研究[J].运筹与管理,2012,21(1):220-225.

[14]钟映竑,张培新.运用一种集成方法的低碳供应商选择[J].重庆理工大学学报:自然科学版,2014,28(10):116-121.

[15]吴立云,杨玉中.基于粗糙集-熵理论的绿色供应商选择模型研究[J].工业工程与管理,2011,16(2):34-39.

[16]郭媛媛,杨斌.基于低碳理念的绿色供应商选择模型[J].安徽工业大学学报:自然科学版,2013,30(2):208-212.

第 10 章　碳税下考虑新鲜度影响的
生鲜配送中心选址

10.1　引言

随着能源危机与温室效应的逐步恶化,传统物流运作模式已难以为继。为了适应新形式,加快物流业转型升级,国务院在《物流业发展中长期规划(2014—2020 年)》中明确指出:"必须按照建设生态文明的要求,促进一体化运作和网络化经营,大力发展绿色物流,推动节能减排,切实降低能耗、减少排放、缓解交通压力。"物流网络作为物流系统的载体和支撑,其设计的科学性不仅直接影响物流系统的运作效率,也对物流系统碳排放规模起着举足轻重的作用。物流网络设计的核心内容之一配送中心选址已成为低碳物流领域的热点课题。其中,生鲜配送中心的低碳选址问题尤为迫切,因为冷链物流相较普通物流体现出更高的能源依赖性,也容易产生更多的碳排。与此同时,鉴于生鲜食品的易腐性、时鲜性特征,使得消费者非常重视产品的新鲜度,而配送中心的选址方案会对生鲜产品的新鲜度产生影响。因此,综合考虑碳税与新鲜度影响下的生鲜配送中心选址决策(数量、位置、容量及服务分配方案),对于降低物流网络碳排放,保障生鲜食品品质与安全具有重要的理论及现实意义。

早期,配送中心选址的研究大多集中于单一目标成本最小。文献[1-3]以选址成本最小为目标,求解包括配送中心建设成本与运作成本、库存成本、运输成本等在内的物流成本最低,取得了一定成效。然而,上述模型片面追求物流成本最小化,现实中可能还需考虑时间最短、路径最短、道路拥堵、政策与法规、备选配送中心的位置与容量受限等因素,因而学者们已开始了多目标优化的配送中心选址探讨。文献[4-5]采用模糊分析方法,对配送中心选址的多目标准则赋权,计算备选方案的优先排序。文献[6]建立了门店和配送中心选择的多目标规划模型,利用两阶段算法求解。文献[7]构造了物流成本最小化和服务可靠度最大化的配送中心选址多目标优化模型,通过主要目标法转化为单目标优化模型。对于多目标规划的选址模型,求解思路往往采用两种策略：一是根据目标重要程度，将其赋权后集成，转化为单目标求解，如文献[4-5]；二是考虑目标的重要性不同，决定求解优先次序，即主要目标法求解法，如文献[6-7]。

随着居民消费结构升级，生鲜农产品的需求量迅速增长，该类产品从配送中心到需求点的运输途中会因碰撞、腐烂等原因造成新鲜度下降，导致损失。生鲜农产品的新鲜度通常与配送距离和时间相关，即与物流网络中配送中心选址和服务方案相关。因此，合理考虑新鲜度影响需求的生鲜配送中心规划，将有效降低生鲜农产品的流通损失。文献[8]提出了考虑安全库存与容量约束的易腐品配送中心选址策略。文献[9]建立了易腐品分段随机选址覆盖模型。文献[10]构造了新鲜度影响需求的生鲜配送中心的选址模型。文献[11]探讨了考虑在配送过程中产生的腐败成本和未按客户时间要求送达而产生的惩罚成本的果蔬品配送中心选址模型。传统的配送中心选址，大多仅关注成本最优与覆盖的广泛性等，没有兼顾到"节能减排"的环境和社会效益。近年来，为了应对全球气候变暖的严重威胁，低碳时代供应链管理中的配送中心选址问题正引起学术界日益重视[12]；文献[13]提出了综合碳排放和物流成本的双目标规划模型，依据理想点法转化为单目标，并用分枝定界法求解；文献[14]研究了选址方案对碳排放的影响，得出合理选址布局可降低碳排放；文献[15]讨论了以最小运营成本和最低碳排放为目标的物流网络。对于生鲜产品而言，冷链技术虽然降低了该类产品流通环节中腐损率，但冷链物流配送对碳基能源依耐性和消耗程度比普通运输方式更高，导致碳排放问题更加严峻，考虑碳排放约束的生鲜配送中心选址决策更应引起各方的重视。

迄今为止，综合考虑低碳政策与新鲜度影响的生鲜配送中心选址的针对性研究鲜有报道。针对这样的背景和研究现状，本文建立了碳税下考虑新鲜度影响需求的生鲜农产品多容量等级配送中心选址模型，并通过数值仿真实验，探讨了不同碳税与新鲜度对配送中心位置、数量、容量及服务分配方案的影响，为优化生鲜物流网络运行效率提供了一种科学的选址方法。

10.2　模型的建立

10.2.1　问题的描述

假设生鲜农产品物流配送网络分为三级（图 10-1）：一级是供应商，负责提供生鲜农产品给配送中心；二级是数量有限的配送中心，负责向特定需求点分配货物;三级是需求点。单一供应商承担全部配送中心供货,所有提供给需求点的生鲜农产品必须经过配送中心进行配送,各级节点间配送任务为专车单独配送,完成配送后原路返回。供应商、配送中心候选点、需求点在交通运输网络中位置确定,且供应商到配送中心,配送中心到需求点的距离已知。每个需求节点有且仅有一个配送中心服务,且需求量已知。目标函数综合考虑了配送中心的建设成本分摊、运营成本分摊、建设碳排放成本分摊、运营碳排放成本分摊,配送过程中油耗成本与碳排放成本、生鲜农产品的新鲜度下降损失成本。

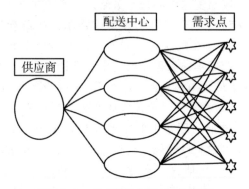

图 10-1　生鲜农产品配送网络

为了方便生鲜配送中心选址建模,提出如下合理假设:不同容量(配送能力)下配送中心的初始建设成本分摊、运营成本分摊、初始建设碳排放分摊、运营碳排放分摊均已知;生鲜农产品新鲜度损失与运输距离相关,简化为线性关系:新鲜度损失与运输距离成正比;生鲜货物销售受新鲜度影响:新鲜度下降一个百分点,则生鲜农产品滞销若干个百分点。

10.2.2　模型中参数与变量定义

∂:生鲜农产品新鲜度损失与运输距离之间比例系数。

φ_j:运达需求点 j 的货物新鲜度。

q_j:需求点 j 的生鲜农产品需求量。

γ:新鲜度下降一个百分点,该批货物销售的滞销率。

σ:滞销货物的损失单价。

I:候选配送中心节点序号取值区间 $\{1,2,\cdots,m\}$。

J:需求点序号取值区间 $\{1,2,\cdots,n\}$。

K:配送能力等级 k 的取值区间 $\{1,2,\cdots,r\}$。

g_{ik}：在候选配送中心修建配送能力等级 k 的配送中心的建设成本分摊。

v_{ik}：在候选点 i 修建配送能力等级 k 的配送中心的运营成本分摊。

$\hat{g}_{ik}$：在候选点 i 修建配送能力等级 k 的配送中心的建设碳排放分摊。

$\hat{v}_{ik}$：在候选点 i 修建配送能力等级 k 的配送中心的运营碳排放分摊。

l_i：供应商到配送中心 i 的距离。

d_{ij}：配送中心 i 到需求点 j 的距离。

y_i：供应商提供给配送中心 i 的生鲜农产品总量。

x_{ij}：配送中心 i 配送到需求点 j 的生鲜农产品货运量。

z_{ik}：决策变量，若在候选 i 修建能力等级 k 的配送中心，则 $z_{ik}=1$，否则 $z_{ik}=0$。

ρ_{ij}：决策变量，若配送中心 i 承担需求点 j 的配送任务，则 $\rho_{ij}=1$，否则 $\rho_{ij}=0$。

s_k：配送能力等级 k 的最大配送能力。

β_0：车辆空载时，行驶单位里程的燃油消耗量。

β_1：表示额外载重对车辆行驶单位里程的燃油消耗量影响。

O：运输燃油消耗量。

C：运输燃油产生的碳排量。

o：车辆行驶单位里程的燃油消耗量。

λ：燃油单价。

ε：单位燃油的碳排放因子。

η：单位碳排价格。

ξ：碳税率。

本文引入考虑车辆载重的油耗测算方法：载重为 W 的车辆单位里程的燃油消耗量 o 为：$o=\beta_0+\beta_1 W$。

10.3　多容量等级生鲜配送中心选址模型

为了避免固定容量配送中心选址导致的物流网络设施布局与需求匹配不均衡的情况：容量过小，可能无法为附近客户配送服务，过大则可能浪费配送资源。因此，引入配送能力等级作为表示配送中心容量的决策变量，探讨碳税政策下考虑新鲜度影响需求的多容量等级生鲜配送中心选址模型。

$$\min Z = \lambda O + \eta \Big[\varepsilon O + \sum_{i=1}^{m} \sum_{k=1}^{r} (\hat{g}_{ik} + \hat{v}_{ik}) z_{ik} \Big] + \sum_{i=1}^{m} \sum_{k=1}^{r} (v_{ik} + g_{ik}) z_{ik} +$$

$$\sigma \sum_{i=1}^{m} \sum_{j=1}^{n} \gamma x_{ij} (1 - \varphi_j) \rho_{ij} \tag{10-1}$$

$$\text{s. t. } O = \sum_{i=1}^{m} \sum_{k=1}^{r} (\beta_0 + \beta_1 y_i) l_i z_{ik} + \sum_{i=1}^{m} \sum_{j=1}^{n} (\beta_0 + \beta_1 x_{ij}) d_{ij} \rho_{ij} +$$

$$\sum_{i=1}^{m} \sum_{k=1}^{r} \beta_0 l_i z_{ik} + \sum_{i=1}^{m} \sum_{j=1}^{n} \beta_0 d_{ij} \rho_{ik} \tag{10-2}$$

$$\varphi_j = (1 - \partial) D_j, D_j = \sum_{i=1}^{m} (d_{ij} + l_i) \rho_{ij} \tag{10-3}$$

$$y_i = \sum_{j=1}^{n} x_{ij} \rho_{ij}, y_i \leqslant \sum_{k=1}^{r} s_k z_{ik}, \forall i \in I \tag{10-4}$$

$$\sum_{i=1}^{m} y_i = \sum_{j=1}^{n} q_j \tag{10-5}$$

$$\sum_{i=0}^{m} \rho_{ij} = 1, \forall j \in J \tag{10-6}$$

$$0 \leqslant \sum_{k=0}^{r} z_{ik} \leqslant 1, \forall i \in I \tag{10-7}$$

$$x_{ij} \geqslant 0, y_i \geqslant 0, z_{ik} \in \{0,1\}, \rho_{ij} \in \{0,1\} \tag{10-8}$$

其中,式(10-1)为目标函数,含四个部分,分别为燃油成本,碳排放成本(配送运输碳排放、配送中心建设碳排放分摊与运营碳排放分摊),配送中心建设与运营成本,生鲜农产品新鲜度下降损失成本;式(10-2)为配送网络运输油耗,包括从供应商运输货物到配送中心及空车返回的油耗、从配送中心运输货物到需求点及空车返回油耗;式(10-3)为农产品新鲜度下降损失成本;式(10-4)为配送中心的容量约束,即配送能力限制;式(10-5)为货运量守恒约束;式(10-6)表示需求节点有且仅有一个配送中心配送;式(10-7)表示候选节点建立唯一确定容量等级的配送中心;式(10-8)为变量约束。

10.4　数值仿真与分析

10.4.1　实验设置

在本部分,将利用数值仿真探讨不同碳税及新鲜度对物流网络中多容量等级生鲜配送中心选址决策的影响,以推理总结出具有一定前瞻性的管理建议。数值仿真实验对 15 个节点组成的三级生鲜物流配送网络的配送中心位置、数量、容量及服务分配方案进行了组合优化。该网络包括 1 个供应商,6 个候选配送中心,8 个需求点,其中,供应商与候选配送中心的距离矩阵如表 10-1 所示,候选配送中心与需求点间的距离如表 10-2 所示;各需求点的需求量如表 10-3 所示;不同配送能力等级 k 的配送中心建设成本分摊、运营成本分摊、建设碳排放分摊、运营碳排放分摊、最大配送能力如表 10-4 所示。仿真测试在 Lingo 11.0 软件中实现,对于额定载重为 10 吨的货车,设定参数 $\beta_0=0.2, \beta_1=8\times10^{-5}, \varepsilon=2.7, \lambda=7, \gamma=0.5, \sigma=10, \eta=3$。

表 10-1　供应商与候选配送中心的距离　　　　（单位:km）

	配送中心 1	配送中心 2	配送中心 3	配送中心 4	配送中心 5	配送中心 6
供应商	120	80	130	110	140	125

表 10-2　候选配送中心到需求点的距离　　　　（单位:km）

	配送中心 1	配送中心 2	配送中心 3	配送中心 4	配送中心 5	配送中心 6
需求点 1	60	70	80	56	70	64
需求点 2	70	60	66	60	64	96
需求点 3	90	80	80	50	60	40
需求点 4	56	70	100	56	70	58
需求点 5	76	60	70	44	76	70
需求点 6	66	56	72	60	64	80
需求点 7	56	64	80	70	60	66
需求点 8	60	54	72	58	54	56

表 10-3　需求点的货物需求量　　　　（单位:kg）

需求点	1	2	3	4	5	6	7	8
需求量	5500	8000	1000	7000	2000	8500	2000	9500

表 10-4　不同配送能力等级的配送中心参数

	等级 1	等级 2	等级 3	等级 4
最大配送能力/kg	15000	20000	25000	30000
建设成本分摊/元	80	200	500	1000
运营成本分摊/元	100	200	300	400
建设碳排分摊/kg	20	40	70	120
运营碳排分摊/kg	20	30	50	80

10.4.2　仿真结果

图 10-2 至图 10-5 分别表示不同碳税率与新鲜度损失系数影响下,配送网络总成本、运营成本、碳排放及新鲜度下降损失成本的变化趋势,其中,碳排放成本包括配送运输碳排放、配送中心建设碳排放分摊与运营碳排放分摊;运营成本包括配送中心运营成本(除去运营碳排放分摊)及配送运输的油耗;生鲜农产品的新鲜度下降损失成本为农产品新鲜程度下降产生滞销导致的损失。在上述成本基础上计入配送中心的建设成本分摊即为总成本。综合图 10-2 至图 10-5 的仿真结果可知:

(1)碳税率及新鲜度损失系数与总成本呈正相关,随着碳税及新鲜度损失系数上升,总成本不断上升。

(2)随着碳税率及新鲜度损失系数的增加,运营成本整体呈上升趋势。当新鲜度损失系数处于区间[0,0.00004]时,运营成本随碳税率增加呈现一次性阶跃式上升,当新鲜度损失系数处于区间[0.00015,0.0002],在同一碳税下,运营成本再次呈一次阶跃式上升。

(3)当新鲜度损失系数处于 4×10^{-5} 以内时,随碳税率不断增加,碳排放呈现阶跃式下降。在同一碳税率下,当新鲜度损失系数为 1.5×10^{-4} 或 4×10^{-4} 时,碳排放表现出上升趋势。

(4)新鲜度下降损失成本与新鲜度损失系数呈正相关关系。

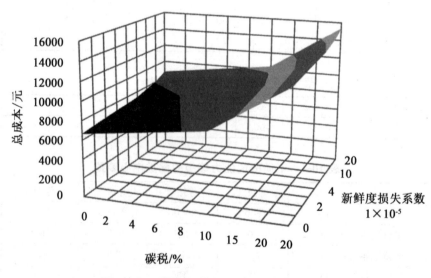

图 10-2　碳税与新鲜度对总成本的影响

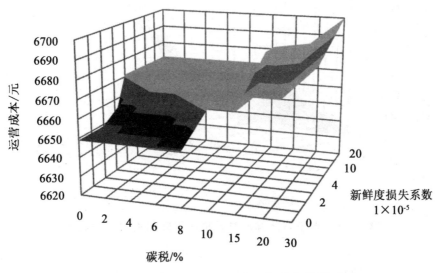

图 10-3　碳税与新鲜度对运营成本的影响

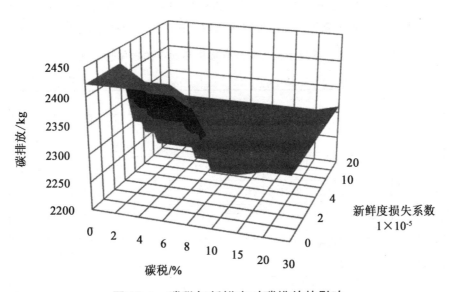

图 10-4　碳税与新鲜度对碳排放的影响

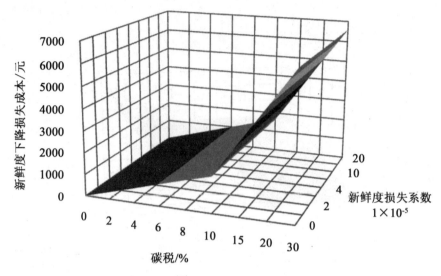

图 10-5　碳税与新鲜度对新鲜度下降损失成本的影响

10.4.3　分析

为了方便进一步分析不同碳税率与新鲜度约束下的物流配送中心选址策略,这里给出碳排随碳税及新鲜度损失系数变化的仿真数据,如表 10-5 所示。

表 10-5　不同碳税与新鲜度损失系数下的碳排放总量

（单位:kg）

	新鲜度损失系数							
	0	1×10^{-5}	2×10^{-5}	3×10^{-5}	4×10^{-5}	5×10^{-5}	1×10^{-4}	1.5×10^{-4}	2×10^{-4}
碳税 0%	2421.5	2421.5	2421.5	2421.5	2421.5	2300.3	2300.3	2311.3	2311.3
碳税 2%	2421.5	2421.5	2421.5	2421.5	2300.3	2300.3	2300.3	2311.3	2311.3
碳税 4%	2421.5	2421.5	2300.3	2300.3	2300.3	2300.3	2300.3	2300.3	2311.3
碳税 6%	2421.5	2300.3	2300.3	2300.3	2300.3	2300.3	2300.3	2300.3	2311.3
碳税 8%	2300.3	2300.3	2300.3	2300.3	2300.3	2300.3	2300.3	2300.3	2311.3
碳税 10%	2300.3	2300.3	2300.3	2300.3	2300.3	2300.3	2300.3	2300.3	2311.3
碳税 15%	2300.3	2300.3	2300.3	2300.3	2300.3	2300.3	2300.3	2300.3	2311.3
碳税 20%	2300.3	2300.3	2300.3	2300.3	2300.3	2300.3	2300.3	2300.3	2311.3
碳税 30%	2300.3	2300.3	2300.3	2300.3	2300.3	2300.3	2300.3	2300.3	2311.3

数值实验中三种不同碳排(2421.5,2300.3,2311.3)分别对应选址方案A、方案B、方案C,如表 10-6 所示。对表 10-6 的选址方案作简要说明,以方案 A 为例。

表 10-6　不同碳排下选址方案

方案	配送中心位置	配送能力等级	服务分配方案
A	{1,2,4}	{15000,20000,15000}	{(4,7),(5,6,8),(1,2,3)}
B	{2,4}	{20000,25000}	{(6,7,8),(1,2,3,4,5)}
C	{2,4}	{25000,20000}	{(1,2,7,8),(3,4,5,6)}

(1)在候选位置 1,2,4 构建配送能力为 15000kg,20000kg,15000kg 的配送中心。

(2)配送中心位置 1 服务于需求点 4 和 7,配送中心位置 2 服务于需求点 5、6 和 8,配送中心位置 4 服务于需求点 1、2 和 3。

下面结合表 10-5 及表 10-6,分别就不同碳税率与新鲜度损失系数对物流网络配送中心选址方案的影响展开具体讨论。

1)新鲜度对配送中心选址方案的影响

未实施碳税前,随着新鲜度损失系数的上升,新鲜度下降损失成本有所增加,但增加的部分对配送网络总成本影响不大,此时,总成本主要考虑配送中心建设成本、运营成本及能耗成本。因此,企业会选择总成本最低,但碳排放最高的 A 方案。随着新鲜度损失系数的进一步上升,达到 5×10^{-5} 时,企业不得不适当牺牲运营成本以补偿新鲜度下降损失成本,因此,原有 A 方案被放弃,通过重新优化配送网络获得新方案 B。B 方案在 A 方案的基础上减少了 1 个配送中心,扩大了剩余配送中心的规模,并对配送中心的服务方案进行了调整。当新鲜度损失系数继续攀升至 1.5×10^{-4} 时,配送网络的选址方案再次由 B 方案调整至 C 方案。C 方案主要调整了配送中心的规模及其服务方案。该结果表明:

①企业没有碳排放压力时,通常以物流配送网络成本最小为优化目标决策配送中心选址,选址结果以小规模、低成本、高排放的设施为主,片面强调企业经济利益最大化,没有兼顾环境与社会效益。

②随着新鲜度损失系数的上升并达到一定程度,企业不得不牺牲运营成本以补偿新鲜度下降损失成本,采取减少配送中心数量、扩大配送中心规模的措施来保障新鲜度并控制总成本。

2)碳税对配送中心选址方案的影响

随着政府对碳减排政策的进一步强化,逐步强制性征收碳税,生鲜配送网络的碳排放整体呈现下降趋势,例如,当新鲜度损失系数为 1×10^{-5} 时,碳税率由 2% 上升至 6%,网络碳排成本增加,企业不得不牺牲运营成本以补偿碳排放成本,因此,配送中心的选址方案由 A 方案调整至 B 方案,配送网络的整体碳排放随即由 2421.5 公斤下降至 2300.3 公斤。但当碳税率上升至 8% 以后,由于配送网络的整体碳排放已经优化至最低,因此,碳税率继续增加对配送网络的整体碳排放量不再产生影响。此时,当新鲜度损失系数增至 2×10^{-4},新鲜度下降损失成本的上升将促使企业牺牲碳排放成本来补偿新鲜度下降损失成本,因此,配送中心的选址方案将由 B 方案调整至 C 方案。该结果表明:

(1)碳税将碳排放权利处理为商品,应用税收经济杠杆,调节排放,适当的碳税率能促使企业主动选择碳排放低的选址方案。

(2)当碳税率较低时,企业将优先考虑降低运营成本和新鲜度下降损失成本基础上制定配送中心选址决策;随着碳税率逐步提高,企业将逐步侧重降低排放量,碳税成本的减少幅度将高于配送运营成本和新鲜度下降损失成本上升幅度,实现配送总成本下降。当配送网络的碳排放已达最优值后,继续增加碳税率只能增加企业的碳排放成本,而无法进一步降低碳排放量。

(3)在碳税政策引导下,物流企业应根据不同碳税率平衡运营成本、新鲜度下降损失成本与碳税成本,确保配送网络总成本最优。

3)新鲜度与碳税对配送中心选址方案的联合影响

新鲜度损失成本的增加将促使企业选择碳排放较高的配送中心选址方案,而碳税的存在却促使企业选择碳排放低的选址方案。合适的碳税促使企业在平衡运营成本、碳排放成本、新鲜度下降损失成本基础上制定低碳选址决策,通过合理的生鲜配送中心规划,碳排放量仍能得到有效的控制。

10.5　结论

低碳物流势在必行,兼顾碳税及新鲜度约束的配送中心选址决策研究鲜有报道。为了减少物流业碳排量,并保障生鲜食品的新鲜度,建立了一个考虑配送中心建设与运营成本、碳排放成本及生鲜农产品新鲜度下降损失成本的多容量等级生鲜物流配送网络选址模型。采用数值实验,探讨了不同碳税率及新鲜度对生鲜物流配送网络总成本、运营成本、碳排放量及新鲜度损失成本的影响。仿真结果表明,合适的碳税政策有利于引导物流企业优化配送中心选址,实现运营成本、碳排放成本与新鲜度损失成本的平衡。本文的研究成果对于考虑碳税及新鲜度双重约束的生鲜物流配送网络优化具有十分重要的理论与现实意义,对于政府制定冷链物流低碳发展政策也具有一定的参考价值。

　　然而,本文仅探讨了碳税政策下,考虑新鲜度的生鲜物流配送网络选址问题,对其他碳排放政策涉及较少,如强制排放政策、碳交易政策等。与此同时,考虑到生鲜配送中心往往由多个农产品供应商提供产品,这里仅针对单一供应商。因此,下一步应将考虑碳排与新鲜度影响的生鲜配送中心选址问题扩展到多供应商情况,并就不同低碳政策下该问题展开研究。

参考文献

[1]Aikens C H. Facility location models for distribution planning [J]. European journal of operational research,1985,22(3):263-279.

[2]Chen C T. A fuzzy approach to select the location of the distribution center [J]. Fuzzy sets and systems,2001,118(1):65-73.

[3]王非,孙浩杰,罗卫华,等.指定备选点的配送中心选址—库存模型[J].长安大学学报(自然科学版),2012,32(2):91-95.

[4]范丽芳,江浩斌,陈昆山.基干模糊层次分析法的配送中心选址研究[J].交通运输系统工程与信息,2006,6(1):107-110.

[5]张连怀,周宝刚,郭亚军.综合同异质群决策的配送中心选址研究[J].运筹与管理,2013,22(2):118-124.

[6]关志民,陈兆春.连锁门店选址与配送中心选择联合决策的f-MIGP模型[J].控制与决策,2006,21(12):1397-1401,1406.

[7]汤希峰,毛海军,李旭宏.物流配送中心选址的多目标优化模型[J].东南大学学报(自然科学版),2009,39(2):404-407.

[8]Gong W,Li D,Liu X,et al. Improved two - grade delayed particle swarm optimization(TGDPSO)for inventory facility location for perishable food distribution centers in Beijing [J]. New Zealand Journal of Agricultural Research,2007,50(5):771-779.

[9]Hwang H S. A stochastic set-covering location model for both ameliorating and deteriorating items [J]. Computers & industrial engineering,2004,46(2):313-319.

[10]张建,傅少川.新鲜度影响需求的生鲜食品配送中心选址研究[J].中国管理科学,2011,19(Special Issue):473-476.

[11]程新峰,包乐,苏兵.考虑惩罚成本的果蔬品配送中心选址研究[J].西安工业大学学报,2014,34(5):397-399.

[12]陈剑.低碳供应链管理研究[J].系统管理学报,2012,21(6):721-728,735.

[13]赵泉午,杨茜.考虑CO_2排放量的城市专业物流中心选址研究[J].中国管理科学,2014,22(7):124-130.

[14]Cachon G. Carbon footprint and the management of supply chains [C]//The INFORMS Annual Meeting,San Diego,CA. 2009.

[15]Pishvaee M S,Razmi J. Environmental supply chain network design using multi-objective fuzzy mathematical programming [J]. Applied Mathematical Modelling,2012,36(8):3433-3446.

第 11 章　考虑不同低碳政策的
物流配送优化决策

11.1　引言

随着"温室效应"造成人类生存环境日趋恶化,以降低污染和能耗及减少二氧化碳等温室气体排放的低碳经济模式,已成全球可持续发展的战略选择。据国际能源署 2009 年报告显示,交通运输在全球温室气体排放中所占比例高达 25%[1]。因此,我国作为全球最大的新兴经济体,在碳排放约束进一步加强的背景下,研究作为交通运输体系主要组成的物流配送的低碳发展,对于能否实现中国在哥本哈根联合国气候变化大会上提出的碳减排目标:"力争到 2020 年全国单位 GDP 二氧化碳排放比 2005 年下降 40%~45%",具有重要的理论与现实意义。因此,低碳约束下的物流配送问题已成为交通运输与物流领域内热门课题。

近年来,学者们已对物流配送作了大量研究,如文献[2]采用改进 Floyd 算法与 Dijkstar 算法,求解赋权配送线路的最优路径;文献[3]提出了基于加权函数重心法的模糊数排序方法,应用于物流运输最短路问题求解。不过,上述工作大多以最短路径为求解目标,缺乏对碳排放的考虑。近年来,随着能源危机与环境问题的日益突出,物流配送中碳排放管控问题,已开始引起学术界重视;文献[4]讨论了以总油耗最小为目标的带时间窗车辆路径问题;文献[5]引入航速作为决策变量,建立船队利润最大与碳排放量最小的双目标最优航线配船模型。我国也已成为二氧化碳排放量最多的国家,为了实现减排目标,发展低碳经济,正在探索不同碳排放政策,如强制排放、碳税、碳交易等。然而,多数低碳约束下物流配送问题的研究如文献[4,5]仅讨论了引入碳排放量作为考量因素的多目标优化模型,而将低碳政策影响计入物流配送路径决策的针对性研究却鲜有报道。

针对这样的背景和研究现状,本文建立了强制排放、碳税和碳交易三种碳排放政策下的物流配送路径决策模型,通过数值仿真实验,分析了不同低碳政策中碳配额、碳税、碳价格对碳约束下物流配送路径决策的影响,可为我国交通运输与物流的低碳政策完善提供支持。

11.2 模型的建立

11.2.1 问题描述

这里讨论低碳政策下单车多任务物流配送路径优化问题:由一个配送中心承担多个客户的配送服务,各送货点需求确定,配送车辆的装载能力不小于客户总需求,车辆从配送中心出发,遍历所有客户各一次,最后返回配送中心。为了方便建模,提出如下合理假设:

(1)目标函数考虑油耗成本、路桥费、车辆使用时间成本、碳排放约束成本。

(2)配送节点间的路线存在多种选择。

(3)采用陆路运输,燃油充足,碳排放量与油耗存在正相关线性关系。

(4)道路通行能力随时间变化,配送任务时间窗口内路况不变。

(5)油耗计算取决于车辆运行距离、载重量、行车速度、路况[4,6]。

因而,不同于传统配送问题,本文构建的低碳政策下物流配送模型,充分考虑了配送实时路况与节点间路线选择的多样性,更符合物流配送实际状况。

11.2.2 模型中参数与变量定义

弧 $(i,j)_k$ 表示节点 i 到 j 之间的第 k 条通行路线, $i \neq j$。

l_{ij}^k:弧 $(i,j)_k$ 的长度。

c_{ij}^k:车辆经过弧 $(i,j)_k$ 的碳排放量,若弧 $(i,j)_k$ 被通行,则 $c_{ij}^k \geqslant 0$,否则 $c_{ij}^k = 0$。

x_{ij}^k:决策变量,若弧 $(i,j)_k$ 被通行, $x_{ij}^k = 1$,否则 $x_{ij}^k = 0$。

y_{ij}:经过弧 $(i,j)_k$ 时的载货量,若弧 $(i,j)_k$ 被通行,则 $y_{ij} \geqslant 0$,否则 $y_{ij} = 0$。

μ_{ij}^k:弧 $(i,j)_k$ 的路况阻尼因子, μ_{ij}^k 越小表示该路段车辆通行能力越高, $\mu_{ij}^k \geqslant 1$,取 $+\infty$ 时代表该路段禁行。

η_{ij}^k:弧 $(i,j)_k$ 的路桥费。

q_j:节点 j 的货物需求量。

Q:货物总需求。

β_0：车辆空载时,行驶单位里程的燃油消耗量。

β_1：表示额外载重对车辆行驶单位里程的燃油消耗量影响。

β_2：车辆行驶速度对单位里程的燃油消耗量影响。

V：标准路况下车辆行驶速度。

λ：单位油耗的成本。

δ：车辆使用时间成本因子。

m：节点编号。

n：节点 i 到 j 之间的通行路线数量。

P：配送任务的碳配额。

E：配送任务燃油消耗量。

O：车辆行驶单位里程的燃油消耗量。

o_{ij}^k：配送车辆通行弧 $(i,j)_k$ 的燃油消耗量。

ε：单位燃油的碳排放因子。

α：碳税率。

η：碳交易价格。

Ω_1：节点序号取值区间 $\{0,1,2,\cdots,m\}$,0 号节点表示配送中心。

Ω_2：节点 i 到 j 之间的可选择通行路线数量的取值区间 $\{1,2,\cdots,n\}$。

引入文献[4,6]中油耗与碳排量测算方法：在负载情形下,载重为 W 的车辆单位里程的燃油消耗量 O 为：$O = \beta_0 + \beta_1 W + \dfrac{\beta_2}{V^2}$。考虑实时道路状况,将路况(阻尼影响)对油耗影响简化处理为弧 $(i,j)_k$ 的平均行驶速度降低,则配送车辆通行弧 $(i,j)_k$ 的燃油消耗量 o_{ij}^k 为 $o_{ij}^k = \left[\beta_0 + \beta_1 W + \beta_2 \left(\dfrac{\mu_{ij}^k}{V} \right)^2 \right] l_{ij}^k$,

碳排放为 $c_{ij}^k = \varepsilon \left[\beta_0 + \beta_1 W + \beta_2 \left(\dfrac{\mu_{ij}^k}{V} \right)^2 \right] l_{ij}^k$。

11.2.3 不同低碳政策下配送模型

11.2.3.1 强制排放约束模型

强制排放设定严格的碳排放上限,企业排放不得越界,否则将被强制停产。在强制排放政策下,物流配送碳排放不得超过所分配排放限额,该约束下配送模型为

$$\min Z_1 = \lambda E + \delta \sum_{i=0}^{m} \sum_{j=0}^{m} \sum_{k=1}^{n} \frac{\mu_{ij}^k x_{ij}^k l_{ij}^k}{V} + \sum_{i=0}^{m} \sum_{j=0}^{m} \sum_{k=1}^{n} x_{ij}^k \eta_{ij}^k \quad (11\text{-}1)$$

$s.t.$

$$E = \sum_{i=0}^{m} \sum_{j=0}^{m} \sum_{k=1}^{n} \left\{ \left[\beta_0 + \beta_1 W + \beta_2 \left(\frac{\mu_{ij}^k}{V} \right)^2 \right] l_{ij}^k x_{ij}^k \right\}, \varepsilon E \leqslant P \qquad (11\text{-}2)$$

$$\sum_{i=0}^{m} \sum_{k=1}^{n} x_{ij}^k = 1, \forall j \in \Omega_1, \sum_{j=0}^{m} \sum_{k=1}^{n} x_{ij}^k = 1, \forall i \in \Omega_1 \qquad (11\text{-}3)$$

$$\sum_{j=0}^{m} y_{ji} - \sum_{j=0}^{m} y_{ij} = q_i, \forall i \in \{1, 2, \cdots, m\} \qquad (11\text{-}4)$$

$$Q = \sum_{j=0}^{m} q_j, (Q - q_i) \sum_{k=1}^{n} x_{ij}^k \geqslant y_{ij} \geqslant q_j \sum_{k=1}^{n} x_{ij}^k, \forall i \in \Omega_1, \forall j \in \Omega_1$$

$$(11\text{-}5)$$

$$y_{ij} \geqslant 0, x_{ij}^k \in \{0, 1\} \qquad (11\text{-}6)$$

其中,式(11-1)为目标函数,含三个部分,分别为燃油成本、车辆使用时间成本和路桥费;式(11-2)表示强制排放政策的影响;式(11-3)表示车辆从配送中心出发,遍历各客户各一次,最后返回配送中心;式(11-4)与式(11-5)表示货运量守恒约束;式(11-6)为变量约束。

11.2.3.2 碳税约束模型

碳税政策按税率 α 征收排放税,将排放纳入配送总成本。碳税政策约束下配送模型为

$$\min Z_2 = \lambda E + \delta \sum_{i=0}^{m} \sum_{j=0}^{m} \sum_{k=1}^{n} \frac{\mu_{ij}^k x_{ij}^k l_{ij}^k}{V} + \sum_{i=0}^{m} \sum_{j=0}^{m} \sum_{k=1}^{n} x_{ij}^k \eta_{ij}^k + \partial \eta \varepsilon E$$

$$(11\text{-}7)$$

其中,式(11-7)为目标函数,含四个部分,分别为燃油成本、车辆使用时间成本、路桥费和碳税成本;在强制排放下配送模型的约束基础上,解除碳排限额约束 $\varepsilon E \leqslant P$ 后,即得碳税政策下配送模型的约束条件。

11.2.3.3 碳交易约束模型

碳交易将碳排放权利作为一种商品,企业具有一定的排放额度,若超标则需向外购买碳排放差额,反之可将剩余碳排放额向外出售。碳交易下减排可能带来经济收益,激励企业主动减排。碳交易政策约束下配送模型为

$$\min Z_3 = \lambda E + \delta \sum_{i=0}^{m} \sum_{j=0}^{m} \sum_{k=1}^{n} \frac{\mu_{ij}^k x_{ij}^k l_{ij}^k}{V} + \sum_{i=0}^{m} \sum_{j=0}^{m} \sum_{k=1}^{n} x_{ij}^k \eta_{ij}^k + \eta(\varepsilon E - P)$$

$$(11\text{-}8)$$

其中,式(11-8)为目标函数,含四个部分,分别为燃油成本、车辆使用时间成本、路桥费和碳交易成本;约束条件与碳税政策下配送模型的约束相同。

11.3　数值仿真与分析

11.3.1　实验设置

选择数值实验探讨不同低碳政策对物流配送的影响,分析碳排放限额、碳税率、碳价格与排放额度对配送路径、配送总成本、碳排放量的影响,以期为我国合适的物流低碳政策的探索、制定与完善提供一些有价值的建议。文中的仿真配送任务由单车从配送中心出发,为 5 个不同地点的客户配送,节点 1 到 5 的客户需求量为 $\{1000,5500,500,500,2000\}$ 公斤,配送线路参数如表 11-1 所示。其中,线路参数 $(l_{ij}^k,\mu_{ij}^k,\eta_{ij}^k)$ 表示节点 i 与 j 间的第 k 条路线的距离 l_{ij}^k、路况阻尼因子 μ_{ij}^k、路桥费 η_{ij}^k;$+\infty$ 表示节点间不存在路线(子路排除约束);节点 o 为配送中心。

仿真测试在 Lingo 11.0 软件中实现,对于载重量为 20 吨的货车,仿真中设定 $\beta_0=0.3,\beta_1=8\times10^{-5},\beta_2=2\times10^2,\varepsilon=2.7,\lambda=7,\delta=50,V=80$。

表 11-1　配送网络线路参数

节点	0	1	2	3	4	5
0	$+\infty$	(2,1.8,50) (20,1.5,0) (30,1.2,10)	(25,2.0,0) (30,1.6,10) (40,1.1,20)	(20,1.6,0) (25,1.5,5) (38,1.2,0)	(30,1.7,0) (35,1.6,0) (40,1.2,20)	(20,1.8,0) (15,1.5,20) (40,1.1,0)
1	(2,1.8,50) (20,1.5,0) (30,1.2,10)	$+\infty$	(10,1.7,100) (15,1.3,5) (23,1.1,0)	(16,1.6,15) (25,1.3,0) (40,1.1,8)	(30,1.9,0) (15,1.5,15) (23,1.3,5)	(10,2.3,10) (20,1.5,8) (33,1.0,0)
2	(25,2.0,0) (30,1.6,10) (40,1.1,20)	(10,1.7,100) (15,1.3,5) (23,1.1,0)	$+\infty$	(20,2.3,0) (32,1.5,10) (40,1.2,0)	(18,2.0,0) (15,1.7,10) (30,1.3,10)	(10,1.9,80) (12,1.6,5) (15,1.4,10)
3	(20,1.6,0) (25,1.5,5) (38,1.2,0)	(16,1.6,15) (25,1.3,0) (40,1.1,8)	(20,2.3,0) (32,1.5,10) (40,1.2,0)	$+\infty$	(20,2.1,0) (22,1.6,5) (30,1.3,8)	(32,1.9,0) (35,1.5,0) (40,1.4,0)

续表

节点	0	1	2	3	4	5
4	(30,1.7,0) (35,1.6,0) (40,1.2,20)	(30,1.9,0) (15,1.5,15) (23,1.3,5)	(18,2.0,0) (15,1.7,10) (30,1.3,10)	(20,2.1,0) (22,1.6,5) (30,1.3,8)	+∞	(12,1.6,80) (15,1.4,50) (28,1.0,0)
5	(20,1.8,0) (15,1.5,20) (40,1.1,0)	(10,2.3,10) (20,1.5,8) (33,1.0,0)	(10,1.9,80) (12,1.6,5) (15,1.4,10)	(32,1.9,0) (35,1.5,0) (40,1.4,0)	(12,1.6,80) (15,1.4,50) (28,1.0,0)	+∞

11.3.2　仿真结果

11.3.2.1　强制排放

首先测算得最小碳排放为目标函数的配送任务的排放为 113.16,配送总成本为 687.14,若碳排限额低于该值,则在强制排放政策下无法实施配送;最小运营成本为目标函数的运营成本为 505.85,排放为 130.86。针对强制排放下配送模型,选择仿真不同排放限值的配送总成本、碳排放与配送路径,结果如表 11-2 所示。

表 11-2　强制排放仿真结果

碳限额/kg	碳排放/kg	配送总成本/元	配送路径
140	130.86	505.85	0 →¹ 1 →¹ 5 →² 2 →² 4 →² 3 →¹ 0
130	128.55	558.74	0 →¹ 1 →² 2 →² 5 →¹ 4 →² 3 →¹ 0
120	118.59	597.47	0 →¹ 1 →² 2 →² 5 →¹ 4 →² 3 →¹ 0
113.16	113.16	687.14	0 →¹ 1 →¹ 2 →² 5 →¹ 4 →² 3 →¹ 0

表 11-2 配送路径的圆圈数字代表节点序号,箭头表示配送方向,箭头上的数字代表节点间被选中路线编号。由表 11-2 可知,随着碳限额减小,强制排放限制对配送决策约束逐渐变大,控制碳排放成为企业首要任务,将在一定程度上牺牲运营成本,调整配送路径,以满足强制排放政策下碳限额。

11.3.2.2　碳税

不同碳税的仿真结果(如表 11-3 所示,$\eta=3$)表明:随着碳税提高到某临界值后,物流企业将侧重降低碳排,调整配送路径,使得配送总成本下降。合理的碳税促使物流企业寻求配送运营成本与碳税成本的平衡,实现减排。

表 11-3　碳税仿真结果

碳税/%	碳排放/kg	配送总成本/元	配送路径
0	130.86	505.85	⓪ →¹ ① →¹ ⑤ →² ② →² ④ →² ③ →¹ ⓪
50	130.86	702.15	⓪ →¹ ① →¹ ⑤ →² ② →² ④ →² ③ →¹ ⓪
100	130.86	898.46	⓪ →¹ ① →¹ ⑤ →² ② →² ④ →² ③ →¹ ⓪
150	130.86	1094.76	⓪ →¹ ① →¹ ⑤ →² ② →² ④ →² ③ →¹ ⓪
200	130.86	1291.07	⓪ →¹ ① →¹ ⑤ →² ② →² ④ →² ③ →¹ ⓪
250	115.62	1485.87	⓪ →¹ ① →¹ ② →² ⑤ →¹ ④ →² ③ →¹ ⓪
300	115.62	1659.31	⓪ →¹ ① →¹ ② →² ⑤ →¹ ④ →² ③ →¹ ⓪

11.3.2.3　碳交易

碳交易政策影响物流配送的因素包括排放额度 P 与碳交易价格 η。选择仿真不同 $P(100,120,140)$ 与不同 $\eta(1\sim10)$ 下的配送总成本与碳排放,如图 11-1 与图 11-2 所示(注:三种碳排放额度下的碳排曲线重叠)。

综合图 11-2 与图 11-3,可得如下结论:

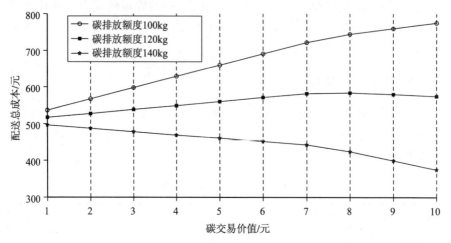

图 11-1　碳排放额度与碳交易价格对配送总成本的影响

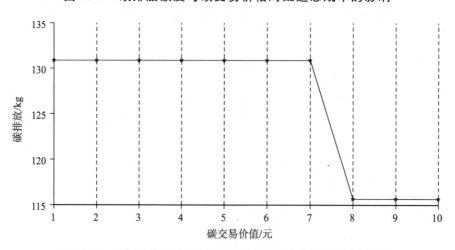

图 11-2　碳排放额度与碳交易价格对配送碳排放的影响

(1)给定 η 的情况下,配送总成本随 P 增大而降低。

(2)给定 P 的情况下,配送总成本随 η 变化。当 η 达到某临界值后,P 低于 113.16(仿真配送网络最低碳排放)时,配送总成本随 η 上升趋势变缓;P 高于 113.16 时,配送总成本随 η 上升逐步下降。

(3)给定 η 的情况下,配送中碳排放量不随 P 变化。

(4)随着 η 上升,不同 P 下的碳排放均表现为"台阶型"的下降曲线。

在碳交易机制下,物流企业积极展开最小运营成本与最小碳排放配送方案博弈。随着碳价格逐渐上升,碳交易成本加大,企业优先控制碳排放的配送方案。

11.3.3　不同低碳政策比较分析

(1)三种低碳政策下,选择合适策略后均可减少物流配送的碳排放。

(2)强制排放属于严格的政策调控,过低的碳排放限额会勒令企业停产,过高的碳排放限额则造成企业盲目追求配送运营成本降低,而碳排放显著上升。

(3)碳税将碳排放权利处理为商品,应用税收经济杠杆,调节排放。若碳税率较低,企业将优先考虑降低配送车辆运营费用,冲抵碳税开销;随着碳税率逐步提高,企业将逐步侧重降低排放量,碳税成本的减少幅度将高于配送运营成本上升幅度,实现配送总成本下降。在碳税政策引导下,物流企业应根据不同碳税率平衡运营成本与碳税成本,确保配送总成本最优。

(4)在强制排放与碳税政策约束下的减排,企业属于被动执行,无法从减排中取得实际的经济效益。

(5)碳交易通过调节碳排放额度与碳交易价格,从政策与市场两个方面实施碳排放调控,且企业有可能从减排中取得经济收益,更能激发其主动减排意愿。在碳交易调控政策下,物流企业应根据不同碳排放额度与碳价格,平衡配送运营成本与碳交易成本,确保配送总成本最优。

11.4　结论

不同于传统配送模型,本文构建的低碳政策下物流配送模型,充分考虑了配送实时路况与节点间路线选择的多样性,并引入涉及车辆载重、行驶速度与实时路况的油耗与碳排测算方法,更贴近现实。探讨了碳限额、碳税率、碳交易成本与碳排放额度对物流配送总成本、碳排放与配送路径的影响,比较了强制碳排、碳税与碳交易政策,发现碳交易兼顾政策管控与市场引导的优势,操作方式灵活,企业甚至有可能从减排中获得经济收益,更能激发物流企业减排的主观能动性。

在低碳减排的背景下研究物流配送问题有重要的现实意义,对于交通运输业低碳政策的制定同样具有一定参考价值。下一步研究工作可考虑在协同原则下,探讨供应链中成员之间的碳成本分摊,追求供应链全局的最低碳排放与最大经济收益之间的平衡。

参考文献

[1]周叶,王道平,赵耀. 中国省域物流作业的 CO_2 排放量测评及低碳化对策研究[J]. 中国人口. 资源与环境,2011,21(9):81-87. [ZHOU Y, WANG D P,ZHAO Y. Study on the CO_2 Emission Evaluation of the Provincial Logistics Operation and Low-carbon Strategy in China [J]. China Population Resources and Environment,2011,21(9):81-87.

[2]周程. 物流配送路径优化策略研究[J]. 武汉理工大学学报(交通科学与工程版),2005,29(5):797-800. [ZHOU C. Research on Optimize Method of Logistics Delivery Route [J]. Journal of Wuhan University of Technology (Transportation Science & Engineering), 2005, 29 (5): 797-800.]

[3]韩世莲,李旭宏,刘新旺. 物流运输网络模糊最短路径的偏好解[J]. 交通运输工程学报,2005,5(2):122-126. [HAN S L,LI X H,LXW. Preference solution of fuzzy shortest path in logistics transportation networks [J]. Journal of Traffic and Transportation Engineering,2005,5(2):122-126.]

[4]李进,傅培华. 基于能耗的带时间窗车辆路径问题建模与仿真[J]. 系统仿真学报,2013,25(6):1147-1154. [LI J,FU P H. Model and Simulation for Vehicle Routing Problem with Time Windows Based on Energy Consumption [J]. Journal of System Simulation,2013,25(6):1147-1154.]

[5]许欢,刘伟,尚雨廷. 低碳经济下班轮航线配船模型及其算法实现 [J]. 交通运输系统工程与信息,2013,13(4):176-181. [XU H,LIU W,SHANG Y T. Fleet Deployment Model for Liners under Low-carbon Economy and Its Algorithms Implementation [J]. Journal of Transportation Systems Engineering and Information Technology,2013,13(4):176-181.

[6]Bektas T,Laporte G. The pollution-routing problem [J]. Transportation Research B:Methodological,2011,45(8):1232-1250.

第 12 章　考虑碳排且需求依赖新鲜度的生鲜农产品库存控制

12.1　引言

　　库存控制是供应链管理中的一个重要分支,其核心为决策最优补货周期和批量,EOQ(Economics Order Quantity)模型已被广泛应用于库存策略的制定。然而,传统 EOQ 模型假设外部需求为常数,不能满足易变质生鲜产品库存管理的个性化要求。针对保鲜期短,极易腐烂变质,对温度等贮藏环境依赖性强的生鲜农产品,库存控制问题的复杂性体现在一个"鲜"字。对生鲜产品消费者来说,新鲜不仅是首要的,更是最主要的需求,生鲜农产品的新鲜度(如生鲜产品形状、色泽、大小、气味等)对其购买决策产生重要影响。零售商同批次补货的生鲜农产品在销售初期可能具有较高的新鲜度,然而随着储存时间延长,品质发生自然衰减,加上消费者购买过程中的过度翻动和挑选,引起产品新鲜度迅速下降。对于销售期内随机到达的消费者而言,先到达的消费者理论上会有更大机会获得相对新鲜的产品。当产品新鲜度不能满足需求时,消费者可能做出放弃购买的决策。可见,随着产品新鲜度随时间不断下降,消费者的需求也不断降低,生鲜农产品库存决策具有外部需求依赖新鲜度的特征,这方面的研究工作有待进一步深入。

　　与此同时,随着全球气候变暖,生态环境日益恶化,节能减排已成为所有企业无法逃避的责任与义务。冷链物流作为生鲜农产品保质保鲜的重要手段,具有高度能源依赖性,并会产生更多的碳排放量。生鲜零售商利用冷链运输、冷链储存服务保障产品新鲜度,在获得保鲜带来的可观收益的同时也需要支付高昂的碳排放成本,这一效益背反现象,势必对生鲜零售商的库存决策产生重大的影响。因此,在国家碳政策逐渐收紧的大趋势下,生鲜零售商不得不考虑如何平衡经济效益与碳排放环境效益的关系,这也是生鲜零售商库存控制亟待解决的重要问题之一。

　　鉴于这样的背景,本文拟探讨考虑碳排放与外部需求依赖新鲜度的生鲜农产品 EOQ 模型,并对其进行数值仿真,分析碳单价、变质率和新鲜度对最优解的灵敏度。

12. 2　文献回顾

　　针对外部需求为变量的生鲜等易变质产品的库存模型,学者们进行了相应研究,取得了较多成果。Kalpakam 和 Sapna(1994)讨论了随机需求下具有生鲜产品特点的易变质品库存。Ning 等(2013)构建了考虑时变易腐率的鲜活农产品库存模型。Dye 和 Hsieh(2012)分析了保鲜成本影响下的易腐品补货策略问题。Song 和 Zipkin(2012)从不同时期或者不同市场的交互性角度对生鲜产品的库存问题进行了研究。Lodree 和 Uzochukwu(2008)探讨了需求依赖变质度的生鲜库存问题。根据生鲜食品购买行为研究成果表明,消费者购买生鲜食品决策的因素包括新鲜程度、价格、产地、广告和售货员介绍(Baron 和 Mueller,1995;Ergönül,2013),学者们开始分析新鲜度对生鲜品库存控制的影响。Bai 和 Kendall(2008)提出了需求受新鲜度与货架量影响的生鲜产品库存和货架空间分配模型。Avinadav 和 Arponen(2009)考虑了新鲜度对需求的影响,采用多项式函数描述新鲜度随时间的变化规律,拓展了经典经济订货批量模型。但斌和丁松(2012)根据消费者对新鲜度和价格等敏感程度,分析了不同偏好影响需求的生鲜库存控制策略。

　　作为库存控制领域的一个新热点,库存管理中碳排放问题引起了国际学术界日益重视,将碳排放因素引入经典库存控制模型是主流研究方法(Brito and Almeida,2012;Zhang and Xu,2013;Gong and Zhou,2013)。Hua 等(2011)基于 EOQ,研究了零售商低碳化库存管理策略。Benjaafar 等(2013)分析了强制碳限额、碳税、碳补偿和碳交易机制对企业库存管理等成本控制的影响。

　　然而,全面综合考虑碳排放与新鲜度影响需求的生鲜农产品库存控制领域的针对性研究迄今为止鲜有报道。针对这样的背景和研究现状,本文的相关研究有望指导生鲜零售商制定合理的库存策略,平衡经济效益与环境效益,降低碳排放和增加利润,具有重要的理论及现实意义。

12. 3　模型的构建

12. 3. 1　问题描述

　　假定生鲜农产品零售商在一个销售周期内,根据外部需求进行单次或多次补货,通过销售购进产品赚取利润,且每个订货周期末库存降为 0。生鲜零售商需要支付的成本包括订货成本、采购成本、库存持有成本、农产品腐败成本、碳排放成本。其中,碳排放成本由运输碳排放成本和仓储碳排放成本两部分构成。运输碳排放成本由空车碳排放成本和单位重量物资的碳排放成本组成,仓储碳排放包括单位时间仓储固定碳排放成本和仓储单位产品的平均碳排放成本。鉴于消费者对生鲜农产品的需求依赖于产品的新鲜度,为此引入新鲜度函数描述农产品在销售期内不同时刻的新鲜度。理论上讲,产品的新鲜度每时刻均不相同,但销售量通常以天为单位进行统计,因此文中新鲜度的测度仅以天为单位进行计算。约定新鲜度的下降始于每天的初始时刻,而同一天内产品具有相同的新鲜度。变质率指由客户挑选、翻动引起的变质损耗,也以天为单位进行测度。本文的相关假设如下:

(1)生鲜产品为单一品种。

(2)不考虑订货提前期。

(3)不允许缺货。

(4)生鲜产品到货方式为瞬时到货。

(5)计划销售期为 H,采用等周期补货策略,订货周期为 T,整个计划销售期内共订货 n 次,则 $H=nT$,考虑到现实中订货周期以工作日作单位,通常为整数,这里取 T 为整数。

(6)需求依赖于产品的新鲜度,新鲜度函数为 γ^t,则 t 时刻的需求为 $D\gamma^t$。

(7)生鲜产品的变质率 $\theta(t)=\alpha$,生鲜农产品的单位时间平均变质率为常数,变质后的产品丧失剩余价值。

(8)在一个订货周期 T 内,初始时刻 $I(0)=Q$,周期结束时所有库存降为 0,$I(T)=0$。

12.3.2　参数设计

本文使用的相关符号定义如下:

D:生鲜产品单位时间最大需求量。

Q:订货批量。

$I(t)$:t 时刻库存水平。

H:计划销售期。

n:计划销售期内订货次数。

T:订货周期。

T_C_T:一个订货周期 T 内总成本。

T_C_k：一个订货周期 T 内订货成本。

T_C_h：一个订货周期 T 内库存成本。

T_C_p：一个订货周期 T 内采购成本。

T_C_r：一个订货周期 T 内变质成本。

T_C_c：一个订货周期 T 内碳排放成本。

H_G：计划销售期利润。

H_C：计划销售期 H 内的总成本。

H_Q：计划销售期 H 内订货总量。

H_C_k：计划销售期 H 内订货总成本。

H_C_p：计划销售期 H 内采购总成本。

H_C_h：计划销售期 H 内持有总成本。

H_C_r：计划销售期 H 内腐败总成本。

H_CE：计划销售期 H 内碳排放量。

k：单次订货的固定订货成本。

h：单位商品平均库存持有成本。

s：生鲜产品销售单价。

p：生鲜产品采购单价。

c_e：生鲜产品采购单价。

γ_i^t：i 时段生鲜产品的平均新鲜度。

α：变质规模参数。

$\theta_i(t)$：i 时段生鲜产品的平均变质率。

g_0：单位时间仓储固定碳排放量。

g_1：存储单位商品平均碳排放量。

ρ_0：运输车辆的空车碳排放量。

ρ_1：运输单位商品的碳排放量。

12.3.3　考虑碳排放且需求依赖新鲜度的 EOQ 模型

生鲜等易变质产品的库存变化，受到需求（需求依赖产品的新鲜度）及商品变质腐坏的影响。在一个订货周期 T 内，第 i 个时段库存的变化可以用微分方程描述为

$$\frac{\mathrm{d}I(t)}{\mathrm{d}t} = -D\gamma_i^t - \theta_i(t)I(t), 0 \leqslant t \leqslant t_i \tag{12-1}$$

根据模型假设条件获知订货周期 T 内第 i 个时段的新鲜度为 γ_i^t，需求量为 $D\gamma_i^t = D\gamma^i$，变质率为 $\theta_i(t) = i\partial$，则

$$Q = \int_0^T I(t)\,\mathrm{d}t$$

$$= \int_{t_0}^{t_1} I(t)\,\mathrm{d}t + \int_{t_1}^{t_2} I(t)\,\mathrm{d}t + \cdots + \int_{t_{i-1}}^{t_i} I(t)\,\mathrm{d}t + \cdots + \int_{t_{T-1}}^{t_T} I(t)\,\mathrm{d}t$$

$$= \int_{t_0}^{t_1} \frac{D\gamma_{t_0}^{t_1}}{1 - t_1 \partial}\,\mathrm{d}t + \int_{t_1}^{t_2} \frac{D\gamma_{t_1}^{t_2}}{1 - t_2 \partial}\,\mathrm{d}t + \cdots + \int_{t_{i-1}}^{t_i} \frac{D\gamma_{t_{i-1}}^{t_i}}{1 - t_i \partial}\,\mathrm{d}t + \cdots + \int_{t_{T-1}}^{t_T} \frac{D\gamma_{T-1}^{T}}{1 - T \partial}\,\mathrm{d}t$$

$$= \sum_{i=1}^T \frac{D\gamma^i}{1 - i\partial}$$

其中，$[t_0, t_T]$ 对应 $[0, T]$，t_i 取正整数，$i = 0, 1, \cdots, T$。

一个订货期 T 内的总成本包括订货成本、库存持有成本、采购成本、生鲜产品的腐败成本、运输与仓储碳排放成本。其中

$$T\_C_k = k$$

$$T\_C_P = p\int_0^T I(t)\,\mathrm{d}t = p\sum_{i=1}^T \frac{D\gamma^i}{1 - i\partial}$$

$$T\_C_h = h\int_0^T I(t)\,\mathrm{d}t = h\sum_{i=1}^T \frac{D\gamma^i}{1 - i\partial}$$

$$T\_C_r = p\int_0^T \theta(t) I(t)\,\mathrm{d}t$$

$$= p\left[\int_{t_0}^{t_1} \theta(t) I(t)\,\mathrm{d}t + \int_{t_1}^{t_2} \theta(t) I(t)\,\mathrm{d}t + \cdots + \int_{t_{i-1}}^{t_i} \theta(t) I(t)\,\mathrm{d}t + \right.$$

$$\left. \cdots + \int_{t_{T-1}}^{t_T} \theta(t) I(t)\,\mathrm{d}t\right]$$

$$= p\left[\int_{t_0}^{t_1} \theta_{t_1}(t)\, \frac{D\gamma_{t_0}^{t_1}}{1 - t_1 \partial}\,\mathrm{d}t + \int_{t_1}^{t_2} \theta_{t_2}\, \frac{D\gamma_{t_1}^{t_2}}{1 - t_2 \partial}\,\mathrm{d}t + \cdots + \int_{t_{i-1}}^{t_i} \theta_{t_i}\, \frac{D\gamma_{t_{i-1}}^{t_i}}{1 - t_i \partial}\,\mathrm{d}t + \right.$$

$$\left. \cdots + \int_{t_{T-1}}^{t_T} \theta_{t_T}\, \frac{D\gamma_{T-1}^{T}}{1 - T\partial}\,\mathrm{d}t\right] = p\sum_{i=1}^T \frac{i\partial D\gamma^i}{1 - i\partial}$$

$$T\_C_c = c_e\left[\rho_0 + \rho_1\int_0^T I(t)\,\mathrm{d}t\right) + \left(g_0 T + g_1\int_0^T I(t)\,\mathrm{d}t\right]$$

$$= c_e\left[(\rho_0 + g_0 T) + (\rho_1 + g_1)\sum_{i=1}^T \frac{D\gamma^i}{1 - i\partial}\right]$$

则一个订货期 T 内的总成本为

$$T\_C_T = T\_C_k + T\_C_p + T\_C_h + T\_C_r + T\_C_c$$

因此，H_C 和 H_G 分别为

$$H\_C = \sum_{j=1}^n T\_C_T$$

$$H\_G = ns\sum_{i=1}^T D\gamma^i - H\_C$$

12.4　数值仿真与讨论

12.4.1　仿真参数

在本部分,将利用数值仿真探讨碳排放与新鲜度影响需求的生鲜农产品库存模型,分析碳单价、变质率和新鲜度对最优补货周期和批量的灵敏度以推理总结出具有一定前瞻性的管理建议。为寻找构建的生鲜农产品库存模型的最优解(利润最大化),采用迭代寻优策略,运用 Matlab 2014a 版数学软件进行仿真计算。初始参数设定:$D=1000$ 件/天;$H=60$ 天;$k=200$ 元/次;$h=0.3$ 元/件/天;$p=6$ 元/件;$s=30$ 元/件;$c_e=50$ 元/吨;$g_0=4$ 吨/天;$g_1=0.005$ 吨/件;$\rho_0=5$ 吨;$\rho_1=0.001$ 吨/件;$\gamma=0.997$;$\partial=0.005$。

12.4.2　仿真结果与讨论

针对初始仿真参数,不同补货周期下经济批量的计算结果如表 12-1 所示,当 $T=3$ 时,库存系统达到最优。

表 12-1　初始参数库存仿真结果

订货周期	订货批量	订货总量	订货固定总成本	采购总成本	库存持有总成本	腐败总成本	碳排放量	总利润
1	1002	60121	30000	360724	18036	1804	901	1339000
2	2006	60182	15000	361091	18055	2709	751	1357499
3	3012	60244	10000	361461	18073	3617	701	1360997
4	4020	60306	7500	361836	18092	4528	677	1360744
5	5031	60369	6000	362214	18111	5441	662	1358989
6	6043	60433	5000	362595	18130	6356	653	1356483
10	10116	60693	3000	364160	18208	10047	634	1343444
12	12166	60828	2500	364965	18248	11908	630	1336163
15	15258	61034	2000	366203	18310	14724	626	1324852
20	20464	61392	1500	368350	18418	19478	623	1305450
30	31082	62163	1000	372980	18649	29245	623	1265654
60	65023	65023	500	390140	19507	61219	635	1141486

针对数值仿真实验的初始参数,分别设定不同的新鲜度 γ、碳单价 c_e、变质规模参数 ∂(每次改变有待进行敏感性分析的参数,其他参数保持初始参数设定值),分析各参数对于库存模型最优解的敏感性,结果如表(12-2)至(12-4)所示。

表 12-2 新鲜度 γ 对最优解的影响

γ	订货周期	订货批量	订货总量	订货固定总成本	采购总成本	库存持有总成本	腐败总成本	碳排放量	总利润
1.000	5	5076	60917	6000	365501	18275	5501	666	1371448
0.997	3	3012	60244	10000	361461	18073	3617	701	1360997
0.994	3	2994	59881	10000	359289	17964	3592	699	1352677
0.991	2	1988	59639	15000	357837	17892	2682	748	1344971
0.988	2	1979	59369	15000	356214	17811	2668	746	1338725
0.985	2	1970	59099	15000	354596	17730	2655	745	1332492
0.980	2	1955	58651	15000	351905	17595	2633	742	1322132
0.950	1	955	57286	30000	343719	17186	1719	884	1273191
0.900	1	905	54271	30000	325628	16281	1628	866	1203181
0.850	1	854	51256	30000	307538	15377	1538	848	1133171
0.800	1	804	48241	30000	289447	14472	1447	829	1063161

表 12-3 碳单价 c_e 对最优解的影响

c_e	订货周期	订货批量	订货总量	订货固定总成本	采购总成本	库存持有总成本	腐败总成本	碳排放量	总利润
0	3	3012	60244	10000	361461	18073	3617	701	1396070
5	3	3012	60244	10000	361461	18073	3617	701	1392563
10	3	3012	60244	10000	361461	18073	3617	701	1389055
20	3	3012	60244	10000	361461	18073	3617	701	1382041
30	3	3012	60244	10000	361461	18073	3617	701	1375026
40	3	3012	60244	10000	361461	18073	3617	701	1368012
50	3	3012	60244	10000	361461	18073	3617	701	1360997
60	3	3012	60244	10000	361461	18073	3617	701	1353982
70	4	4020	60306	7500	361836	18092	4528	677	1347207

续表

c_e	订货周期	订货批量	订货总量	订货固定总成本	采购总成本	库存持有总成本	腐败总成本	碳排放量	总利润
80	4	4020	60306	7500	361836	18092	4528	677	1340439
100	4	4020	60306	7500	361836	18092	4528	677	1326902
150	4	4020	60306	7500	361836	18092	4528	677	1293060
200	5	5031	60369	6000	362214	18111	5441	662	1259657
300	5	5031	60369	6000	362214	18111	5441	662	1193436
400	6	6043	60433	5000	362595	18130	6356	653	1128075

表 12-4 变质规模参数 ∂ 对最优解的影响

∂	订货周期	订货批量	订货总量	订货固定总成本	采购总成本	库存持有总成本	腐败总成本	碳排放量	总利润
0.000	5	4955	59462	6000	356773	17839	0	657	1370414
0.005	3	3012	60244	10000	361461	18073	3617	701	1360997
0.010	3	3043	60861	10000	365165	18258	7321	705	1353219
0.015	2	2037	61108	15000	366648	18332	8267	757	1345829
0.020	2	2053	61583	15000	369499	18475	11118	759	1339842
0.025	2	2069	62067	15000	372400	18620	14018	762	1333750
0.030	2	2085	62559	15000	375352	18768	16971	765	1327550
0.040	2	2119	63570	15000	381418	19071	23036	771	1314813
0.045	2	2136	64089	15000	384533	19227	26152	775	1308270
0.050	1	1049	62968	30000	377811	18891	18891	918	1303118
0.060	1	1061	63638	30000	381830	19091	22910	922	1294677
0.070	1	1072	64323	30000	385935	19297	27015	926	1286055
0.080	1	1084	65022	30000	390130	19507	31210	930	1277246
0.090	1	1096	65736	30000	394418	19721	35498	934	1268243
0.100	1	1108	66467	30000	398800	19940	39880	939	1259040
0.200	1	1246	74775	30000	448650	22433	89730	989	1154355

由表 12-1 可知：(1)当新鲜度系数、变质率、碳单价保持不变时，系统总利润随订货周期的增加，呈现先增后减的态势，当订货周期 $T=3$，订货批量为 3012 件时，系统的总利润达到最大为 1360997 元。(2)随着订货周期延长，订货批量及销售周期内的总订货量均逐渐上升，订货成本、采购成本也随之增加。订货周期延长造成生鲜农产品储存时间变长，库存持有成本和产品的腐败成本增加。(3)当最优订货周期 T 由 1 天增至 20 天时，碳排放量逐渐下降，因为此过程中与订货次数相关的运输及仓储固定碳排放量下降，总订货量增加使得运输及仓储的变动碳排放上升，此时，系统固定碳排的下降能够补偿变动碳排的上升，因此，系统总体碳排放呈下降趋势。当 T 由 20 天增至 60 天时，订货次数减少带来的固定碳排放下降无法补偿变动碳排放的上升时，系统的总体碳排放逐渐上升，因此，碳排放量呈先减后增的趋势。

由表 12-2 可知：(1)当变质规模系数、碳单价保持不变时，随新鲜度系数下降、系统最优订货次数、最优订货批量减少，采购总成本、库存持有总成本下降；多次少量的补货方式使得产品的腐败总成本逐渐降低。虽然各项成本都有所减少，但是随新鲜度系数变小，消费者需求下降，销售收入减少，因此，系统总利润仍然呈下降趋势。(2)当新鲜度系数由 0.991 降为 0.98，最优订货周期未发生改变，系统的碳排放量随新鲜度的降低而下降，因为此时固定碳排放保持不变，而最优订货批量的减少使得变动碳排放随之减少，系统总体碳排下降。此过程中，采购总成本、库存持有总成本、腐败总成本均呈下降趋势，但是随新鲜度系数变小，消费者需求下降，销售收入减少，因此，系统总利润仍然呈下降趋势。

由表 12-3 可知：(1)当新鲜度系数、变质规模参数保持不变，$c_e=0$，即不考虑碳排放成本时，系统碳排放量达到最大为 701 吨，此时，系统总利润也达到最大为 1396070。可见，生鲜农产品零售商通过牺牲碳排放成本牟取到了经济利益。(2)考虑碳成本时，系统利润必然减少。随碳单价的不断上升，最优订货周期不断延长、最优订货批量逐渐上升，库存持有成本和腐败成本随之增加，系统利润呈现下降趋势。(3)当碳单价从 0 元/吨上升至 60 元/吨的过程中，最优订货周期、最优订货批量、订货成本、采购成本、库存持有成本、腐败成本均保持不变，系统碳排放量也保持在 701 吨，但由于碳单价持续上升造成碳成本增加，使系统总利润持续下降。

由表 12-4 可知：(1)当新鲜度系数、碳单价不变的情况下，$\partial=0$，即不考虑变质规模参数时，系统的总利润达到最大为 1370414。此时，最优订货批量 $T=5$，最优订货批量为 4955 件。(2)随着变质规模参数 ∂ 不断上升，最优订货周期缩短、最优订货批量下降，采购成本、库存持有成本、腐败成本、碳排量不断增加，系统利润持续下降。(3)变质规模参数 ∂ 从 0.015 上升至

0.045 的过程中,最优订货周期无变化,始终维持在 $T=2$,最优订货批量逐渐增加,采购成本、库存持有成本随之增加。总订货量和变质规模系数变大导致产品的腐败量增加使腐败成本上升,碳排放量随着总订货批量的增加而变大,系统总利润下降。

12.5　小结

本文建立了考虑碳排放与外部需求依赖新鲜度的生鲜农产品 EOQ 模型,并对其进行了数值仿真,分析碳单价、变质率和新鲜度对最优解的灵敏度得出以下结论:

(1)给定碳单价、变质率,随新鲜度下降,则最优订货周期、最优订货批量、碳排放量、系统总利润呈下降趋势。

(2)给定变质率、新鲜度,随碳单价下降,则最优订货周期、最优订货批量上升,而碳排放量、系统总利润下降。

(3)给定碳单价、新鲜度,随变质率的上升,则最优订货周期、最优订货批量下降,碳排放量上升、利润下降。

综上,经营易变质农产品不易获得较高的利润,对于易变质生鲜农产品应采用多频次、少批量的补货方式,但要权衡该补货方式导致的高碳排放成本对总利润的影响。对于耐储型农产品,例如,土豆、红薯等,可以通过延长补货周期、增加订货批量的方式,获得较高的利润。不计碳成本时,企业为了谋取最大的经济利益必然选择牺牲环境成本。政府通过实施合理的碳政策,能够引导企业通过调整运营方案降低碳排放,然而,这必然引起企业利润减少,政府可以采取合理的激励机制,鼓励企业主动降低碳排放。零售商可以通过优化运营方案,在平衡采购总成本、库存持有总成本、腐败总成本、碳排放总成本的基础上,兼顾经济效益与社会效益,达到双赢的目的。

参考文献

[1]Kalpakam S. , Sapna K. P. Continuous review(s, S)inventory system with random lifetimes and positive leadtimes[J]. Operations Research Letters, 1994,16(2):115-119.

[2]Ning Y. , Rong L. , Liu J. Inventory models for fresh agriculture products with time-varying deterioration rate[J]. Industrial Engineering & Management Systems,2013,12(1):23-29.

[3]Dye C. -Y. , Hsieh T. -P. An optimal replenishment policy for dete-riorating items with effective investment in preservation technology [J]. European Journal of Operational Research,2012,218(1):106-112.

[4]Song J. S. , Zipkin P. H. Newsvendor problems with sequentially revealed demand information[J]. Naval Research Logistics(NRL),2012, 59(8):601-612.

[5]Lodree E. J. , Uzochukwu B. M. Production planning for a deterio-rating item with stochastic demand and consumer choice [J]. International Journal of Production Economics,2008,116(2):219-232.

[6]Baron P. , Mueller R. Consumer perceptions in Eastern European food markets[J]. British Food Journal,1995,97(2):34-38.

[7]Ergönül B. Consumer awareness and perception to food safety:A consumer analysis[J]. Food Control,2013,32(2):461-471.

[8]Bai R. , Kendall G. A model for fresh produce shelf-space allocation and inventory management with freshness-condition-dependent demand[J]. INFORMS Journal on Computing,2008,20(1):78-85.

[9]Avinadav T. , Arponen T. An EOQ model for items with a fixed shelf-life and a declining demand rate based on time-to-expiry technical note[J]. Asia-Pacific Journal of Operational Research, 2009, 26 (06): 759-767.

[10]但斌,丁松. 基于顾客分类的生鲜农产品二次补货策略[J]. 中国管理科学,2012,20(6):87-93.

[11]Hua G W,Cheng T C E,Wang S Y. Managing carbon footprints in in-ventory management [J]. Int. J. Production Economics,2011,132(2):178-185.

[12]Benjaafar S,Li Y Z,Daskin M. Carbon footprint and the manage-ment of supply chains:insights from simple models [J]. IEEE Transac-tions On Automation Science And Engineering,2013,10(1):99-116.

[13]Brito A J,Almeida A T D. Modeling a multi-attribute utility ne-wsvendor with partial backlogging [J]. European Journal of Operational Research,2012,220(3):820-830.

[14]Zhang B,Xu L. Multi-item production planning with carbon cap and trade mechanism [J]. International Journal of Production Economics, 2013(144):118-127.

[15]Gong X T,Zhou S X. Optimal production planning with emis-sions trading[J]. Operations Research,2013,61(4):908-924.

第13章 我国低碳交通运输发展现状及对策研究

13.1 引言

　　运输是物流最为重要的功能要素之一,运输在《辞海》中的解释为"人和物的载运和输送",通常指人和物利用交通工具和设施进行长距离空间位置变动的行为。物流活动的主要职责也是实现物资物质实体的流动过程,并在此过程中按照顾客的需求施加的各种物流功能活动的过程。物流活动的功能要素中只有运输活动能够实现物资空间位置的变动,物流最主要的空间效用也由运输活动负责实施和完成。据统计,整个物流活动中超过三分之一的时间和成本的支出都花费在运输活动中。不仅如此,交通运输业作为基础性、先导性、服务性行业,也是物流业的重要组成部分,为推动经济发展做出了巨大贡献。经过多年的建设,目前我国交通运输业已经具有相当的规模,运输路网密集,运输服务水平不断提升,公路、水路、铁路、航空、管道运输齐头并进。运输业承担了我国战略物资输送、进出口贸易、生产、生活物资的流转等重大任务。运输业的发展极大地加快了社会物资流通的速度,为推动物流业的繁荣打下了坚实的基础。这不仅带动了经济的发展,也为城乡居民创造了更多的就业机会,同时运输服务可得性及效率的提高,进一步促进了我国生产力布局合理化,使物流业作为国民经济支撑行业的地位得以巩固。

　　另外,经济的繁荣带来的运输需求的增加,使我国物流货运量长期处于快速增长的态势。运输业能耗高(如表13-1所示)、碳排放量大对环境带来的负面影响逐渐显现。据有关数据显示,全球温室气体(GHG)总排放量的前三大部门依次为工业、交通和建筑,这三大部门的碳排放量占总碳排放量的40.9%,表13-1数据显示,2015年交通运输业能耗达到38317.66万吨标准煤,占各行业能源消耗总量的8.913%,为典型的耗能大户,节能减排形势严峻、潜力巨大。我国交通运输业能源消耗量大、使用效率低,并且能源结构不合理、二氧化碳排放量高、污染严重的问题一直存在。在我国碳政

表 13-1　2015 年按行业分能源消费量①

行业	能源消费总量/万吨标准煤	煤炭/万吨	焦炭/万吨	原油/万吨	汽油/万吨	煤油/万吨	柴油/万吨	燃料油/万吨	天然气/亿立方米	电力/亿千瓦小时
消费总量	429905.10	397014.07	44058.75	54088.28	11368.46	2663.72	17360.31	4662.00	1931.75	58019.97
农、林、牧、渔、水利业	8231.66	2625.00	49.49		231.33	1.10	1492.88	0.94	0.92	1039.83
工业	292275.96	375649.96	43922.98	54052.43	477.08	21.16	1516.37	3133.03	1234.48	41549.99
建筑业	7696.41	878.07	6.68	35.85	408.58	12.50	555.71	53.51	2.16	689.67
交通运输、仓储和邮政业	38317.66	491.60	3.02		5306.59	2504.88	11162.80	1439.49	237.62	1125.61
批发、零售和住宿、餐饮业	11403.69	3863.65	40.06		243.29	11.68	257.74	18.95	51.29	2122.04
其他行业	21880.78	4158.66	5.35		2108.47	83.27	1384.15	16.08	45.44	3918.63
生活消费	50098.96	9347.13	31.16		2593.11	29.13	990.66		359.81	7565.21

① 数据来源：中国统计年鉴，http://www.stats.gov.cn/tjsj/ndsj/2017/indexch.htm

策逐渐严格的大环境下,这些问题不仅制约着物流运输业的发展,也给我国节能减排、发展低碳经济带来了很大阻力。因此,为了实现我国在哥本哈根气候大会上向全世界作出的承诺,即到 2020 年,中国单位国内生产总值二氧化碳排放比 2005 年下降 40%～45%。我们必须实施低碳运输,2013 年,交通运输部印发了《加快推进绿色循环低碳交通运输发展指导意见》,提出了"将生态文明建设融入交通运输发展的各方面和全过程"的新理念,以"加快推进绿色循环低碳交通基础设施建设、节能环保运输装备应用、集约高效运输组织体系建设、科技创新与信息化建设、行业监管能力提升"为主要任务,以"试点示范和专项行动"为主要推进方式,实现交通运输绿色发展、循环发展、低碳发展,到 2020 年,基本建成绿色循环低碳交通运输体系。

所谓低碳运输是一种以高能效、低能耗、低排放、低污染为特征的交通发展方式。低碳思想中的低碳泛指保护地球生态环境的一系列活动、行为、计划和思想观念,只要有环境保护的观念都可以认为是低碳思想的一种体现。低碳运输的定义是指以降低污染物排放、减少资源消耗为目标,通过先进的物流技术和面向环境管理的理念,进行物流系统的规划、控制、管理和实施的过程。实施低碳运输的核心在于提高交通运输中化石能源效率、提倡使用清洁能源、改善现有交通运输的能源使用结构,优化运输发展方式。其目的是为了减少传统的以化石能源为代表的高碳能源的大量消耗,从而减少二氧化碳排放量。

进一步加强节能减排工作、积极推进低碳运输发展是建设资源节约型、环境友好型交通运输行业的必然要求,也是我国政府节能减排专项工作的重要突破口。因此,本书针对运输低碳化发展问题展开研究,分析我国低碳背景下运输业存在的问题,并提出相关对策。

有关绿色运输系统的构建,已经有不少学者进行了探索,相关研究成果较为丰富。崔冬初和于悦总结了发达国家低碳交通的实践经验,针对我国低碳交通存在的问题,提出相关对策[1]。刘细良和张超群对三个国际大都市:伦敦、东京、纽约的低碳交通政策进行了分析,提出了适合我国国情的低碳发展策略[2]。尹新针对铁路运输发展的特点和优势,提出了发展铁路集装箱多式联运等绿色运输的具体措施[3]。胡洁等基于循环经济、绿色经济、低碳经济等经济学理论,对绿色循环低碳交通运输进行了界定,并辨析了低碳交通运输的发展特征[4]。吴昊灵等从新的角度对绿色交通理念进行理解,提出构建绿色交通体系的五大途径分别为土地利用空间结构、交通发展模式、道路网规划、绿色交通新技术和智能交通、交通管理措施[5]。欧阳斌等分析了我国低碳交通运输发展现状,并对其未来的发展进行了展望[6]。魏东分析了发展绿色循环低碳交通运输的基本思路、主要任务,发展亮点,并描绘了未来发展的蓝图[7]。孙启鹏和王帅分析了道路运输企业发展循环经济的障碍并提出了相关对策[8]。韩岳峰等运用 IPCC 法测算了我国1994—2010 年期间仓储运输业的碳排放量,结果表明,我国仓储运输业碳减排与储运业经济增长脱钩状态并不理想[9]。

13.2　运输方式简介

随着我国交通运输事业的不断发展,公路、水路、航空、铁路、管道运输的运能、运力得到快速增加,交通基础条件迅速改善,综合交通运输体系的建立和完善,极大提高了运输的效率,目前,我国交通运输业的基本情况如表 13-2 所示。据表 13-2 数据显示,自 2010 年以来,我国各种交通运输方式的运输线路不断增加,运营里程逐年增长,货运总量也由 2010 年的3241807 万吨上升至 2016 年的 438663 万吨,上升态势明显。

表 13-2　交通运输业基本情况

指标(①~⑦)	2010	2011	2012	2013	2014	2015	2016
①运输线路长度/万公里	714.14	798.31	792.80	889.41	955.68	1037.47	1153.99
铁路营业里程	9.12	9.32	9.76	10.31	11.18	12.10	12.40
公路里程	400.82	410.64	423.75	435.62	446.39	457.73	469.63
♯高速公路	7.41	8.49	9.62	10.44	11.19	12.35	13.10
内河航道里程	12.42	12.46	12.50	12.59	12.63	12.70	12.71
定期航班航线里程	276.51	349.06	328.01	410.60	463.72	531.72	634.81
管道输油(气)里程	7.85	8.33	9.16	9.85	10.57	10.87	11.34
②货运量总计/万吨	3241807	3696961	4100436	4098900	416796	417586	438663
铁路	364271	393263	390438	396697	381334	335801	333186
公路	2448052	2820100	3188475	3076648	3113334	3150019	3341259
水运	378949	425968	458705	559785	598283	613567	638238
民航	563.0	557.5	545.0	561.3	594.1	629.3	668.0
管道	49972	57073	62274	65209	73752	75870	73411

续表

指标(①~⑦)	2010	2011	2012	2013	2014	2015	2016
③货物周转量/亿吨公里	141837	159324	173804	168014	181668	178356	186629
铁路	27644	29466	29187	29174	27530.2	23754.3	23792.3
公路	43390	51375	59535	55738	56846.9	57955.7	61080.1
水运	68428	75424	81708	79436	92774.6	91772.5	97338.8
民航	178.9	173.9	163.9	170.3	187.77	208.07	222.45
管道	2197	2885	3211	3496	4328	4465	4196
④民用汽车拥有量/万辆	7801.83	9356.32	10933.09	12670.14	14598.11	16284.45	18574.54
⑤其他机动车拥有量/万辆	11305.55	11549.16	11322.30	10546.65	9852.40	9570.42	7449.93
⑥民用运输船舶拥有量/艘	178407	179242	178591	172554	171977	165905	160144
机动船	155624	157950	158309	155340	154974	149659	144568
驳船	22783	21292	20282	17214	17003	16246	15576
⑦沿海规模以上港口货物吞吐量/万吨	548358	616292	665245	728098	769557	784578	810933

13.2.1 公路运输

公路运输是我国短途运输的主要方式。公路运输特点和全国公路运输业运营情况如下。

1)公路运输特点

(1)能进行"门"到"门"的直达运输。可以直接进行"门"到"门"的直达运输,中间换装环节少;机动灵活,适应性强,车辆可以随时调度、装运、停靠,这种"门"到"门"的特点,是其他运输方式无法企及的优点。

(2)机动、灵活。公路运输机动、灵活,对货运量的大小有极强的适应性,目前货运汽车的载重吨位从不足1吨到数十吨,既可以单车作业,也可以组成车队进行作业,能满足顾客不同载重需求。

(3)能耗高,污染严重。汽车数量的增加,产生交通阻塞,使汽车运行困难,同时产生的废气、噪声也造成了环境污染。

2)我国公路运输的基础设施

截至 2017 年末全国公路总里程 477.35 万公里,比上年增加 7.82 万公里。公路密度 49.72 公里/百平方公里,增加 0.81 公里/百平方公里。公路养护里程 467.46 万公里,占公路总里程 97.9%。

3)我国公路运输业的运营情况

2017 全年完成营业性客运量 145.68 亿人,比上年下降 5.6%,旅客周转量 9765.18 亿人公里,下降 4.5%。完成货运量 368.69 亿吨,增长 10.3%,货物周转量 66771.52 亿吨公里,增长 9.3%。年末全国开通客运线路的乡镇比例为 99.12%,开通客运线路的建制村比例为 95.85%,建制村通车率比上年提高 0.48 个百分点。

13.2.2　铁路运输

铁路运输是陆上长距离货物运输的主要方式。铁路运输特点和全国铁路运输业运营情况如下。

1)铁路运输的特点

铁路运输运量大、速度快、可靠性高、距离长、运费低、污染轻、受气候影响小、有效利用土地、能自动化。缺点:受路线货站限制不够灵活、中途编组停滞时间长、资本密集、固定资产投资大、设施设备难以维护。

2)我国铁路运输业基础设施

2017 年末全国铁路营业里程达到 12.7 万公里,比上年增长 2.4%,其中高铁营业里程 2.5 万公里。全国铁路路网密度 132.2 公里/万平方公里,增加 3.0 公里/万平方公里。铁路营业里程中,复线里程 7.2 万公里,比上年增长 5.4%;电气化里程 8.7 万公里,增长 7.8%。

3)我国铁路运输业的运营情况

2017 全年完成旅客发送量 30.84 亿人,比上年增长 9.6%,旅客周转量 13456.92 亿人公里,增长 7.0%。其中国家铁路旅客发送量 30.38 亿人,增长 9.6%,旅客周转量 13396.96 亿人公里,增长 6.9%。全国铁路完成货运总发送量 36.89 亿吨,比上年增长 10.7%,货运总周转量 26962.20 亿吨公里,增长 13.3%。其中国家铁路完成货运总发送量 29.19 亿吨,增长 10.1%,货运总周转量 24091.70 亿吨公里,增长 13.2%。

13.2.3　水路运输

水路运输是以船舶为主要运输工具、以港口或港站为运输基地、以水域包括海洋、河流和湖泊为运输活动范围的一种运输方式。水运至今仍是世界许多国家最重要的运输方式之一。在国际货物运输中有着不可或缺的地位。

1)水路运输的特点

水路运输的优势体现在运量大,例如,油轮可达到几十万吨级。水路运输能耗少、航道投资省,多依靠天然的河流、不占用农田,运费低、续航能力强。但水路运输缺点也较为突出,因为受河道港口限制,站点不够灵活。水路运输全程航速慢,易受季节和气候影响、可及性差,只能进行港到港的运输。

2)我国水路运输基础设施

2017 年末全国内河航道通航里程 12.70 万公里,比上年减少 80 公里。等级航道 6.62 万公里,占总里程 52.1%,下降 0.2 个百分点。其中三级及以上航道 1.25 万公里,占总里程 9.8%,提高 0.3 个百分点。各等级内河航道通航里程分别为:一级航道 1546 公里,二级航道 3999 公里,三级航道 6913 公里,四级航道 10781 公里,五级航道 7566 公里,六级航道 18007 公里,七级航道 17348 公里。等外航道 6.09 万公里。

3)我国水路运输业的运营情况

2017 全年完成客运量 2.83 亿人,比上年增长 3.9%,旅客周转量 77.66 亿人公里,增长 7.4%。完成货运量 66.78 亿吨,增长 4.6%,货物周转量 98611.25 亿吨公里,增长 1.3%。其中,内河运输完成货运量 37.05 亿吨、货物周转量 14948.68 亿吨公里;沿海运输完成货运量 22.13 亿吨、货物周转量 28578.71 亿吨公里;远洋运输完成货运量 7.60 亿吨、货物周转量 55083.86 亿吨公里。

13.2.4 航空运输

航空运输是在航空线路和飞机场都具备的前提下,利用飞机作为运输工具进行货物运输的一种运输方式。航空运输的货运量占我国运输业总体运输量比重较小,过去主要是承担长途客运任务,现在航空运输在货运,尤其是快递干线运输中的地位日益凸显。

1)航空运输的特点

航空运输优势突出,例如,速度最快、时间短、不受地形限制、舒适安全。在货物运输中对货物包装要求低、机场等基础设施的建设周期短、基建投入也较其他运输方式较少。对土地的占用少、收效快。航空运输的缺点在于载运量小、运输成本高、受天气影响大、随着全球经济一体化的逐渐深入,航空运输的国际性特点越来越明显。

2）航空运输的基础设施情况

2017 年末共有颁证民用航空机场 229 个，比上年增加 11 个，其中定期航班通航机场 228 个，定期航班通航城市 224 个。年旅客吞吐量达到 100 万人次以上的通航机场有 84 个，比上年增加 7 个，年旅客吞吐量达到 1000 万人次以上的有 32 个，增加 4 个。年货邮吞吐量达到 10000 吨以上的有 52 个，增加 2 个。

3）航空运输业的运营情况

2017 全年完成旅客运输量 5.52 亿人次，比上年增长 13.0%，旅客周转量 9512.78 亿人公里，增长 13.5%。其中，国内航线完成旅客运输量 4.86 亿人次，增长 13.9%；港澳台航线完成旅客运输量 1027.0 万人次，增长 4.3%；国际航线完成旅客运输量 5544.2 万人次，增长 7.4%。

13.2.5　管道运输

管道运输是交通运输网络中比较特殊的一种运输方式，主要是用于输送液体或气体物资（石油、煤和化学产品等），将其从生产地运输到消费地。管道运输具备运输物资连续性强、运量大、基础设施建设周期短等特点，在交通运输模式中占有一席之地。一般而言，石油的管道运输运费低于铁路运输，比水运模式高。

13.3　低碳背景下我国发展绿色运输业存在的问题

运输是物流业的重要组成部分，由于交通基础设施总体规模不足、运输结构不合理、交通工具能耗高、污染高、运输组织方法的不合理都直接影响低碳物流的发展。当前，我国物流业正面临着这样的难题。

13.3.1　交通基础设施总体规模不足

近年来，国家大量投入资金进行高速公路、铁路等交通基础设施建设，使我国交通运输业的运营里程不断增加，运输服务效率和水平逐渐提高，交通运输业的整体面貌得到较大改观，例如，2013 年综合交通体系完成了超过 2 万亿元的投资规模，高速铁路、高速公路、港口吞吐量分别居世界第一。但从总体上看，我国交通基础设施总体规模仍然不足，尤其是这些年经济的高速发展带来了大量的运输服务需求,供需矛盾依旧存在,运输线路质量仍然有提升空间(我国运输线路质量如表13-3所示)。根据我国的路网规划,必须保证1万公里以上的高铁建设规模,6万公里以上的高速公路建设规模才能达到2030年的路网规划目标。与欧美发达国家相比,我国的交通基础设施建设更显不足,欧美发达国家的高速公路早已普及到少至5万人口的城市,而我国到2030年都达不到这样的标准。铁路运输、内河运输、航空运输的差距更大。这些交通基础设施总体规模的不足,不仅在一定程度上阻碍了现代物流业的迅速发展,也制约了低碳交通运输体系的构建和实施。

表 13-3　我国运输线路质量统计表

指标	1990	2000	2010	2015	2016
国家铁路营业里程/km	53378	58656	66239	120970	123992
♯复线里程/km	13024	21408	29684	64687	68073
复线里程比重/%	24.4	36.5	44.8	53.5	54.9
公路里程/km	1028348	1679848	4008229	4577296	4696263
♯等级公路里程/km	741104	1315931	3304709	4046290	4226543
等级公路里程比重/%	72.1	78.3	82.4	88.4	90.0
内河航道里程/km	109192	119325	124242	127001	127099
♯等级航道里程/km	59575	61367	62290	66257	66409
等级航道里程比重/%	54.6	51.4	50.1	52.2	52.3

13.3.2　运输结构不合理

目前,我国公路、铁路、水路、航空、管道运输五种运输方式分担的货运周转量比例不协调,在以上五种运输方式中公路承担了过多的货运任务。虽然我国各种运输方式的货运量均呈逐年上涨的趋势,但是其中铁路货运周转量所占比重却一直处于下降中,从2013年的17.36%下降到2016年的12.75%,而且该指标远低于美国40%的比例。与此同时,公路承担的货运周转量不仅绝对数量持续上升,从2013年的55738.1亿吨公里,增长至2016年的61080.1亿吨公里,但其在所有运输方式中公路运输货运周转量所占比例逐渐减少,从2013年的33.17%减至2016年的32.73%。而铁路运输是五种运输方式中唯一能大规模使用电能的运输方式,公路以及其他运输方式主要以使用成品油作为动力(2013—2016年货运周转量构成比例如图 13-1 所示)。因此,运输结构的不合理增加了国内汽油消耗量和二氧化碳排放量,不利于节能减排,给低碳化运输带来巨大的压力。

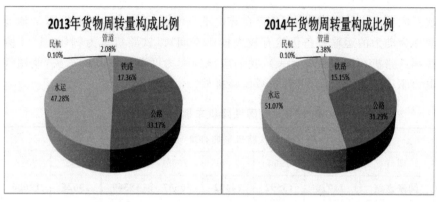

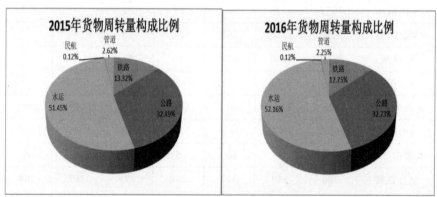

图 13-1　2013—2016 年货运周转量构成比例示意图

13.3.3　交通工具能耗高、污染高

各类交通工具排放的尾气是导致环境污染、气候变暖的首要因素。当前,我国使用的交通运输工具以汽油、柴油作为主要燃料,高能耗、高排放的特征十分突出。以公路运输为例,汽车尾气成分十分复杂,包括一氧化碳、碳氢化合物等多达 100 种以上,给环境带来了严重的负面影响。根据 2007 年欧洲运输部长会议《减少运输二氧化碳排放报告》,2003 年,经济合作组织(OECD)国家中因为使用燃油导致的二氧化碳排放,交通运输占 34%,其中公路为 23%,水运为 2%,航空为 6%,其他为 3%。而这些绝大多数由交通工具的使用产生。目前,我国已经投入大量人力、物力进行新能源汽车等环保型交通运输工具的研发,也已经取得一定的成效。但是,节能与新能源

车的经济性、安全性、动力性等还没有得到市场的广泛接受和认可。上下游产业发展不同步,无法形成完善的生产、消费、反馈的循环机制;节能环保技术配套设施建设滞后,不能为新能源汽车提供有力保障。另外,市场普遍反映新能源汽车购置成本高,且存在充电不方便等现实问题。因此,以清洁能源作为动力的运输装备仍然有较大推广空间,以铁路机车为例(表13-4 为我国铁路机车拥有量统计表),我们应该加大力度更换铁路机车头,使用纯电力驱动的电力机车,可有效减低碳排放。

表 13-4 我国铁路机车拥有量统计表

铁路机车拥有量/台							
项目	1985	1990	2000	2005	2010	2012	2013
国家铁路	**11770**	**13592**	**14472**	**16547**	**18349**	**19625**	**19686**
蒸汽机车	7672	6279	601	94	51		
♯前进型	4429	4188	261	24	18		
建设型	1216	1644	340	70	33		
内燃机车	3511	5680	10355	11331	10041	9578	8983
♯东风4型	955	2351	5623	6443	5035	4348	3844
电力机车	587	1633	3516	5122	8257	10047	10703
♯韶山1型	506	816	800	664	512	138	59
地方铁路	**386**	**389**	**327**	**348**	**279**	**297**	**284**
蒸汽机车	246	262	159	59	12	6	6
内燃机车	140	127	168	289	260	272	259
电力机车					7	19	19
合资铁路			**454**	**578**	**803**	**875**	**865**
蒸汽机车			151	40	9	9	9
内燃机车			303	494	689	752	719
电力机车				44	105	114	137

13.3.4 运输社会化程度低

运输服务几乎涉及社会上的所有企业,运输服务社会化是指企业可以通过把运输服务从企业内部物流中剥离出来,释放给第三方物流企业来负责运营,使企业既能够专注于自己的核心业务,又能享受到专业化的物流服务。运输服务社会化的本质是社会运输服务资源和运输需求的有效整合和对接。通过运输服务社会化能够充分利用现有的运能运力,提高运输资源的使用效率,降低单位货物运输的能耗成本。通过整合运输需求大量减少在途车辆,从而降低因车辆运行而产生的交通拥挤、噪声、尾气污染等对环境的负面影响。运输的社会化程度是物流业是否发达的重要标志之一。我国物流业经过长期发展,运输社会化程度与过去相比有了很大程度的提高,但从整体上看,我国运输社会化程度还远远不足。许多企业仍然采取自提自运的方式,导致车辆调运不科学、空驶率高、使用效率低、不合理运输现象频频出现,过度运输现象严重,从而引发过度的能源使用和大量的碳排放。

13.3.5　运输组织方式落后

我国过去公路、铁路、水路、航空运输分属不同的部门管理,交通管理体制的分割导致各种交通运输方式容易产生多头管理,各自为政,使得本应形成完善综合运输体系且密切配合的交通运输业无法很好的发挥整体的协同优势。各种运输方式从硬件设施、运营模式、价格机制、服务标准等都自成体系,要打破原有的体系,使各种运输方式和运输服务能够无缝连接、协调配合,任重道远。以我国多式联运体系为例,多式联送是一种高效的运输组织方式,在方便货主的同时,能最大限度的提高运输效率,发挥多种运输方式的优点,节约能源消耗,降低碳排放,是一种应该大力推广的运输组织方式。然而,我国多式联运发展的历程不短,但是发展速度一直较为缓慢。公铁联运、铁水联运等国外常见的多式联运方式在我国货物运输中所占的比例一直较低。落后的运输组织方式是制约我国低碳交通运输发展的重要因素。

13.4　运输低碳化的有效途径

根据《加快推进绿色循环低碳交通运输发展指导意见》(交通运输部2013 年 5 月 22 日印发),为应对节能减排,发展绿色循环低碳交通运输的战略需求,运输低碳化的有效途径主要包括交通基础设施建设考虑绿色循环低碳要求、优化交通运输组织体系、选择先进运输方式、交通运输科技创新及应用、完善低碳运输政策法规保障等。

13.4.1　交通基础设施建设考虑绿色循环低碳要求

交通基础设施是现代运输业发展的先决条件和有利保障,为了达到低碳化运输的目的,首要任务就是确保交通基础设施的建设能满足绿色循环的低碳交通运输模式发展的需要。因此,在开展交通运输基础设施建设时,应对以下几个方面的工作加以重视。

1)发挥交通规划的引导作用

实施低碳交通,首要任务是科学的交通规划的顶层设计,加强低碳交通规划对低碳运输系统实施的先导性作用。因此,在规划阶段,应该充分重视交通规划对交通运输需求的引导与控制作用,制定合理的交通运输规划的顶层设计方案,提高交通规划的科学性与可操作性,同时考虑低碳因素对交通发展设计的影响,探讨低碳经济时代的交通运输发展设计方法。其次,大力发展交通运输系统枢纽及集疏配套建设,尽可能地使各种交通运输方式的通路、场站等基础设施能够形成紧密的网状结构,实现货运"无缝衔接",有利于充分发挥综合交通运输网络的整体优势,达到集约化的节能减排效果。减少不合理运输现象(倒流运输、重复运输等),从源头上控制能源的过度使用和二氧化碳的排放。

2)节约交通运输基础设施建设中的能耗

在交通基础设施的建设阶段应考虑引入低碳因素,实施低碳化的项目全过程管理,在公路、铁路、水路等基础设施的项目立项、设计、施工、验收的各个阶段,都要倡导与鼓励使用清洁能源。在建设施工及交通基础设施相关设备采购时,更要注意采用绿色照明技术,降低技术设施使用过程中的能源消耗。与此同时,交通基础设施的工程建设施工、建成后的运营管理、定期的养护和后期的管理要坚持贯彻绿色、低碳的思想观念,达到项目全生命周期的低碳过程管控。因此,提高交通运输基础设施建设中绿色清洁能源、可再生资源的利用比率,有效减少碳基能源的使用,降低污染物质的排放。

3)提高资源的利用率

在交通基础设施建设时,要注意提高各种资源的利用效率,有效利用土地资源,减少对耕地的占用,并且在建设过程中应注意避开农田保护区;加强综合交通运输体系的立体开发,尽量利用空中资源,减少地面面积的占用;通过科学规划、统筹兼顾、合理配置的方式,使有限的土地占用,发挥最大的价值;节约集约利用交通通道线位资源,提高港口岸线资源利用效率;使环境保护和土地开发利用能够合理的兼顾,避免土地资源的使用对环境产生负面影响。

4)加强资源的循环利用

鉴于交通基础设施建设的过程中会产生大量的建筑垃圾,应积极遵循废弃物的循环再利用的原则,积极应对施工过程中产生的建筑垃圾、生活废水等,将其进行有效合理的再循环利用。对于无法回收再利用的交通运输基础建设建筑垃圾,也可通过有效的污染物控制管理,降低这些污染物对环境产生的不良影响。

13.4.2　交通运输组织体系优化

1)加快优化运输结构

优化运输结构是指按照运输经济和运输科学技术规律的客观要求,平衡和协调运输业内部之间各种运输方式。也就是综合协调公路、铁路、水路、航空的特点,发挥各种运输方式的特长,提升综合交通运输体系的整体效率,发挥运输结构的整体优势。随着我国经济的不断发展,对于高质量运输服务需求不断增长,为了适应这些需求,必须大力优化运输结构,合理化配置运输方式的构成比例,积极调整运力结构,淘汰落后的运力,提高车辆的技术等级和新度系数,加速淘汰能耗高、排放超标的老旧车型,大力发展专业化运输和使用清洁、节能运输工具。推广使用集装化运输、多式联运、特种运输等先进的运输模式,满足社会对高质量运输服务的需求。

2)加快发展绿色物流和绿色运输

绿色物流指在实现物资转移及物流效用实现的过程中,最大限度地降低物流活动对环境造成的污染及危害。在全程物流中提倡实施绿色包装,提高可循环再利用的包装比例,并注意包装的回收利用,在流通加工过程中进行绿色加工,原材料集中处理,加工废弃物统一回收。储运环节实施低碳化管理,选择绿色运输,通过合理配载整合货源,提高车辆的运输效率,并加大绿色运输工具的使用,降低废气等污染物的排放量;大力推广使用尾气排放检测设备和技术,实施交通运输车辆 GPS 定位系统,建立运输信息化平台,提高交通运输组织管理水平,促进公路运输与其他运输方式的协调和有效衔接。在条件允许的前提下,提高水路、铁路等相对绿色的运输方式的利用率。绿色运输是绿色物流实现的前提和基础,绿色物流为绿色运输快速发展提供有力支撑。

3)优化城市交通组织

城市居民的出行活动,也是产生碳排放的重要因素之一,因此,优化城市公共交通组织,能够有效降低城乡居民出行产生的碳排放;通过合理的交通运输管理规划,大力发展公共交通设施,优化公交线路、提高公交线网覆盖率,加大中高档车的配置,提供优良的公共交通服务,从而增加公共交通的吸引力,使人们更多地选择绿色的公共交通工具,放弃采用高碳排、高污染的私家车出行。与此同时,应积极发展智能交通,推行公交智能化,提升公共交通的绿色信息化,加大公共交通运输网络信息的互联互通,方便人们快速绿色的出行。

4)大力发展第三方物流

第三方物流(Third Party Logistics,简称3PL)是生产经营企业使用外部资源为企业内部生产经营服务,以合同模式将原本属于生产经营企业自身的物流活动委托给专业的物流服务企业,并通过信息技术与物流企业保持紧密联系,实现对物流全程管理和控制的一种物流运作与管理方式。大力发展第三方物流是提高运输质量和实现低碳交通运输的有力手段。通过第三方物流整合社会物流服务需求,化零为整,减少一家一户自提自运的情况,实现多家客户货物的整合,提高交通运输车辆的满载率,提升运输服务的效率,减少社会在途车辆数量,降低运输线路的重复设置,有效降低交通运输环节的能源消耗总量和碳排放量。

13.4.3　先进运输方式选择

选择先进的运输方式,例如,甩挂运输、滚装运输、集装箱运输、多式联运等是实现绿色低碳运输的重要手段。

1)积极推广甩挂运输

甩挂运输是交通部大力推行的先进运输组织方式,通过甩挂的方式,能够将汽车运输列车化,显著提高了运输效率,实现运输资源的整合利用。另外,甩挂运输模式可以最大限度地降低单位运输成本,避免交通工具的空驶,提高车辆的运行效率,在实现经济效益的同时,也能够带来较大的节能减排的环境效益。与此同时,甩挂运输可以方便、灵活地与多种运输方式衔接,对于发展水路滚装运输、驼背运输等多式联运有着其他运输形式无法比拟的优势。甩挂运输作为比较先进的运输组织形式,可将运输车辆列车化,减少了装卸货的等待时间,运输效率较高,单位成本较低,周转较快,能有效降低运输经济成本,减少交通运输环节的碳排放。

2)大力发展滚装运输

滚装船运输是通过将货物和运载货物的车辆一起装运的一种水路运输方式,该运输方式的突出优点包括装卸效率高、对码头要求低和费用低等。众所周知,相对于公路运输和航空运输等而言,水路运输单位周转量的碳排要低得多,是世界公认的最环保、节能、经济的运输方式。随着汽车制造全球化步伐加快,全球汽车贸易量不断增加,无论是江河滚装船需求还是沿海滚装船的需求都会持续增加,在绿色低碳经济背景下,应把握住发展的大好时机,加大投资建设滚装船码头,大力发展滚装运输。

3)推进集装箱多式联运

与传统的杂货散运方式相比,集装箱运输具有运输效率高,经济效益好和服务质量优的特点。作为传统的先进运输组织形式,集装箱运输的普及与发展,是衡量一个国家或地区现代物流业现代化程度高低的重要标志之一。单一的集装箱运输模式,已经不能满足当今社会物流供应链管理发展的时代需求,因此,货物的集装箱联运模式得以认可与推广应用。然而,当前我国集装箱多式联运中,海铁联运在我国港口集装箱运输业中所占比例较低,比例不足 2%,与欧美 20～30% 以上的海铁联运比例比较起来,还有较大差距,具备较大提升空间。相比海公联运,海铁可节约 30% 左右成本,有效达到交通运输节能减排效果。

13.4.4　交通运输科技创新与应用

众所周知,科学技术是第一生产力,随着我国经济进入新常态,坚持深入实施创新驱动发展战略,以科技创新支撑交通运输转型升级,是发展低碳交通运输的重要动力,我们应积极推进和完善以下几个方面的工作。

1)提升低碳交通运输的科研基础能力

加强低碳交通基础研究是提高我国低碳交通领域原始性创新能力的重要途径和建设创新型国家的强大动力和根本源泉。大力实施科技强交战略和人才强交战略,完善学科布局,建立稳定的科技创新投入机制,培育与完善交通运输低碳实验室、研发中心、技术中心等创新和服务机构的建设,培养出一支数量充足、素质优良、门类齐全、结构合理、具有较高专业水平的绿色循环低碳交通人才队伍,在低碳交通的若干科学前沿实现重点突破,实施低碳交通运输理论与方法研究的自主创新战略。

2)研发和推广低碳交通运输技术

加快研究交通运输碳足迹及循环机理、基于物联网的智能交通关键技术、交通运输碳排放现状目标与监测考核体系、交通运输污染事故应急机制、交通运输能源消耗与碳排放统计体系、交通运输能源资源节约技术、交通运输生态环境保护策略、交通运输中新能源利用方法、交通运输低碳发展的重大技术政策等专项技术攻关及相关产品研发。建立循环绿色循环低碳交通运输科技成果的公共推广平台,积极引导低碳科技成果走向市场和科研产业化,为交通运输低碳化提供智力支持。

3）优化交通运输装备结构

从我国经济发展的实际情况出发,因时制宜的适当提高交通运输设备的能效指标和碳排放标准,严格实施交通运输装备及相关设备的市场准入机制,大力推广高能效和低排放规格的交通运输装备。鉴于我国各个地区经济发展的差异化,交通运输节能减排不能搞一刀切,加快推动各地淘汰高能耗与高排放的运输装备和相关机器设备,提高交通运输装备及相关设备的能效水平和生产效率。探索建立交通运输装备及相关设备的能效等级标识制度,并出台相关政策鼓励购置高能效等级标识的交通运输装备及相关设备。

4）应用节能与清洁能源装备

加大推进以天然气、生物质能、风能、太阳能、电能等清洁能源为燃料的交通运输装备和相关设备的应用,推广应用混合动力交通运输装备等。结合交通运输基础设施和能源供需的地方特色,各地针对性探索和完善天然气车(船)、纯电动车、气(油)电混合动力车等绿色交通装备的发展策略。

5）加强交通运输装备排放控制

严格执行垃圾回收、污水处理、废气净化、噪声消降等装置在车(船)等交通装备的安装规定、遵守交通运输装备的排放标准、淘汰老旧高能耗高排放的交通装备、提高交通运输装备的燃料品质等,有效控制交通运输装备的排放和污染。

6）交通运输信息化和智能化建设

探索交通运输行业信息的互联机制,推进信息技术、物联网、数据通信传输技术、条码和射频、计算机处理技术等有效地集成应用于交通运输行业,构建大区域范围的综合运输公共信息平台,逐步完善交通运输网络的联网联控,提升交通管理、公共交通、道路管理、交通工具运营管理、电子收费、出行信息服务、交通安全等管理的信息化程度和智能化水平,建立高效的智能综合运输和管理系统,提高交通运输的运行效率和交通安全性,在一定程度上解决能源和环境问题。

冷链技术广泛应用于生鲜食品的流通环节,作为一种对能源依赖性更高的物流技术,冷链运输的节能减排形势严峻。针对冷链运输的信息化建设,给出一个基于RFID的冷链配送实时监控平台的拓补结构(图13-2),由三层组成(感知层、网络层和应用层),各层功能简述如下。

(1)感知层。基于RFID读写器,实时读取货物的电子标签,动态采集货物的储藏温度等环境参数,上传到车载计算机终端;综合冷藏车运行参数(发动机状态、车胎气压、油耗、车厢门开关状态、冷冻压缩机等运行性能),车载计算机终端根据货物实时储藏的温度等参数,自适应地调节冷冻压缩机运行,实现节能减排效果;车辆定位及无线网络实时通信功能。

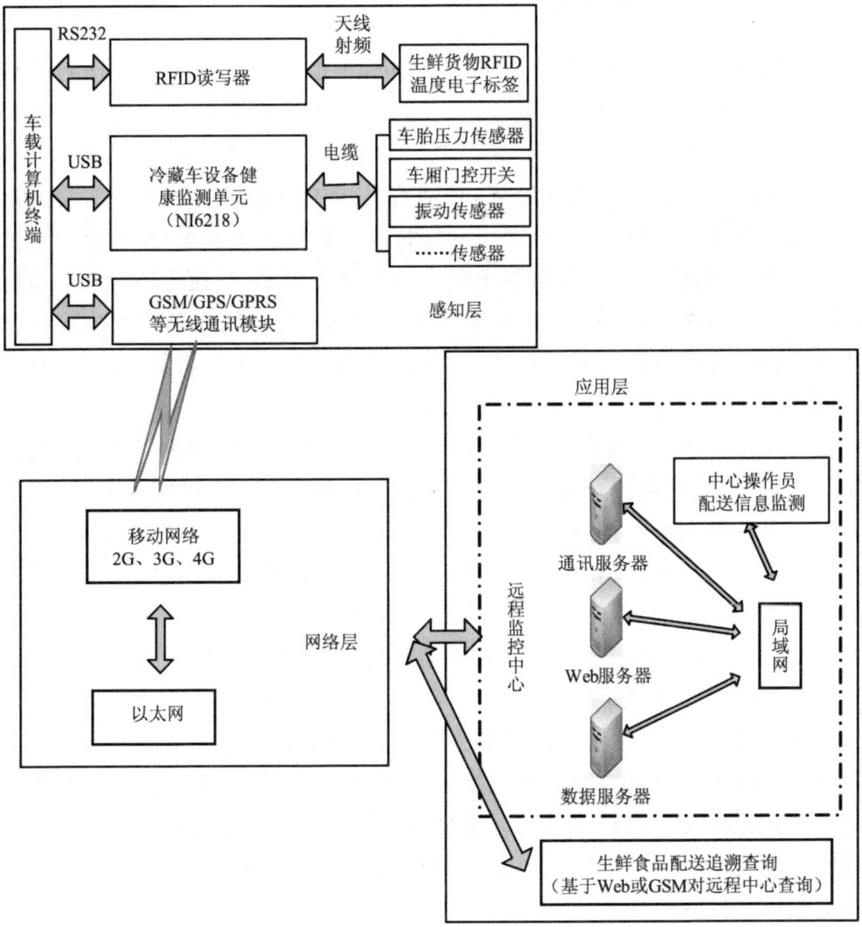

图 13-2　基于 RFID 的冷链配送实时监控平台的拓补图

　　(2)网络层。基于无线通讯网络,冷藏车的车载现地单元连接到远程监控中心,实现运输车辆与控制中心信息的互联互通。

　　(3)应用层。远程监控中心实时监控冷藏车地理位置与运行性能,货物信息(数量、种类、储藏温度与湿度等环境参数);第三方对冷链运输的货物温度等信息追溯功能,判别配送是否符合保鲜要求。

　　基于 RFID 物联网技术实现对运输车辆位置、车厢温/湿度等环境参数的实时监控,动态调整制冷压缩机的运行工况,有助于降低冷链运输的能源消耗,取得了一定的节能减排效果,实现冷链运输的精细化监测与管理,有利于冷链物流追溯系统工程的培育。

13.4.5　低碳运输政策和法规保障

气候变暖是世界各国面临的共同危机,节能减排已成为全球应对气候危机的战略选择,以低能耗、低排放、低污染为重要特征的可持续发展路径日益得到人们重视。作为主要碳源之一的交通运输,在全球二氧化碳排放所占比例依旧处于稳步攀升趋势,且随着发展中国家发展过程中对交通运输需求不断增加,其交通运输产生的碳排放出现快速增长态势,碳排放形式更为严峻。因此,我国作为世界上最大的发展中国家,交通运输行业的节能减排已上升为国家层面的发展战略和重点工作,政府相关部门明确提出了建设低排放为特征的交通运输体系,这需要出台低碳领域政策和法律,作为保障手段。

在政策方面,我国交通运输行业的节能减排政策可追溯到 20 世纪 90年代初期,根据联合国环境与发展首脑会议上通过的《21 世纪议程》而制定的中国可持续发展总体战略《中国 21 世纪议程》,明确了我国交通运输行业可持续发展的基本原则与总体方案。针对国外低碳经济概念的兴起,我国从自身正处于最大发展中国家的实际情况出发,提出了相应的节能减排目标,并在随后的国家中短期发展纲要中细化了交通运输行业低碳发展总原则。自 2006 起,交通运输部相继出台了《建设节约型交通指导意见》《交通行业全面贯彻落实〈国务院关于加强节能工作的决定〉的指导意见》《公路水路交通节能中长期规划纲要》《资源节约型环境友好型公路水路交通发展政策》《建设低碳交通运输体系指导意见》《建设低碳交通节能减排专项资金管理暂行办法》等政策,提出了提高资源利用率的节能减排措施和构建低碳交通运输体系的战略任务。2011 年 4 月 13 日,交通运输部印发了《交通运输"十二五"发展规划》,提出"以持续发展、协调发展、创新发展、绿色发展、安全发展为原则,以节能减排为重点,建立以低碳为特征的交通发展模式,提高资源利用效率,加强生态保护和污染治理,构建绿色交通运输体系,推进废旧材料的循环利用,走资源节约、环境友好的发展道路"。2013 年 5 月 22日,交通运输部颁布了《加快推进绿色循环低碳交通运输发展指导意见》,提出了以"以节约资源、提高能效、控制排放、保护环境为目标,以加快推进绿色循环低碳交通基础设施建设、节能环保运输装备应用、集约高效运输组织体系建设、科技创新与信息化建设、行业监管能力提升为主要任务,以试点示范和专项行动为主要推进方式,将生态文明建设融入交通运输发展的各方面和全过程,加快建成资源节约型、环境友好型交通运输行业,实现交通运输绿色发展、循环发展、低碳发展",争取到 2020 年基本建成绿色循环低碳交通运输体系。

　　在法规方面,我国涉及低碳交通运输方面的专门法律或法规并不多。其中,较高规格的等级规范文件为 2009 年 8 月 27 日,全国人大常委会审议通过《关于积极应对气候变化的决议》,明确了发展绿色经济和低碳经济,并要求把积极应对气候变化作为实现可持续发展的长期任务纳入国民经济和社会发展规划。此外,1989 年修订的《中国人民共和国环境保护法》对机动车船污染大气实施监管,2007 年修订的《中华人民共和国节约能源法》鼓励使用节能环保型交通工具和使用新能源,2009 年《中华人民共和国循环经济促进法》中有关机动车节油和报废车船部件再利用等规定适用于交通运输业。

　　针对物流业的运输环节,我国也出台了相关政策,引导发展节能减排,绿色环保的运输模式。2014 年 6 月 11 日召开的国务院常务会议通过《物流业发展中长期规划(2014—2020 年)》,"鼓励采用节能环保的技术、装备,提高物流运作的组织化、网络化水平,降低物流业的总体能耗和污染物排放水平"已作为我国物流业中长期规划的主要原则之一。为落实《中共中央、国务院转发〈国家发展和改革委员会关于上半年经济形势和做好下半年经济工作的建议〉的通知》,2015 年 1 月 9 日,国家发改委联合商务部、财政部、交通运输部等十部委共同发布了《关于进一步促进冷链运输物流企业健康发展的指导意见(发改经贸[2014]2933 号)》,改变"我国冷链运输物流企业集中度不高,专业化服务能力不强,运输效率低、成本费用高等问题",这在某种程度上也是物流行业中运输环节的节能减排指导建议。

　　作为耗能和碳排放大户的交通运输业,同时也是国家节能减排和应对气候变化的重点领域之一。低碳绝不能一刀切,我国应从实际出发,要适应当前我国经济社会发展水平,并考虑不同地区和不同行业处于不同发展阶段,因时制宜地建立和完善交通运输业的节能减排政策法律体系,为交通运输业实现低碳可持续发展战略保驾护航;建立低碳交通运输业专门法律;将节能减排领域政策法规引入低碳交通因素;研究不同低碳政策对交通运输业碳排放的影响,完善制定合适的碳排放政策;完善鼓励利用新能源运输设施的政策法规。

13.5　总结

　　交通运输行业作为我国经济社会发展的基础服务性行业,也是能源消耗和碳排放的大户,已经成为政府全面应对气候危机和实施节能减排的重点关注领域之一。本章首先分析了我国交通运输的国民经济地位和能耗碳排放现状,简述了水路、铁路、公路、航空和管道运输模式。其次,总结了我国主要运输模式现状和面临的节能减排问题:交通基础设施总体规模不足、运输结构不合理、交通工具能耗高和污染高、运输社会化程度低和运输组织方式落后。最后,重点从交通基础设施建设考虑绿色循环低碳要求、交通运输组织体系优化、先进运输方式选择、交通运输科技创新与应用、低碳运输政策和法规保障等几个方面,研究了我国交通运输低碳化的有效途径。

参考文献

[1]崔冬初,于悦.低碳交通的国际经验及对我国的启示[J].生态经济,2014,30(9):68-71.

[2]刘细良,张超群.城市低碳交通政策的国际比较研究[J].湖南社会科学,2013,(2):160-164.

[3]尹新.基于绿色物流发展铁路运输的探讨[J].铁道运输与经济,2010,32(3):52-54.

[4]胡洁,卢毅,李英杰.绿色循环低碳交通运输概念辨析[J].管理观察,2014,(7):124-125,128.

[5]吴昊灵,袁振洲,田钧方,等.基于绿色交通理念的生态新区交通规划与实践[J].城市发展研究,2014,21(2):106-111.

[6]欧阳斌,李忠奎,凤振华.低碳交通运输规划研究现状、问题及展望[J].中国流通经济,2014,(9):13-20.

[7]魏东.加快推进绿色循环低碳交通运输发展[J].环境保护,2013,41(13):10-13.

[8]孙启鹏,王帅.让循环经济成为绿色运输的发动机[J].环境保护,2010,(17):38-39.

[9]韩岳峰,张龙,胡慧欣.我国仓储运输业碳排放与经济增长间的脱钩分析[J].江汉论坛,2013,(4):29-34.

第 14 章　大数据在我国农产品低碳物流发展中的应用

14.1　引言

随着互联网更加深度地融入到我国国民经济各行各业和人民日常生活中,物联网(Internet of Things)、大数据(Big Data)、云计算(Cloud Computing)等新一代信息技术推动了互联网创新形态的深度演变,正是在这种背景下,"互联网＋"概念首次出现在 2015 年 3 月 5 日的第十二届全国人大三次会议的政府工作报告中,李克强总理正式明确提出了以信息经济为主流经济模式——"互联网＋"行动计划。实际上,"互联网＋"是一种以信息经济为主流模式的新经济形态,是传统行业与互联网融合后转型升级的新业态,正成为知识创新 2.0 模式的载体,是我国迈入新常态后经济从要素驱动转向创新驱动的最佳战略选择。当前,"互联网＋"行动计划的重点工作和目标是:充分发挥互联网等新一代信息技术在制造业和服务业等各领域中生产要素优化配置和集成作用,推动我国经济转型升级,提升创新力和生产力,增强新常态下我国经济发展的新动力,以期培育成一种范围更广的以互联网技术为基础设施和平台的国民经济发展新形态。物流业基础作用为保障商品流通,是我国国民经济的重要组成部分,也是国务院十大振兴产业中的唯一服务性产业,对国民经济发展起着基础性和先导性作用。改革开放以来,我国物流业取得了长足发展,总体规模快速增长,但依然存在以下几个方面的不足:物流运行效率偏低;物流装备与基础设施有待进一步提升,以与国民经济发展规模匹配;物流专业化程度不高;物流标准欠缺;物流人才培养与储备不足;物流运作中高能耗与高排放的双高局面严峻,当前全球面临的气候危机与能源危机日益严重,物流运作中应充分考虑平衡经济效益与生态环境效益,等等。因此,在当前"互联网＋"行动规划拥抱与改变传统行业的时候,我国物流业也面临着巨大的发展机遇与挑战,力争将互联网的创新理念与成果深入融合到现代物流业的各领域中,助力物流业在经济新常态下提质增效升级,提升服务水平和运行效率,充分整合行业的各种资源,降低物流运营成本,节约能源消耗,减少碳排,实现物流业的绿色发展、循环发展和低碳发展。

从物流业转型升级发展历程来看,"互联网＋物流"促进了以物联网、大数据、云计算为代表的新一代互联网信息技术与物流业全方位的深度融合,运用互联网思维对我国现代物流业的运行方式与理念启动全面变革,推动物流业中生产要素优化配置和集成,推动物流业转型升级,提升其创新力和生产力,达到物流业的经济效益和生态环境效益双赢局面。作为"互联网＋物流"中核心基础技术之一的大数据技术,近年来已经引起了物流行业的广泛重视。在当今信息爆炸时代,物流业每时每刻都涌现出了海量的数据,如运输、仓储、配送、采购、选址、供货商选择、客户关系管理等环节中信息流量巨大,如何采集、管理、处理、分析、挖掘这些海量数据背后所蕴含的潜在价值,是我国现代物流业面临的一个现实课题需求,随着大数据技术的引入和应用,物流能更加有效地把握动态时变的市场环境,优化运输、配送、采购和库存等环节,实现物流资源的优化配置,推动我国现代物流业的转型升级。在我国"互联网＋物流"行动规划中,大数据技术主要包括数据采集、数据存取、基础架构、数据处理、统计分析、数据挖掘、模型预测、结果呈现等环节,以便于物流企业从浩如烟海的数据中捕捉数据背后的价值,优化企业运行管理、战略决策、市场营销、人力资源管理、客户关系管理等,从而整合行业的各种有利资源,提高运行效率和服务水平,降低物流成本的同时取得节能减排效果,实现经济效益与生态环境效益的综合平衡。

与此同时,民以食为天,农产品是居民日常生活不可或缺的基础物资,然而由于农产品的地域性、季节性和易腐性,不可避免地导致了我国农产品物流的加工、包装、储存、运输和配送等物流环节中损耗巨大、运行效率不高,能源消耗和碳排放量较高的不足局面。因此,本书选择研究大数据技术在我国农产品低碳物流发展中的应用,有望引领我国"互联网＋物流"的深入,实现物流业在经济新常态下提质增效升级,推动绿色循环低碳农产品物流的发展,具有一定研究意义和实用价值。本章余下内容安排如下:第二部分介绍大数据的内涵(定义、特点、技术等)和国内外研究相关进展,物流行业海量数据的大数据特征,大数据在物流行业中典型应用;第三部分引入大数据技术到农产品低碳物流发展模式,探讨大数据技术对农产品物流的变革,主要大数据优化农产品物流中可追溯体系、供货商选择、配送中心选址、仓库备货、配送路径和客户关系管理(Customer Relationship Management,简称CRM)等环节生产要素优化配置和集成,提高运行效率和服务水平,从而降低物流成本,降低能耗与碳排,实现经济效益与生态环境效益的协同发展,推动我国农产品物流的绿色发展、循环发展和低碳发展;第四部分总结全文。

14.2　大数据内涵

14.2.1　大数据的定义

众所周知,21 世界是互联时代,伴随着网络技术、移动互联设备技术、物联网技术、信息技术、云计算技术的深度融合与进一步发展,各种形式多样的数据呈现出前所未有的爆发态势,年增长速率约为 40%,全球数据规模总量每两年实现翻倍,2020 年全球将有 35ZB 数据量(1ZB=2 的 70 次方 Byte)。以"海量、高速、多样和易变"为基本特征的大数据创造了深入挖掘与利用数据背后价值的巨大机遇,大数据时代正以各种方式与路径影响着国民经济活动与人们日常生活,大数据被称为可能将要引领生活、工作和思维变革的一次革命[1-2]。近年来,大数据已成为理论界与企业界关注的焦点,美国政府已将大数据看成"未来的新石油",将大数据提升到国家战略发展层面,并于 2012 年 3 月美国总统奥巴马启动了价值 2 亿美元的"大数据研究与发展计划"随后英、日、德、加、中等国家纷纷跟进,出台了相应的大数据基础理论研究与应用推广的战略规划,自此一场大数据战略资源的掠夺战正式拉开了帷幕,全球迈入了大数据时代。

传统的数据定义是一种符号表示或载体,用以描述事物的符号记录,且数据与其表示的语义不可分离,常见表现形态有图形、音频、图像、视频、数字、字符、文本等。相对于传统数据而言,大数据至今尚缺乏严格定义,俗称一种巨量资料,较为普遍解释为维基百科的定义,指"无法在一定时间内用常规软件工具对其内容进行抓取、管理和处理的数据集合[1]",人们可以从这些多元形式超大规模的数据集中挖掘出具有价值的信息。大数据具有丰富的内涵,其本质 4V 特征包括数据体量大(Volume)、数据处理速度快(Velocity)、数据多样性(Variety)和数据价值密度低(Value)。

1)数据体量大(Volume)

数据的规模从字节开始,按照千分位递进依次存储单位为 B(Byte)、KB(KoloByte)、MB(MegaByte)、GB(GigaByte)、TB(TeraByte)、PB(PetaByte)、EB(ExaByte)、ZB(ZettaByte)、YB(YottaByte),其中 1KB=1024Byte=2^{10}Byte,其他换算关系类推可得。据统计,Facebook 每天生成 300TB 以上的日志文件,淘宝单日的日志文件超过 50TB,国家税务总局每月收集 4TB 全国税务税局,国家电网公司年均数据 510TB(不含视频等),这些海量数据表明:在 21 世纪的互联时代,社交网络和电子商务移动互联将我们引入一个以 PB 为单位的数据新时代——大数据时代,数据体量大,从 TB 级别,跃升到 PB 级别是大数据的主要特征之一。

2)数据处理速度快(Velocity)

1 秒定律是大数据时代对于海量的数据实时处理要求,是区分大数据技术与数据仓库技术的本质差别之一。当今实时处理所需的计算机软硬件技术已经取得长足进步,如云计算与磁盘阵列等新技术为实时高速处理价值密度低的海量数据成为可能,为实时性要求高的应用提供了技术支持,使得大数据实时处理能力显著提高,奠定了大数据作为未来创新、竞争和生产力的前沿地位。

3)数据多样性(Variety)

企业内部信息、社交网站信息、传感器监测信息、位置信息、物流信息、交通信息等都是大数据的信息来源,其表现形态多样,可以为网络文本、文件、日志、数字、电子商务数据、传感器监测数据、音频、聊天记录、天气预报、视频、地理信息等,包含结构化数据与非结构化数据,其中非结构化数据大约占 90%。这导致了传统数据库技术无法全面的正常管理与分析这些海量非结构化与结构化数据,只有利用大数据技术展开分析,才可能揭示并利用数据背后的价值。

4)数据价值密度低(Value)

大数据的价值隐藏在形式多样的海量数据背后,需借助数据处理、统计分析、数据挖掘、模型预测等大数据技术,从大数据中发现大数据价值和事物发展规律。数据规模越大,数据统计分析的规律性越有代表性,大数据技术挖掘的事物演变规律越有价值。比如说,从长达若干小时的监控视频中,抽取有价值的数据往往只有一到两秒,这也说明了如何从海量数据中抽取价值是当前大数据技术中亟待解决的难题。

14.2.2　大数据的国内外研究进展

随着互联时代的来临,大数据已经引起学术界、产业界和政府部门的高度关注,国内外研究者已就大数据内涵展开了相关的研究工作,取得了丰富的研究成果。2008 年 9 月《Nature》杂志出版了一期专刊"Big Data",指出大数据深刻改变着政府管理、企业运营与人们日常生活,正引导一场新的社会革命[3]。随后,《Science》于 2011 年 2 月推出了一期关于数据处理的专刊"Dealing with data",深入讨论了大数据带来的机遇与挑战,与此同时指出若能有效利用这些数据,将对社会产生重大推动作用[4]。最早提出"大数据"时代已经到来的机构是麦肯锡,在其研究报告中指出大数据是未来创新、竞争和生产力的前沿,大数据将逐渐成为生产要素。紧跟国外研究热点,国内研究者也对大数据展开了相关研究。吴宗敏[6]从数据采集(受)、数据分析(想)、数据重构(形)和数据挖掘、预测及利用(识)四个方面对大数据内涵展开剖析。涂子沛[7]分析大数据的静态概念,从摩尔定律角度揭示了大数据现象的动态成因,探讨了大数据的概念和维度。邬贺铨[1]介绍了大数据产生的背景、意义和内涵,指出大数据不仅是一种数据资源,更是一种方法,从不同领域应用实例说明了大数据思维的应用效果,并讨论了大数据领域的若干误区问题。何非等[8]分析了大数据在数据关联度、计算、系统和学习上的复杂性,总结了大数据产业的典型 IT 基础构架,获取大数据感知、挖掘、评估与提炼到融合的综合过程图景,并展望探讨了大数据科学和计算所需的新模式和范式。资武成[9]探讨了大数据和企业生态系统内涵,研究了企业生态系统的产业环境、运营模式、合作方式、客户市场等大数据时代特征,剖析了大数据时代企业生态系统演化的内在机理和外部机制,并提出了企业生态系统构建策略。李文莲等[10]提出大数据对商业模式创新驱动的三维视角(大数据资源与技术的工具化运用、大数据资源与技术商品化推动大数据产业链形成、以大数据为中心的扩张引发行业跨界与融合),并从企业层面、大数据层面、行业层面分别探讨了基于大数据的商业模式创新。金晓彤等[11]基于大数据时代驱动下的动态商业环境,提出联动式数据库营销模式及其所发挥的数据整合功能和系统重构功能,架构了价值共创导向、联动式数据库营销模式、利益相容与价值共享之间相互影响的基本理论框架。刘智慧等[12]分析了大数据技术产生背景,简述了大数据的概念、4V 特征以及应用领域,总结了大数据处理的一般流程,对国内外相关研究进展进行了总结与展望,并就大数据领域的若干关键技术如 MapReduce、GFS、BigTable、Hadoop 以及数据可视化等,介绍了基本处理过程和组织结构,指出了大数据时代所面临的问题与挑战。与此同时,大数据发展战略上升到国家层面,我国政府制定了大数据研究的指导方针,大数据计算的基础性研究进入了 2013 年 2 月 1 日科技部公布的 973 计划(国家重点基础研究发展计划)2014 年度的重要支持方向之一。大数据已逐步在气象预报、交通管理、医疗卫生、农业生产、电子商务、金融市场、网络通讯、物流等领域应用,大数据技术已经成为社会发展和科技进步的强大创新动力。针对大数据在物流领域的应用,国内研究工作取得了部分进展。邱晗光等[13]将大数据应用到公共配送中心的配送流程优化,从配送报价、配送时间窗优化、配送路径规划、车辆调度与装载、成本管理等方面阐述大数据的应用场景,提升物流运营效率。叶斌等[14]简述了大数据在物流决策、行政管理、客户管理和物流智能预警中的应用。金鹏[15]构建了一个大数据背景下分析型

CRM 智能推荐算法。张天琪[16]分析了我国农产品物流的现状及困境,给出了大数据背景下农产品物流在配送、运输、安全和存储方面的变革,提出了农产品物流的大数据发展战略。魏继华[17]分析了物流行业的大数据特点,研究了大数据技术对物流竞争力的影响,探讨了物流企业利用大数据相关技术提升物流企业竞争力的策略。王娟娟[18]探讨了基于云计算技术、大数据技术、电子商务技术的农产品物流模式。

鉴于大数据技术能有效推动物流行业的生产要素优化配置和集成,提高运行效率,降低物流成本,降低能源消耗与碳排放,大数据时代的物流业提质增效升级战略日益得到政府管理部门、企业与领域专家们的重视。2014 年 5 月中国气象局与阿里云达成战略合作计划,深层挖掘气象数据的价值,由菜鸟网络和中国气象局联手开发大数据时代的物流预警雷达,通过大数据技术预测气象变化趋势,针对具体的天气预警,制定更加科学精细的运输、物流园区选址和配送方案,提高物流企业服务水平,节约人力、物力和资金消耗,降低物流成本,减少能耗与碳排。与此同时,阿里基于气象局的气象资料的大数据多维度的分析,对天气的长期预测,深挖用户体验,引导空调、冰箱、服装企业的生产与设计,在某种程度上实现了对生产制造业的绑定,进行产品定制,创造共赢局面。由清华大学黄开胜教授团队研发的融合汽车、数据和管理技术为一体的交通大数据管理系统(TDMS),通过采集车辆运行实时数据,结合运营数据库,结合发动机原理,对汽车行驶过程建立标准的数学模型,通过大数据技术,挖掘出每一条路线针对特定路况的最佳驾驶行为,将其应用到公共交通管理结构中,报道表明,在不改变能源结构的前提下,平均可以节约能源 5%～8%,取得一定的节能减排效果。京东与美的战略合作同样涉及物流、仓储、智能云与大数据,通过大数据技术,可实现精准销售与用户特性化的产品定制。下面以某连锁超市的会员卡为例,说明该连锁超市的大数据应用,当客户符合某种遴选条件后,超市送给客户会员卡,客户通过会员卡积分制度可获得价格优惠或礼品等。表明这种会员机制可看成是超市对忠诚顾客的反馈机制,实际上,超市从中可获取该客户的购物习惯,如购物时间、购物天气、促销方式、物品种类、购物地点、付款方式等,这些海量数据可用于基于大数据技术的 CRM 系统,辅助经营者决定货品摆放位置和售价调整策略,在适宜的地点与时间,为特定种类的客户,精准销售客户所需产品,扩大市场占有率,实现商家利益最大化和客户购物便捷的双赢局面。

因此,是否能把握住大数据给我国物流业转型升级创造的战略性机遇,将成为我国"互联网＋物流"行动规划的关键环节,同时也是提升物流业运营效率,减低物流成本,减少能源消耗和碳排放的关键点。

14.2.3　大数据技术

大数据技术指从各种各样类型的海量数据中,快速获得有价值信息的能力,大数据技术主要包括数据采集、数据存取、基础架构、数据处理、统计分析、数据挖掘、模型预测、结果呈现等环节。

(1)数据采集。大数据来源于企业内部信息、社交网站信息、传感器监测信息、位置信息、物流信息、交通信息等,包含结构化数据和非结构化数据,通过特定分布式架构的海量数据采集工具(如 Cloudera 的 Flume,Facebook 的 Scribe,Hadoop 的 Chukwa 等),将分布式的各种数据源中的数据抽取到中间层,之后进行解析、转换、集成,最终装载到数据仓库或数据集市中,成为大数据技术中分析数据与挖掘价值的数据基础。

(2)数据存取。大数据存取指将采集到复杂结构化与非结构化的数据存储起来,通过建立关系型数据库、非关系型数据库以及数据库缓存系统等,用以管理和调用上述采集的海量数据。

(3)基础架构。基于云计算和分布式文件存储实现大数据的基础构架。

(4)数据处理。对大数据收集的数据实施抽取和清洗等操作,其中抽取是将复杂数据转化为相对单一或方便处理的结构,清洗特指将无关数据过滤掉,提取有用数据成分。

(5)统计分析。相关分析、T 检验、回归分析、聚类分析、主成分分析、差异分析、假设检验、方差分析等。

(6)数据挖掘。机器学习、神经网络、归纳学习、基于范例学习、遗传算法、贝叶斯判别、聚类分析、决策树、关联规则、紧邻算法、运筹学、多维数据分析、On-Line Analysis Processing(OLAP)等。

(7)模型预测。机器学习和预测模型等。

(8)结果呈现。云计算、关系图、标签云等。

14.3　基于大数据技术的农产品低碳物流发展模式

14.3.1　我国农产品物流特点及困境

随着我国经济的高速增长,中国的农业现代化建设取得了举世瞩目的成就。农产品物流作为农业生产、城乡居民生活的重要保障和基础支撑,对于提高我国农业现代化水平,保障居民的食品安全具有十分重要的意义。

农产品物流是以农业产出物为对象,通过对其进行运输、储存、包装、配送、加工等作业,达到使农产品保值增值的目的,并交付给消费者的过程。

14.3.1.1 农产品物流特点

1)农产品流通量大

2014 年全国粮食总产量 60709.9 万吨(12142 亿斤),比 2013 年增加 516 万吨(103.2 亿斤),水产品产量 6450 万吨,同比增 4.5%,蔬菜产量超过 7 亿吨。这些粮食、蔬菜、水产品需要经过流通渠道送到消费者手中,大规模的农产品产量,必定产生大量的农产品流通需求。

2)农产品品类多

农产品品类繁多,我国规定初级农产品是指种植业、畜牧业、渔业产品,不包括经过加工的这类产品。其内容非常广泛,涵盖烟叶、茶叶、花卉、食用菌、粮油作物等十一大类。不同类的产品通常具有不同的物流要求,即便属于同一大类,也可能因为品种不同,对物流的要求略有不同。

3)农产品物流难度高

农产品物流的难度高集中体现在包装、运输和仓储方面。农产品多数具有时鲜性、易腐性,不耐碰撞和挤压等特征,在物流过程中需要施加专门的贮藏保鲜技术,并需要防止积压和碰撞,这些因素不可避免地加大了农产品物流的难度。

14.3.1.2 农产品物流困境

我国是农产品消费大国,也是农产品生产和流通大国。近年来,随着消费需求增长以及国家"三农问题"的不断解决,我国的农产品物流发展较快,但仍然存在一些突出的问题。

1)农村物流基础设施建设投入少、缺乏规划

农产品的流通依赖于健全的物流基础设施作为基础保障。农产品的生产季节性强,鲜活量多,不易储藏运输,因此对物流基础设施的数量和服务水平提出了更高的要求。然而,我国的物流基础设施建设过程中,区域性不平衡现象十分突出。经济发达的大城市物流基础设施较为集中,部分地区甚至出现服务设施相对过剩的情况。广大农村地区,由于经济落后,地广人稀,设施投入与建设明显滞后。尤其缺乏物流资源聚集地,农产品集散产地少且不固定。农村物流基础设施的数量及质量均不能满足现代农产品流通的需求。以湖北省为例,目前湖北省物流园区共 218 个,其中运营的 53 个、在建的 74 个、规划中的 91 个,虽然物流园区建设快,但配置格局不太理想,经济发达的城市(武汉、宜昌等)物流基础设施重复配置较为突出,而广大

农村地区物流基础设施却十分匮乏。农村物流基础设施建设投入少、缺乏规划已经成为制约农产品物流优化整合、科学发展的重要瓶颈之一。

2）第三方农产品物流主体培育不足

我国第三方物流市场主体比重为 18％，明显低于发达国家 60％的水平。以湖北省为例，2013 年底湖北省各类物流市场主体为 26971 家，但通过国家认证的 A 级物流企业仅 187 家，占全省物流主体的比例不足 1％，且全省 56.4％的物流市场主体集中于武汉、襄阳和宜昌三个地区，物流市场主体培育明显不足，尤其农村缺乏大型的物流市场主体。当前，我国农产品物流主体绝对数量不少，包括农产品销售商贩、各种农业合作社、农产品批发市场等形式众多。但总体看第三方农产品物流行业集中度低，缺少上规模的龙头企业，多数主体规模小、服务水平不高、专业化程度低、效率差，更不具备通过深度加工使初级农产品实现加工增值的能力。农产品物流主体培育不足使得农产品流通效率大打折扣，最为典型的例子就是寿光蔬菜在运到北京市场时价格平均翻了 2～3 倍。

3）农产品物流信息化水平低

随着"宽带下乡"工程的实施，农村信息基础设施建设有了长足进步，也为农产品物流信息化的实施提供了基础性保障。然而，农产品物流的信息化还远未形成规模。农产品流通中，信息沟通不畅、农产品运输、储存、生产信息收集不足，信息化体系建设明显滞后。农产品物流的重要参与群体是农民，而我国还有部分农民文化程度不高，缺乏利用信息的主观意识和基本技能，使得农产品物流信息化的推广存在较大障碍。此外，大多数从事农产品生产和流通的企业，经营方式较为落后，信息共享程度低，信息传递时间长，容易产生信息扭曲现象，农产品供应链结构松散，竞争力不高。同时，农产品物流信息的收集、分类、储存、传递等诸多方面均未形成统一标准。分散在乡、镇、村层次的农产品生产及流通信息无法进行收集整合，也无法对农产品物流过程进行跟踪和追溯，不利于我国农产品质量管理和控制。

4）农产品物流环节贮藏保鲜技术落后，产品损耗大

高效的农产品流通需要凭借科学完备的贮藏保鲜技术，冷链物流就是其中最为重要的技术手段之一。然而，我国的农产品冷链物流的利用率较低，尚处于"金杯＋棉被"的初级发展阶段。我国每年生产的蔬菜中只有不到 10％进入到了有温度控制的加工和流通环节，与美国等发达国家的生鲜农产品冷链物流使用率 80％相比，还存在很大的差距。贮藏保鲜技术落后导致我国农产品在流通环节的损耗十分惊人，据有关数据统计，我国由于冷链物流利用不足，每年产出的果蔬中约有 20％因腐坏变质而浪费。以湖北省为例，湖北是我国农业大省，各种农产品的产量均居于全国前列，据湖北

省物流发展研究中心的调研数据显示,截止到 2009 年,湖北省从事农产品冷链物流的重点企业共 129 家,冷藏车拥有量共计 350 辆,平均拥有量不足 3 辆,其中,冷藏车拥有量达 10 辆以上的企业共 11 家,冷藏车的使用率明显偏低。湖北省水产品、禽蛋、肉类、水果、蔬菜冷藏运输率分别达到 24.16%、19.03%、18.87%、14.62%、9.14%,虽高于全国的平均水平,但仍远不能满足需求。可见,农产品物流环节贮藏保鲜技术落后,冷链物流使用率低的矛盾将在相当长的时间内制约我国农产品物流的健康发展。

5)农产品物流专业人才匮乏

农产品物流需要大量的专业人才,这些人才必须具备冷链物流、食品贮藏保鲜、冷藏保鲜技术等多方面的知识和经验。但是,目前开设相关专业的院校非常少,多数开设物流专业的院校在设计培养方案时多是针对一般性的物流人才,并没有典型的行业特征。尤其针对生鲜农产品,这是一类非常特殊的产品,具有时鲜性和易腐性的特征,这类产品在物流过程中需要施加的管理明显不同于日用百货类的常温商品。因此,在农产品物流组织实施的过程中,必须根据产品的性质进行管理,例如,同属生鲜类农产品的绿叶蔬菜和西红柿就具有不同的储藏要求,绿叶蔬菜要求低温储存且保质期短,西红柿则相对耐储。如果物流人员不具备食品学的基础知识就无法对这些产品进行良好的物流管理。由此可见,农产品物流的迅速发展需要大量的即懂农产品性质,又精通冷链物流管理的复合型人才,人才的匮乏无疑将成为农产品物流健康发展的严重阻力。

14.3.2　大数据时代农产品物流模式的变革

1)农产品全生命周期可追溯体系

"民以食为天食,以安为先",这句中国谚语深刻地道出了食品对人类社会生存和可持续发展的重要性。食品的安全关系广大消费者的身体健康和生命安全,一直以来得到人们和政府部门的高度重视,农产品作为食品的主要来源,可追溯体系的完善能有效地保障广大消费者权益。大数据技术对农产品可追溯体系带来的变革包括:利用大数据技术和物联网技术,将农产品的物种、产地、生产者、生产周期、生产过程、农药化肥使用情况等构建成农产品全程可追溯体系,实现农产品种植详细信息的可追溯功能;在运输与配送环节,采用大数据技术对承担配送运输服务水平、农产品运输环节的储藏温度与湿度等展开数据挖掘,遴选合适的配送运输服务商,有利于保障运输途中的农产品质量;仓储环节,基于大数据技术,根据农产品储藏温度等环境参数,自适应调节冷藏等仓储设备,有效节约能源与减少排放;采用大数据技术,分析待售农产品与消费购买决策这两类海量数据的关联度,把握消费者购物体验本质,实施精准营销策略,指导农产品生产者根据市场需求动态调整生产计划(种植农产品类型);农产品具有地域性(产地)、季节性(时令性)和易腐性,通过大数据分析,对诸如产地气象数据、全国各地类似农产品种植基地情况、销售地的中长期气候预测等实施深度数据挖掘,从而综合决策哪些农作物适合今年气候条件下本地种植(在气象中长期预测条件下,何种作物收成好),全国类似农作物的种植情况对本地种植收益的影响(其他农作物生产者的种植计划,是否会造成某类农作物盲目种植,供大于求,产生滞销现象),销售地气候对农作物销售期内保鲜影响决定销售地选择情况(是否腐败成本过高,导致在销售地流通环节的损失过高,不能盈利)。

2) 供货商选择

首先,建立科学合理的农产品低碳供货商评价指标体系,评估指标包括质量因素指标(产品新鲜度、产品的合格率、质量认证体系)、价格因素指标(产品价格、性价比、价格稳定性、单位产品运输成本),服务能力指标(响应能力、订单处理能力、按时交货能力、供货准确率、提前期、售后服务能力),食品安全指标(食源性病菌、食品添加剂、重金属、农药残留、可追溯体系),供应商技术能力(产品改良能力、研发能力),低碳指标(单位产出碳排放、单位产出运输碳排放、单位产出保鲜碳排放、节能减排目标、节能减排成本、二氧化碳总排放量、低碳管理培训、低碳企业文化、低碳法规、低碳风险评估与管理),能耗指标(单位产出能耗、可再生能源消耗比),环境保护指标(环境管理体系认证、有害物质管理、污染控制措施、包装材料环保性),绿色经营指标(资源回收率、有机食品、生态种植/养殖),管理制度及信誉(管理制度、企业信誉、政策遵守、信息披露)。然后,通过大数据技术对上述结构化和非结构的海量数据进行动态实时分析,选择不同偏好下(如低碳偏好,则重点考虑低碳指标因素,适当加大低碳指标权重)的合适农作物供货商。

3) 配送环节

在配送环节,大数据技术产生的变革作用主要体现在配送路径优化、配送价格差异化、配送时间窗优化等,具体为:在大数据支撑条件下,根据配送区域范围内的公共交通信息和气候条件的海量数据,在充分考虑配送时间窗等约束条件的基础上,快速决策出初始配送优化路径线路,之后由配送车辆配送途中路况与天气信息的实时数据,对初始配送线路进行动态修正,制定出科学合理的配送路径规划方案;利用大数据技术,实现差异化配送报价体系,如考虑配送区域的路况复杂度、配达时间窗口要求、配送服务质量(自提或上门)、配送区域货物的密集度等,提高物业业务收益和客户满意度;基于大数据背景下的客户关系管理,动态调整配送时间窗口,分析差异化客户的差异化收货时间,节省配送任务中等待客户的时间,提高运营效率与服务水平,降低能耗和碳排放。

4)配送中心选址

配送中心选址问题需综合考虑农产品商家的自身特点(农产品产地、仓储条件、经营状况等),物流配送资源分布(仓储空间分布过于密集,使得运输线路过长,加重了能源消耗和碳排;仓储分布过于疏散,会加大运输车辆的空载率,同样降低运输效率,加重了能源消耗和碳排),公共交通信息,客户分布信息(客户居住地、需求量、需求种类等),商品特点(保鲜)等海量数据,通过大数据技术对配送中心选址做出科学决策和合理规划,有利于提高配送中心的工作效率,降低能源消耗与碳排放。

5)仓库备货

在网络搜索数据、社交媒体数据、商家销售记录、产地农产品种植情况、气象数据、交通信息等海量数据的基础上,利用大数据技术挖掘出未来的市场动态需求、农产品产地的产量信息、备货的交通路况预测(修路、恶劣气候均有可能影响备货状况)等,优化库存,提高物流服务水平。

6)大数据下物流企业人力资源管理

大数据技术利用员工的姓名、年龄、性别、学历、籍贯、职务、职级、工龄、培训、考核、工作经验、工作方式与习惯等数据挖掘,科学合理的安排员工的工作岗位、工作内容、工作计划等。大数据时代的人力资源管理准则从传统的经验管理转变到数据管理,这样减少了人力资源管理过程中的主观臆断偏差,提高了人力资源管理的科学合理性。

7)大数据下农产品物流中客户关系管理

利用大数据技术,对客户信息和产品信息进行深度数据挖掘,提炼出客户相似度与产品相似度,有助于客户关系管理CRM实现农产品的精准销售,主要有两种策略:基于客户的推荐销售模式,假设条件是同一类产品的购买客户群具有类似的购物偏好(若购物偏好相似度较高的客户A和B中,A购买了产品1,则B也具有较大可能性购买产品1);基于产品的推荐销售模式,假设条件是同一客户的购买的产品具有较高相似度(若产品1和2具有较高相似度,客户购买了产品1,则他也具有较高概率购买产品2)。显然,如何挖掘出客户间的相似度和产品间的相似度是大数据背景下农产品CRM的关键之所在。为了计算农产品(客户之间的相似度计算类似可得)A和B之间的相似度,这里引入麦考斯基距离实现相似度计算,麦考斯基距离定义如下式(14-1):

$$d_{ij} = \Big[\sum_{k=1}^{N} | P_k - \overline{P_k} |^r \Big]^{\frac{1}{r}} \tag{14-1}$$

式中, $r > 0$, P_k 和 $\overline{P_k}$ 分别表示农产品 A 和农产品 B 的第 k 个属性(如农产品的价格、产地、是否绿色、包装、促销策略等信息); N 为属性个数。

考虑到不同属性在客户购买决策中所起的作用,则式(14-1)修改为

$$d_{ij} = \theta_k \times \Big[\sum_{k=1}^{N} | P_k - \overline{P_k} |^r \Big]^{\frac{1}{r}} \tag{14-2}$$

其中, θ_k 为第 k 个属性的权值,且 $\sum_{k=1}^{N} \theta_k = 1$,这样就可定义计算农产品 A 和 B 的相似度 Sim 为

$$Sim = \frac{1}{1 + d_{ij}} \tag{14-3}$$

14.3.3　我国农产品低碳物流的大数据战略

1)积极培育农产品物流市场主体

农产品物流市场主体规模小、效率低的现状严重阻碍了农产品物流业的健康发展,政府应通过制定合理的政策,对农产品物流市场主体进行积极孵化和培育。引导企业通过兼并、重组等方式进行资源整合,提升产业集中度。推广示范企业,对先进企业给予一定的政策倾斜和财政支持。通过示范效应,让先进带动后进,从而使整个农产品物流行业得到快速发展。农产品物流市场主体的壮大,必然带来服务水平的提升和专业化程度的提高,促进农产品物流行业的健康发展。

2)推进云计算、物联网与大数据的应用

积极农产品物流信息化水平是衡量现代物流服务体系的重要标志之一,通过引入云计算、物联网与大数据,提高农产品物流信息化程度,提高服务水平和运营效率,降低物流成本,减少能源消耗与碳排放。建立健全农产品供应链信息共享机制,从农产品生产环节开始构建农产品相关信息的收集、处理和传递机制。在农产品物流过程中,针对重要环节进行数据的采集、状态监控,掌握农产品物流过程中的重要状态参数信息,直至农产品送达消费者手中,确保做到监控无盲区,通过提升农产品信息化程度,保障农产品的质量和安全。建立遍布乡、镇、村、户的信息交互机制及完善的信息发布机制,通过农产品物流服务需求信息和供应信息的实时发布与共享,实现农产品物流服务的供需匹配,如车、货匹配。有效地整合农村物流资源,提升农产品的流通效率。

3）大力发展农产品电子商务物流

经济新常态下，物流业进入温和发展阶段，这一阶段的典型特征是与内需相关的物流需求迅速增加。农产品物流服务模式应紧跟当前形势、不断推陈出新，在电子商务成为拉动内需的重要手段的大背景下，应积极发展农产品电子商务物流。搭建农产品电子商务交易平台，或利用阿里系、京东系电商平台，通过"线上＋线下"的商业模式，革新农产品的流通模式，减少中间流通环节。当线上交易成功后，通过线下物流实现农产品从原产地到消费者手中的转移，提高农产品的流通效率。

4）推进农产品物流人才的培养

优秀的人才是现代物流业健康发展的重要基础之一。为了推进农产品物流业的健康发展，必须培养掌握冷链物流、低碳物流、食品学、互联网技术的复合型人才。大专院校应开设相关的专业或培养方向，在制定培养方案以及进行课程设置时，要充分考虑到社会对互联网时代低碳农产品物流人才的需求。农产品物流企业也应该积极开展员工的在职培训，完善企业职工的培训体系。通过聘请物流、环境、互联网方面的专家对企业员工进行讲座，建立员工的低碳意识和和互联网思维。建立短期培训机制，分期分批派出员工到相关机构进行短期培训，不断提升企业员工的文化素质和专业素养，使员工同企业一起成长，为企业的发展壮大提供有力的支撑。

14.4　总结

大数据技术在我国物流业提质增效升级中发挥着重大作用，通过大数据技术的广泛应用，有效地提高了我国农产品物流运营效率，提升了农产品流通环节的整体服务水平，充分整合农产品物流的各种资源，降低物流运营成本，节约能源消耗，减少碳排放，实现了农产品物流的绿色循环低碳发展。本书介绍了大数据的定义与特征和国内外大数据技术研究进展，分析了我国农产品物流发展现状与困境，研究了大数据的应用对农产品物流的变革作用，并给出了农产品物流的大数据发展战略。

参考文献

[1]邬贺铨.大数据思维[J].社会与科学(S&S),2014,4(1):1-13.

[2]维克托.迈尔-舍恩伯格.大数据时代:生活、工作于思维的大变革[M].

杭州:浙江人民出版社,2013.

[3]Frankel F,Reid R. Big data:Distilling meaning from data[J]. Nature,2008,7209(455):30.

[4]WOUTER L,JOHN W. Dealing with big data[J]. Science,2011,331(6018):639-806.

[5]James Manyika,Michael Chui. Big Data:The Next Frontier for Innovation,Competition and Productivity[R]. McKinsey Quarterly,2011,5:27-30.

[6]吴宗敏.大数据的受、想、形、识[J].科学,2014,66(1):37-41.

[7]涂子沛.大数据及其成因[J].社会与科学(S&S),2014,4(1):14-26.

[8]何非,何克清.大数据及其科学问题与方法的探讨[J].武汉大学学报(理学版),2014,60(1):1-12.

[9].资武成."大数据"时代企业生态系统的演化与建构[J].社会科学,2013(12):55-62.

[10]李文莲,夏健明.基于"大数据"的商业模式创新[J].中国工业经济,2013,5:83-94.

[11]金晓彤、王天新、杨潇.大数据时代的联动式数据库营销模式构建——基于"一汽大众"的案例研究[J].中国工业经济,2013,6:122-134.

[12]刘智慧,张泉灵.大数据技术研究综述[J].浙江大学学报(工学版),2014,48(6):957-972..

[13]邱晗光,徐志龙,陈久梅.大数据支撑下基于公共配送中心的城市配送流程改进研究[J].物流技术,2014,33(7):408-410.

[14]叶斌,黄文富,余真翰.大数据在物流企业中的应用研究[J].物流技术,2014,33(8):22-24.

[15]金鹏.大数据背景下物流企业 CRM 系统应用[J].商场现代化,2015,5:66-68.

[16]张天琪.大数据时代农产品物流的瓶颈及突破[J].商业时代,2014,18:10-12.

[17]魏继华.大数据应用对物流企业竞争力的影响研究[J].商业时代,2014,22:29-31.

[18]王娟娟.基于电子商务平台的农产品云物流发展[J].中国流通经济,2014,11:37-42.